# 포스트휴머니즘의 유래와 도래

## 신승환

신승환은 가톨릭대학교 신학부를 졸업하고 독일 뮌헨 철학대학(Hochschule für Philosophie München)과 레겐스부르크(Regensburg)대학교에서 철학과 신학을 공부했다. 〈하이데거와 진리 문제〉로 철학박사학위를 취득한 뒤, 1997년 이래 가톨릭대학교 철학과(성심교정) 교수로 재직 중이다. 지금은 생명철학을 중심으로 근대성을 극복하는 새로운 사유에 대한 연구에 매진하고 있다.

저서로는 『포스트모더니즘에 대한 성찰』(살림출판사 2003); 『문화예술교육의 철학적 지평』(한길아트, 2008), 『생명과학과 생명윤리—철학적 지평』(천주교서울대교구 생명위원회 편, 2008), 『지금, 여기의 인문학』(후마니타스 2010), 『철학, 인간을 답하다』(21세기북스 2014), 『해석학—새로운 사유를 위한 이해의 철학』(아카넷 2016), 『행복과 삶의 해석학』(커뮤니케이션북스 2017), I『형이상학과 탈형이상학』(서광사 2018)이 있다.

서강학술총서
127

# 포스트휴머니즘의 유래와 도래

신승환 지음

서강대학교출판부

서강학술총서 127

포스트휴머니즘의 유래와 도래

초판 1쇄 발행 | 2020년 6월 10일

지 은 이 | 신승환
발 행 인 | 박종구
편 집 인 | 전종호
발 행 처 | 서강대학교출판부
등록 번호 | 제2002-000170호

주 소 | 서울특별시 마포구 백범로 35(신수동)
전 화 | (02) 705-8212
팩 스 | (02) 705-8612


ISBN 978-89-7273-360-7 (94080)
ISBN 978-89-7273-139-9 (세트)

값 30,000원



* '서강학술총서'는 SK SUPEX 기금의 후원으로 제작됩니다.

## 글쓴이 머리 말

포스트휴먼(posthuman)은 아무런 형상도, 어떤 확정된 의미도 지니지 않는다. 그는 다만 지금의 인간을 넘어서는 인간, 아직은 결정되지 않은 이후의 인간을 가리키는 말일 뿐이다. 그럼에도 많은 이들이 "포스트휴먼"이 이미 우리 안에 와 있다고 말한다. 그는 누구인가?

유럽 사회가 그 어느 시대에서도 겪어보지 못했던 경제적 풍요와 산업기술의 발달로 들떠 있던 시기에 역설적으로 그 사회에서는 전체주의의 암울함과 도덕적 위선이 흘러넘치고 있었다. 이성과 합리성의 인간이 이룩한 문명은 오히려 인간을 소외시키고 있었다. 19세기 유럽의 이 모순과 갈등은 급격한 사회적 변화를 제대로 해명하지 못했기 때문에 생겨난 현상이었다. 산업 혁명과 자본주의에 의한 경제적 발달로 한편으로는 그 이전과는 비교할 수 없는 풍요를 맛보고 있었지만, 다른 한편 유럽 내부적으로는 사회적 약자를, 외부적으로는 식민지에 대한 반인륜적 폭력과 야만으로 분열되고 황폐해가던 사회가 그때의 유럽이었다.

니체(F. Nietzsche)는 "신의 죽음"을 선언함으로써 이 위선을 고발하고, 초인을 말함으로써 그 니힐리즘(nihilism)적 세계를 벗어나고자 했다. 니체 철학의 정당성과는 별개로 21세기를 사는 우리에게는 그의 비판과 극복의 열정이 절실하다.

"포스트휴먼이 온다"고 말한다. 그는 아직 있지 않은 인간이지만, 오래전부터 우리와 함께 있었던 인간이기도 하다. 그를 어떻게 보느냐에 따라 그는 있기도 하고 없기도 한 인간이다. 정보공학기술(IT)과 생명공학기술(BT)의 놀라운 발달은 풍요로운 자본주의와 만나 새로운 인간을 말한다. 그 인간은 자신의 생체적이며 인간적인 한계를 넘어선다. 어쩌면 영원한 삶까지 가능하게 할지도 모른다. 필요하다면 생태위기로 죽어가는 지구를 벗어나 새로운 낙원으로 날아갈 수도 있다. 그런데, 그 꿈속에 숨어있는 위선과 망상은 어쩌란 말인가? 그의 실존적 고뇌와 정신적 공허는 어떻게 넘어설 것인가? 우리 사회에 보이지 않는 수많은 "그들"은 어디로 가야하는가? 아니 나 자신이 그 보이지 않는 사람에 속해 있지 않은가.

트랜스휴먼(transhuman)은 허상이다. 아이언 맨(Iron man)이나 슈퍼맨(Superman), 또는 스파이더맨(Spiderman)은 영화적 상상일 뿐이다. 육체적인 초능력자일지 몰라도 그들 역시 자신의 실존적 한계를 넘어서지는 못한다. 그럼에도 현대의 자본과 기술문명의 혁신은 지난 시대의 인간이해(humanism)는 더 이상 유효하지 않음을 여실히 보여준다. 그 이후의 인간은 어떤 모습일까. 포스트휴먼을 어떻게 이해하느냐에 따라 그런 인간은 현실일 수도 있지만, 허상에 그칠 수도 있다. 지금 우리는 거대한 문명의 전환과 마주하고 있다. 그 전환은 도약의 기회일지 모르지만, 파멸의 위기일 수도 있다. 그것을 결정하는 것은 전적으로 지금 여기에 실존하는 우리에게 달려있다. 어떤 포스트휴먼을 원하는가?

이 글은 이렇게 변화된 현대 문명 안에서 어떤 실존적 삶이 가능한지, 또 그 안에서 어떤 인간 이해가 필요한지 묻는다. 그 이해가 어떤 모습일지는 명확하지 않지만, 그럼에도 그 이해가 서구 근대의 체계와 근대성을 넘어서는 것이어야 함은 의심의 여지가 없다. 탈근대의 인간이해와 인문주의를 위해 이 책은 포스트휴머니즘의 계보와 내용을 살펴보고자 한다. 여전히 논란이 많으며 전혀 확정되지 않은 포스트휴머니즘의 내용을 밝히려는 데 이 책의 목적이 있지 않다. 그보다는 지금 논의되는 포스트휴머니즘의 맥락을 살펴봄으로써 탈근대의 인간 이해를 위한 철학적 토대를 찾아보려는 것이 이 책의 목적이다.

지난 200여 년의 시간은 유럽이 자신의 철학과 자신의 체제로 전 세계를 지배한 시대였다. 그 시대는 한편으로는 기술문명과 자본의 시대, 혁명의 시대였지만 한편으로는 야만과 폭력, 제국주의의 시간이기도 했다. 동아시아 세계는 그들의 폭력에 굴복했으며, 그들의 체제를 일방적으로 수용했다. 그러나 그 근대성의 한계와 모순을 지금 우리는 절실히 겪고 있다. 포스트휴먼 담론은 그 근대의 모순과 양면성을 이중으로 극복하는 탈근대의 철학 안에 자리해야만 한다. 더 이상 서구 근대의 휴머니즘은 유효하지 않다. 새로운 인간 이해는 포스트휴먼 담론을 딛고 시작될 테지만, 궁극적으로는 탈근대의 철학을 지향한다.

새로운 인간 이해를 위한 철학은 포스트휴머니즘 담론에서 그 실마리를 찾아갈 것이다. 그래서 이 책은 먼저 포스트휴머니즘이 유래한 휴머니즘의 역사와 내용(제 1장)을 살펴보고 그 이후의 인간이해를 위한 몇 가지 생각거리를 제시한다. 도래할 포스트휴먼에 대한 성찰이 그것이다. 이를 위해 그와 관련된 현대문화의 특성(제 2장)을 산업발달과 기술 및 자연이해와 자본주의 경제체제를 중심으로 밝혔다. 지금 논의되는 포스트휴머니즘에 대한 내용은 제 3장에서 설명하고, 이어 탈근대적 인간이해는 어떤 모습(제 4장)일지 해명한다. 그 인간을 생명성과 탈존적 인간으로, 나아가 영성 개념으로 제시했다. 덧붙여 4차 산업혁명 이후 가장 문제가 되는 노동과 일에 대한 논의도 여기에 포함된다. 자연이해의 전환에 따른 생태계 위기와 그 해소 방안 역시 이 논의에 중요한 의미를 지닌다. 마지막으로 포스트휴먼 문화에서의 인문학은 어떤 모습(제 5장)이어야할지 나름대로의 생각을 제시했다.

이 책에서 가장 강조하는 것은 생명성과 초월성에 대한 개념적 설명이다. 그 까닭은 지금과 같은 실증주의 문화와 제작성의 철학이 지배하는 문화는 결정적으로 생명과 초월의 의미를 보지 못하고 있기 때문이다. 인간은 자신의 생명체적 조건과 근거를 철저히 사유할 때만이 이 위기를 벗어날 수 있을 것이며, 그럼에도 그 조건을 넘어서는 초월성에서 새로운 사유를 찾아갈 수 있을지도 모른다. 어쩌면 불가능할지도 모르지만, 여하튼 가야하지 않는가. 그래서 이 책은 모색과 탐색의 글이다. 혹시라도 이 책을 읽는 이가 있다면 이 책에서 이 모색과 탐색의 길에 함께할 사유를 접하게 될 것이다. 지향은 분명하지만 방향은 불분명하다. 이 불분명한 길을 다만 분명한 지향으로 걸어갈 뿐이다. 지금은 그 길밖에 보이지 않는다. 새로운 사유는 가보지 않은 길이기에 옳은 길인지 알 수가 없다. 그러나 가지 않을 수 없기에, 가야만하기에 이 모색을 통해 그 길을 가고자 한다.

많이 부족한 연구임에도 기꺼이 지원해준 서강대학교의 〈서강학술총서〉에 깊이 감사드린다. 벌써 2년의 시간이 지났다. 기다려주고, 부족함을 참아준 그분들이 없었다면 이 책은 불가능했을 것이다. 한 권의 저서를 내면서 느끼는 심정은 언제나 부끄러움과 부족함에서 오는 망설임이다. 그럼에도 이 부족한 책을 밟고 더 나은 사유의 길을 걸어가길 바라는 마음에 감히 독자들의 매서운 질책 앞에 이 책을 던져놓는다. 많은 질책과 비판을 바라는 마음으로 읽어주실 이들에게 미리 감사의 인사를 드린다.

2020.06.3.

신승환 씀

# 목 차

# 포스트휴머니즘의 유래와 도래

# 포스트휴머니즘의 유래와 도래

## 1. 휴머니즘의 기원

한국사회는 어느 날 급작스럽게 낯선 주제가 뜨겁게 달아오르다가 언제 그랬느냐는 듯이 곧장 다른 논의로 넘어가는, 담론의 전쟁터와 같다. 포스트모던(postmodern) 문화와 철학이 유행하던 것이 불과 몇 년 전이었지만 어느새 해체주의 담론을 거쳐 이름도 낯선 프랑스 철학이 그 자리를 대신했다. 불과 얼마 전에는 4차 산업혁명 담론이 마치 우리를 시대에 뒤진 사람처럼 몰아가더니 어느새 다른 담론을 기웃거리고 있다. 그 이전에는 80년대 이후 맑시즘(marxism)이, 동구권의 해체와 공산주의 몰락이후 문화 담론이, 또 신자유주의 논쟁이 유행처럼 퍼져가기도 했다. 어떤 논의는 유행처럼 다가와서 변죽만 울리다 사라지는 껍데기 담론이기도 했지만, 그럼에도 이 시대의 변화를 정확히 반영하는 담론이 없지도 않다. 왜 우리 사회는 이런 현란함과 조급함에 빠져있는 것일까. 아마도 지난 100년 이래 서구 근대에 의해 침탈되고 빼앗긴 우리의 지성적 담론의 터전 때문에 그럴 것이다. 때로는 열등감과 학적 식민주의 정신 때문에, 때로는 우리가 담론을 주도하지 못한다는 학적 패배감이 이런 현상을 초래했을지 모른다. 그 어떤 이유에서든 한 가지 분명한 사실은 그 모두가 우리 시대와 문화를, 우리 사회와 인간을 우리의 철학으로 성찰하지 못했기 때문이며, 지금도 여전히 그렇게 하지 못하기 때문이다.

성리학 이외 모든 학문이 사문난적이었던 시대를 지나 학적 혼돈에 빠져있었던 지난 100년을 넘어설 지성적 정직함과 엄밀함이 필요한 것은 당연하지만, 그를 넘어 우리의 철학으로 우리의 현재를 성찰하는 지성적 담대함이 더 중요하리란 사실도 명백하다. 우리의 현재, 지금 여기에서의 성찰이 곧 우리 시대의 담론으로 자리해야한다는 사실을 누가 부정할까. 그런 맥락에서 현재의 인문학이 성찰해야할 과제라면 분명 서구에 의해 유입되어 우리의 운명이 되었던 근대성(modernity)을 극복하는 철학적 작업일 것이다. 왜냐하면 한국 사회야말로 서구 근대의 모순과 역기능이 가장 극명하게 드러나는 곳이기 때문이며, 그런 만큼 그런 한계를 극복하는 것 역시 지금 바로 여기서 비롯될 것이기 때문이다. 과학기술과 자본주의에 대한 우리의 문화적, 정신적 태도를 살펴보면 이런 사실은 명백하다. 학문적 관점에서 지금 우리에게 가장 필요한 것은 주장의 현란함과 조급함을 넘어 시대정신을 반영하는 올바른 담론을 설정하는 일이다. 이를 통해 서구 근대를 넘어 우리의 현재와 실존을 개념화할 새로운 사유를 이끌어내는 데 있음은 두 말할 필요가 없다.

지금 우리의 문화적 현재는 정보공학기술(IT) 및 생명공학기술(BT)에 의해 급격한 변화를 맞이하고 있다. 이 급격한 변화가 우리를 뒤흔들고 조급하게 만들고 있다. 갑자기 다가와 성급하게 우리를 휘몰아쳤던 4차 산업혁명 논의가 이런 조급함과 가벼움을 대변한다. 문제는 4차 산업혁명 논의가 지닌 이중적 성격에 있다. 이 변화는 실상이기도 하지만 허상이기도 하다. 분명 이 혁명은 실제하며, 우리의 현재를 급격히 변화시킬 것이다. 그럼에도 이 혁명적 변화는 자본주의의 논리에 종속됨으로써 허상으로 치닫기도 한다. 우리 사회는 자본주의가 과잉으로 작동함으로써 우리 삶은 황폐화되고 있지만 이를 극복할 어떤 대안적 체제를 찾지 못하고 그 논의에 사로잡혀 허덕이고 있다. 지난 100년 이래 서구의 정치적 민주주의 체제를 우리의 정치적 현재로 받아들였지만 그것이 우리 삶을 대변하는 데에는 결코 성공적이지 못했다. 그럼에도 분명한 것은 현대의 과학기술과 자본주의 체제는 물론, 정치적 민주주의조차 우리 시대를 규정하는 강력한 체제란 사실이다. 또한 이 체제가 우리 삶과 사회를 일면적인 성공과 풍요, 정치적으로 인간다운 삶을 가능하게 했다는 사실도 부정할 수 없다.

이 모든 체제는 사실 유럽 사회가 지난 300년 사이 만들어놓은 근대성(modernity)에 기초하고 있다. 서구 근대의 역사는 제국주의적 행태로 특히 동아시아를 비롯한 수많은 식민상태의 지역에 엄청난 폭력과 야만을 초래했다. 그럼에도 이 체제는 우리 삶에 풍요와 자유를, 인간다운 삶의 존엄함을 가능하게 했던 토대였다. 그런 까닭에 우리 삶의 새로운 존재론적 상황을 만들어가기 위해 서구 근대 체제와 그 뒤에 담긴 근대성의 철학이 초래한 이 이중성을 성찰함하는 일은 반드시 필요한 철학적 전제가 된다.

지금 필요한 것은 이 체제를 극복하고 우리 삶과 존재를 올바르게 재현할 수 있는 새로운 세계상임에는 틀림이 없다. 근대성에 기반 한 근대세계체제의 유효성이 사라진 지금 우리는 전혀 새로운 삶의 경로를 접하고 있다. 새로운 삶을 위한 존재론적 전환은 현대인이 직면한 피할 수 없는 과제가 되었다.[1] 이를 위한 새로운 이해의 틀과 인문학적 사유를 이끌어내는 데 지성의 과제가 있음을 부정할 사람도 없을 것이다. 근대성을 감내하면서 극복하는 길, 탈근대의 철학이 모색해야할 새로움은 인간에 대한 새로운 이해에서 시작될 것이다. 그것은 지난 300년의 서구 철학의 한계를 극복하고 새로운 체제를 이끌어내는 노력과 함께 한다. 그 계기와 실마리를 서구 휴머니즘을 넘어서는 그 이후의 인간 이해를 통해 찾고자 한다. 이러한 인간 이해의 새로움을 여기서는 탈근대적 인간상으로 제시하고자 한다. 이러한 이해는 비판적 포스트휴머니즘과 문제의식을 공유하지만, 그럼에도 철학적 맥락에서 탈근대성의 사유안에 자리한다는 측면에서 구별된다. 탈근대적 인간이해를 위해 이 책은 우선적으로 포스트휴머니즘의 유래와 도래에 대한 논의를 펼쳐가고자 한다.

포스트휴머니즘은 이미 1990년대 이래 서구 사회에서 논의되었던 담론이다. 이 논의의 유래를 살펴봄으로써 우리가 지향하는 탈근대적

1 독일 철학자 슬로터다이크는 이런 포스트휴먼적 상황에서의 삶을 "인간공학적 전환" (anthropotechnic turn)에 처해 있다고 생각한다. 그의 관점은 현대 사회를 틀지은 철학체계로서의 근대성을 비판하면서, 그 원리와 규범이 이미 유효성을 상실한 현대 사회에서 필요한 존재론적 전환을 요구하는 데 있다. P. Sloterdijk, *You Must Change Your Life*, trans. Wieland Hoban, Polity Press, Cambridge, Malden 2013.

인간 이해의 실마리를 찾을 수 있을 것이며, 이로써 도래할 휴머니즘 이후의 인간이해를 성찰하는 데 이 책의 목적이 있다. 포스트휴먼은 인간의 몸적 능력이 급격히 향상된 슈퍼맨이나, 또는 IT와 BT 시스템과 결합함으로써 초능력을 지닌 '어벤져스'(Avengers) 같은 인간을 의미하지 않는다. 오히려 일면적인 트랜스휴먼(transhuman)을 넘어 서구 근대의 인간 이해를 감내하면서 극복하는 새로운 인간 이해를 향한다. 이런 논의를 서구 철학에서는 비판적(critical) 포스트휴머니즘 담론으로 전개하고 있다. 이 작업은 탈근대적이며 탈형이상학적인(post-metaphysical) 새로운 인간 이해를 지향한다. 이 작업은 학술적 담론으로서 비판적 포스트휴머니즘을 피해갈 수 없기에 이 담론의 유래와 도래의 지평을 논의하는 일은 탈근대적 인간 이해를 위한 전제가 된다. 이러한 토대 작업을 통해 일면적 포스트휴머니즘을 넘어서는 근대성 이후의 인간이해를 위한 사유틀을 정초할 수 있을 것이다. 그 노력은 IT와 BT 문화에 의해 혁명적으로 변화하는 사회, 문화적 현상은 물론, 이로써 초래되는 인지적 변화와 함께 인간 이해의 변화를 성찰하는 데로 나아간다. 또한 이로써 우리에게 필요한 인문학을 재개념화하는 작업과도 함께 한다.

그럼에도 이 책이 트랜스휴먼 논의처럼 다가올 미래 세계를 예견하고 그에 대해 어떤 철학적 해명을 시도하는 작업은 아니다. 그런 작업은 무의미할 뿐 아니라, 지성의 몫이 아닌 것도 자명하다. 수많은 미래학이 실패하는 이유는 자신의 철학적 견해와 희망에 따라 바라는 바를 미래세계에 투영하기 때문이다. 철학은 예견의 작업을 포함한다. 그러나 그 예견은 점술적 예언이 아니다. 오히려 철학의 예언적 기능은 자기회귀적이며 자기성찰적 특성을 지닌다. 철학은 자신의 내부에서 성찰해낸 존재의미에 근거하여 실존과 공동체를 이해하고, 시대와 세계를 해명하는 앞선 사유의 작업을 수행한다. 철학은 진리를 지향하고 진리의 말씀을 내재화한다는 측면에서 예언(預言)적 지성이 수행하는 학문이다. 그러한 특성에 따라 철학은 신학과는 다른 방법론과 다른 학적 터전에 자리한다. 그와 함께 철학은 자신을 넘어서는 초월적 영역을 내재화함으로써 그 존재진리를 현재화한다. 이런 특성을 지니기에 철학은 보편적 인간이해의 학문으로 자리매김되는 것이다. 철학은 지성의 내재적이며 초월적 특성에 따라 고유하게 존재진리에 관계하지만, 그와 함께 이런 특성의 보편성에 근거하여 인간에 대해 말하기도 한다.

철학이 말하는 예언은 거듭 점술적 예언(豫言)이 아니라 진리에 따른 성찰적 예언(預言)이기에 포스트휴먼 담론은 산업기술과 과학혁명 및 자본주의 경제 체제 이후 혁명적으로 변화된 인간의 상황(conditio humana)을 존재론적으로 성찰한다. 이런 성찰의 작업에 근대성의 철학은 명백히 한계를 지닌다. 그런 까닭에 전통 형이상학 이후의 형이상학 체제를 요구하는 철학의 시대적 요청이 절실하게 다가온다. 포스트휴먼 담론은 탈근대를 넘어 탈형이상학적 사유에 토대를 둔 채 이런 지향성에 따른 사유 작업을 이끌어간다. 혁신적으로 변화된 사회와 문화 속에서 인간은 그에 종속된 존재일까, 아니면 이 변화를 수용하고 자신의 존재에 타당하게 이끌어가는 새로운 인간일까. 어떤 경우에도 우리는 인간의 본질적 가치와 존엄성을, 다른 인간과의 공명과 사랑을 포기할 수는 없다. 그 길은 무엇이며, 그를 위한 새로운 사유는 어떤 것일까. 우리는 이 당면한 현실에서 무엇을 해야 하는 것일까. 이제 그 논의가 가장 중요한 "인간(human)"의 과제로 다가온다.

## 2. 포스트휴머니즘 담론의 현재

휴머니즘을 벗어나 포스트휴먼을 논의하는 인간 조건을 간략히 살펴보면 자연과 이항대립적인 문화, 자연을 정복하고 지배하던 농경/정주문화의 한계가 명백히 드러난다. 그에 따라 전통적으로 자연과 문화에의 이항대립항 뿐 아니라, 인간 조건에 대한 각종 이원론적 관점을 이중적으로 넘어서야할 과제가 절실하게 다가온다. 예를 들어 인간에 대한 주체/객체 도식, 본질/실존 도식의 극복과 함께, 기술문화를 일면적으로 거부하고 비판하는 사유는 물론, 맹목적인 산업사회와 자본주의 문화를 내재적으로 극복하는 작업이 그것이다. 둘째 정주문화의 철학이 인간의 시간성을 보지 않았다면 포스트휴먼의 철학은 철저히 인간의 시간성과 역사성에 주목한다.

세 번째 포스트휴먼적 문화는 서구의 전통적 실체성(substance)과 본질주의 철학을 넘어서는 영역을 지향한다. 그것은 한편으로는 물질주의 철학에 대한 비판이며, 제작성의 형이상학(productionist metaphysics)을 벗어나 과학기술의 실증성과 물질성, 자본주의의 생산과정과 상품성을 극복하는 철학으로 작동할 것이다. 서구 세계에서도 이런 문제의식에 따라 생성의 철학을 논의해 왔다. 포스트휴먼 담론을 통해 우리는 그 철학적 배경을 생성의 철학적 관점에서 거론할 것이다. 여기에 생명성이 중요한 의미를 지닌다. 철학의 탈근대적 맥락에 근거하여 로고스(logos) 개념을 해명하는 영성(spirituality) 개념에 상응[2]하기에 이 담론에 생명과 생태영성을 함께 논의할 수 있게 된다. 그 논의는 인간의 보편적 특성 가운데 하나인 초월성을 포스트휴먼적으로 재개념화하는 담론이다.

넷째 현대문화를 수정하는 논의를 담고 있는 포스트휴먼 문화는 동아시아 근대의 이중적 극복의 논의와 함께 한다. 즉, 포스트휴먼 논의는 동아시아의 탈근대 담론을 함축한다. 마지막으로 포스트휴먼적 인간 상황은 인간에 대한 총합적이며 존재론적 관점에서의 이해를 포함한다. 이는 인간 본성의 내재적이며 초월적 관점을 해명하는 존재론적 해석학의 원리에 따른 것이다. 이런 관점이 인간을 생명성에서 고찰할 때 이 철학은 생명감성과 삶의 지성을 넘어 초월적 영성까지 포괄한다. 이런 통합적이며 차이지는 특성은 인간의 생명성에 대한 존재론적 성찰을 통해 언어화될 것이다. 그것은 어떤 선험적 이념을 전제하지 않고 인간의 존재의미를 내재적이며, 그러면서도 인간의 본성 가운데 하나인 초월성을 상호연관 시키면서 생성해가는 생명성에 따라 인간을 이해하는 사유과정을 통해 가능해진다. 생명성에 대한 성찰은 휴머니즘으로 대변되는 전통 철학을 넘어 인간을 그 유래에서 이해하고 도래할 인간을 준비하는 해석학적 사유가 될 것이다.

근대 계몽주의 철학의 성립과 함께 휴머니즘(humanism)이 새롭게 전환되면서 형성된 역사를 생각해보면 과학기술혁명과 그에 따른 혁신적 변화가 필연적으로 휴머니즘 이후의 인간 이해를 촉발하리란 사실

---

2 G. Vattimo, *After Christinanity*, trans. Luca D'Isanto, Columbia Univ. Press, New York 2002.

도 자명하다. 휴머니즘의 세 가지 계기와 형태는 헬레니즘(hellenism) 시대의 초기 휴머니즘과 르네상스(Renessance) 시기 및 계몽주의에 이르는 근대적 휴머니즘으로 규정할 수 있다. 휴머니즘을 정초한 르네상스 시기의 철학은 그 토대를 그리스 철학과 로마 문화의 특성에서 찾았다. 휴머니즘이 이러한 토대에서 형성되어 르네상스시기를 거치면서 근대적 형태로 정초되었다면, 이런 철학적 배경 위에서 계몽주의적 휴머니즘이 가능했다. 휴머니즘은 한편으로 인간의 존엄성을 강조하는 인본주의 철학이면서, 다른 한편 르네상스 시기 새롭게 조명한 그리스-로마의 인문주의적 특성을 지닌다. 그리스 철학의 'paideia' 원리에 바탕을 둔 인문교양교육(studia humanitatis)이 그 내용의 핵심적 요소였다.

이러한 세 가지 형태의 휴머니즘은 유럽 세계의 사회적 관계망의 변화에 따라 초래된 인간이해의 변화에 따른 것이었다. 휴머니즘은 한편으로 인간을 이해하는 특정한 철학적 패러다임이지만, 다른 한편 그에 따라 필연적으로 인간이 세계와 존재자는 물론, 인간과 자기이해를 성찰하는 인문학의 형태까지 포함한다. 휴머니즘은 인간이해의 철학과 문화이면서 인문학 교육의 원리를 의미하는 인문학이기도 하다. 디지털 시대로 대변되는 이 시대는 과거의 휴머니즘적 인간이해와 그에 따른 인문주의를 결정적으로 변화시킬 것이다. 여기에 포스트휴머니즘의 계보사적, 철학적 계기가 자리한다. 포스트휴머니즘(post-humanism)은 트랜스휴먼 담론을 넘어 전통적 휴머니즘 이후의 인간이해와 인문학을 지향한다.

전통적 인간이해와 그에 따른 문화 및 세계 체제 일반은 휴머니즘에 대한 변화를 촉구한다. 진화론 이래의 현대 생명과학은 인간에 대한 전통적 이해를 근본적으로 변화시킨다. 그와 함께 그 과학 지식을 기술공학적으로 적용한 생명공학의 발달 역시 이런 이해의 변화를 추동하는 중요한 요인이다. 또한 인공지능을 비롯한 디지털 정보과학의 발달은 인간이 세계를 이해하고 문화와 사회체제를 형성하는 실천적 환경을 급격히 변화시켰다. 이 두 요인이 일반적으로 4차 산업혁명이란 이름으로 나타난다면 여기에는 산업과 자본의 요구가 결정적으로 작용하고 있다.[3] 4차 산업혁명이 다만 산업적 맥락에서 주어진 과잉 담론일지도 모른다. 이런 논란과는 별개로 포스트휴머니즘 담론을 펼치는 철학적 문제의식은 현대 과학기술, 생명과학기술과 정보과학기술이 초래한 결과는 결코 과거 농경시대나 산업화 시대에 형성된 철학으로는 해명할 수 없다는 절박함이 담겨있다. 이런 까닭에 포스트휴머니즘 담론은 이제는 유효성이 다한 근대성의 철학을 넘어서는 새로운 사유를 이끌어내려는 문제의식에 자리한다. 그것은 후기 산업사회 이후의 문화적 환경에서의 인간 이해를 논의하려 한다.

4차 산업혁명 논의가 시작된 배경을 살펴보면 이런 사실은 충분히 이해 가능하다. 4차 산업혁명을 강조하는 이들은 정보공학적 변화에 따른 초연결 사회와 빅데이터(big data) 사용 등에 의한 산업상의 혁명적 변화에 주목한다. 정보와 산업의 "플랫폼" 시스템, 사물인터넷, 증강/가상현실, 스마트 산업과 로봇 산업, 인공지능의 산업적 응용 등은 이를 위한 구체적 모습일 것이다. 이에 따라 변화될 생산과 소비 양식의 변화가 그들의 핵심 관심사이다. 그 중심에는 자본과 과학기술복합

3 4차 산업혁명과 그에 따른 문화적 변화는 실재하는 것일까. 이 논의는 단지 자본과 과학 복합체의 산업적 관심사에 따른 유령과도 같은 논의일지도 모른다. 이런 주장에 대해 홍성욱 외, 『4차 산업혁명이라는 유령』, 휴머니스트 2017.

체가 자리한다. 그래서 포스트휴먼을 말하기 위해 우리는 일하는 존재(homo laborans)로서 인간의 노동에 대한 이해를 거론하지 않을 수 없다. 포스트휴먼 논의를 4차 산업혁명으로 이끌어가려는 산업과 자본의 의도는 결국 상품 생산에 따른 노동과 일자리 문제로 귀결되기 때문이다.

# 제1장
# 휴머니즘의 유래와 특성

제1장

# 휴머니즘의 유래와 특성

## 1. 휴머니즘의 기원

### 1) 휴머니즘은 무엇을 말하는가

휴머니즘(humanism)이란 용어는 계보사적으로 세 단계를 거처 현재의 모습으로 정립되었다. 그에 따라 이 안에는 두 가지 다른 의미가 담겨있다. 계보학적 맥락에서 휴머니즘이 특정한 주의주장(–ism)을 담은 체계로 등장한 것은 르네상스 시기였다. 이 시기 인간에 대한 존엄성을 기반으로 그 품성을 교육하기 위해 헬레니즘(hellenism) 시대의 인문교육을 재현함으로써 휴머니즘이 나타났다. 철학적 문화적 사조로서의 휴머니즘은 그리스 철학이 헬레니즘 문화 시대의 세계해명과 시대해명을 통해 정립된 특정한 인간이해를 표방한다. 헬레니즘은 알렉산

더 대왕의 정복활동을 통해 범지중해 문화권이 형성되면서, 그 문화적 원리로 그리스 철학을 정초하면서 형성된 새로운 인문정신에서 유래한다. 당시 철학은 분과학문체제가 아니라 인간의 지성적 행위 일반을 보편적으로 일컫는 용어였기에 헬레니즘은 문화와 예술, 철학과 인문정신을 포괄하는 개념이었다. 고대 그리스 철학이 이 문화권에 정착하면서 새롭게 토착화한 철학조류인 스토아(Stoa)와 에피쿠로스(Epicuros) 학파가 헬레니즘을 대표하는 철학 조류다. 그와 함께 이 사조는 그리스 철학에 근거하여 세계와 인간, 자연과 문화를 해명하고 규정한 철학 조류 전체를 가리키는 말로 사용하기도 한다. 그 특성으로는 흔히 인간의 이성과 보편적 철학체계, 인문정신과 교육, 문헌학, 세계 시민주의(cosmopolitanism)와 윤리학에의 지향을 꼽는다. 그러기에 휴머니즘은 인간을 이해하는 보편적이고 일반적인 경향을 담은 인문주의적 휴머니즘이라 말할 수 있다. 이로써 휴머니즘은 이미 두 가지 철학적 배경을 가지고 있음을 확인할 수 있다.

휴머니즘은 일차적으로 인문교양교육(studia humanitas)이면서 다른 한편 인간의 존엄성에 바탕을 둔 인간이해의 철학이기도 하다. 휴머니즘은 역사적으로 그리스 · 로마의 문화적, 철학적 토대에서 비롯되어 14–16세기 유럽의 문화와 역사적 경험을 통해 그 근본 틀이 결정된 인문학적 교육 체계라고 말할 수 있다. 이에 덧붙여 현재의 휴머니즘은 르네상스적 토양에서 자라난 이 체계가 18세기 유럽 계몽주의 시대를 거치면서 그 철학화하고 그를 통해 체계화된 특정한 인간 이해를 담고 있다. 그래서 휴머니즘은 인문주의이기도 하면서 인본주의이기도 하다. 개념으로서의 휴머니즘(humanism)이란 말을 처음 사용한 것은

1808년 독일의 니트함머(F.J. Niethammer)이지만, 이 용어는 르네상스 시기의 인문교육 정신을 독일적 환경에 확대 적용시킨 데서 시작된다. 그 정신은 당시 새롭게 부각하는 실증주의적 자연과학에 반하여 그리스, 로마의 인문학적 전통으로 돌아가려했던 르네상스의 휴머니즘 전통에 있었다.

휴머니즘이란 말은 인간다움(hmanitas) 내지 인간다움을 드높이는 교양교육에서 생겨났다. 이 개념은 그리스 철학의 "enkyklios paideia"에 기반하여 "자유시민의 범위에 속하는 이들의 교육"을 의미한다. 자유인이란 아리스토텔레스의 말처럼 "자신의 말을 스스로 할 수 있는 자"이며, 보편적 교육을 통해 자신의 인간다움을 인정받은 존재를 가리킨다. 여기서 보듯이 서구전통은 인문학을 인간성에 대한 학문(studia humanitatis)으로 설정했으며, 교육은 인간성을 함양하기 위한 교양교육을 의미하게 된다.[4] 교양교육이란 용어는 플라톤(Platon)의 'paideia' 개념에 기원한다. 이것은 모사(mimesis)된 지상세계의 원형인 'Idea' 세계를 향한 인간의 지성적 추구와 열정을 인간의 인간다움에 대한 보편적 교육으로 확장한 것이다.

휴머니즘의 학문은 이성과 언어로 인간을 인간이게 하는 교육과 학문이며, 휴머니즘적 문화는 이를 기반으로 말하고 생각하며 의사소통하는 행위 전체를 가리킨다. 그들은 정치와 사회 역시 인문학에 기반하여 이해했다. 그래서 헬레니즘 시대의 철학자들은 공동체의 공통된 관심사(res publica)를 위해 의사소통을 통한 설득과 합의, 이성적 행위에 기반한 통치제제를 공화국으로 규정한 뒤, 이 공동체를 이끌어가는 원

4 K. 헬트, 『지중해 철학기행〉』, 이강서 옮김, 효형출판 2007, 488-489.

리를 민주주의 개념으로 설정했다. 휴머니즘은 민주주의적 정치체제와 함께 한다. 헬레니즘 시대의 정치체제는 이런 교육과 양성을 통해 인간을 인간다움과 탁월함(arte)으로 함양시켜 가는 민주정이었다. 존재 일반의 보편적 원리에 대한 해명에 근거할 때 인문교육이 설정하는 성찰성(reflexion)의 원리는 어떠한 것일까. 휴머니즘의 인문학은 이 학문과 교육을 수행하는 성찰성의 원리와 정신, 그 철학에 따라 이뤄질 수밖에 없다. 그래서 질문은 다시금 이 성찰성의 원리로 돌아가게 된다. 인문교육을 수행하는 근본 원리가 인문정신에 있음은 두말할 필요가 없다.

### 2) 헬레니즘 시기 휴머니즘의 기원

인문주의의 기원은 헬레니즘(Hellenism) 시대를 배경으로 한다.[5] 헬레니즘은 그리스 고대 철학을 배경으로 범세계적 지중해 문화권의 요구와 필요를 대변한다. 그 특징은 폴리스(polis)세계를 넘어서는 세계시민(cosmopolitan) 사상과 함께 개인의 의미 있고 행복한 삶(eudaimonia)을 추구하는 것, 나아가 인문교양 교육을 실천한다는 개략적 요소에 있다. 헬레니즘 시기의 대표적 철학자 키게로(M.T. Cicero, 기원전 106–43)는 당시의 철학을 인간의 품위(dignitas hominis)와 인간다움을 키우는 교육에 있다고 생각한다. 그는 인간의 인간다움을 'humanitas'로 규정하고 이를 함양하는 자유 학예로서의 인문학(studia humanitatis)을 철학의

5 C. Menze, "Humanismus, Humanität", in *Historisches Wörterbuch der Philosophie,* Bd. 3, J. Ritter(Hg.), Basel/Stuttgart 1974, 1218–1219; 또는 1863년 독일 역사가 Johann G. Droysen이 『헬레니즘 역사』에서 학술 용어로 채택했다고 알려져 있기도 하다.

본질이라고 말한다. 그가 설정한 이 개념은 인간의 정신과 본질을 갈고 닦는 과정이었다. 이것을 당시의 개념으로는 철학(philosophia)이라 불렀다.[6]

인문학은 인간다움에 관계하는 학문이다.[7] 그것은 보편적인 인간 이해의 학문이며 또한 인간에 의한 학문이기도 하다. 그와 함께 인문학은 이런 학적인 작업을 인간의 내적인 능력, 지성으로 해명해가기에 그것은 인간의 실존적이며 지성적 학문으로 자리하게 된다. 헬레니즘 전통은 알렉산더 대왕의 정복활동 이래의 문명교류에 따라 범지중해 영역으로 그리스 철학이 보편화되면서 이에 따라 확장된 인문정신에 근거한다. 헬레니즘은 알렉산드리아를 중심으로 "로고스"(logos)에 대한 열정(philos)으로 방대한 문헌을 소장한 도서관과 그에 대한 문헌학적 연구로 진행되었다. 이들은 기원전 1세기경 그리스철학에 근거하여 학문의 대상과 목표를 "humanitas"로 설정한 뒤 이를 위한 교육을 강조한다.[8] 그에 따라 이루어진 학문 일반, 철학은 곧 인간을 이성과 말(logos)을 지닌 존재, "zoon logon exon"으로 이해한다. 인문학은 본질적으로 이에 대한 연구이며 교육이다. 그에 따라 유럽의 인문학 교육은 이른바

---

6 M. Cicero, *Tusculanorum disputationum* II, 5 ;J. Niedermann, *Kultur: Werden und Wandlungen des Begriffs und seiner Ersatzbegriffe von Cicero bis Herder*(1941), 20ff.에서 재인용. 키케로의 말, "cultura animi est philosophia."는 문화와 철학에 대한 근원적 의미를 잘 이해하게 만든다. 19세기 이후 분과학문화한 철학이 아니라 근원적 의미에서 보편적인 문화와 교육은 물론, 인간의 영혼(정신)을 함양하는 보편적인 학문과 교육을 가리키는 말이었다.

7 studia humanitatis 개념에 대해 Nicholas Mann, "The origins of humanism", in *Renaissance Humanism*, ed. Jill Kraye, Cambridge, Cambridge Univ. Press 1996, 1–19 참조.

8 K. 헬트, 같은 책, 284–285; 문헌학적 전통에 대해서는 같은 책, 288–291쪽 참조.

교양 개념으로 자리한다. 인문학을 인간에 대한 이해와 해명을 시도하는 학문, 또는 인간성에 기반한 학문으로 이해하는 전통은 여기에 근거한다. 이에 따라 그들은 교육을 "자유 학예"(artes liberales)[9]로 규정한다. 그 학문이 중세까지 이어지는 이른바 7학예로 자리잡은 것이다.[10] 근대 이후 서구세계에서는 이를 인문학과 자연학으로 구분하여 받아들였다.

휴머니즘의 인문학적 특성은 인간의 정신과 영혼을 고귀하고 완전하게 만드는 가장 탁월한 교양 개념에 있다. 중세의 신학적 전통을 넘어 이러한 학문적 경향을 다시금 발견한 것은 14세기 경 이탈리아에서 시작된 르네상스(Renaissance) 시기의 인문주의였다. 그들은 플라톤의 'paideia'와 탁월함(德/arte)의 철학은 물론, 헬레니즘의 'studia humanitatis' 전통을 계승하여 인간존엄성의 철학과 헬레니즘적 문화와 예술 및 그에 대한 교육을 이 개념으로 재현했다. 이 교육은 헬레니즘 시대에 학문, 예술을 문법과 수사학, 변증술 내지 논리학의 철학과 함께 기하학과 수학, 천문학과 화성학의 7개 분야로 구성하던 전통을 이어받은 것이다. 이때의 교육은 인간다움과 인간의 본성을 함양하는 모든 과정을 담는 보편 교양교육이었다.

헬레니즘이 헤브라이즘(hebraism)과 결합한 유럽의 철학과 문화는 다시금 두 개의 원천을 토대로 한다. 그 하나는 그리스도교의 복음(Evangel) 계시와 이를 사회적, 문화적으로 일반화시킨 그리스도 교회

9 K. 헬트, 같은 책 270-272

10 K. 헬트, 같은 책 286쪽 또한 490쪽: 7학예란 문법, 수사학, 변증술/논리학, 기하학, 대수학, 천문학, 화성학/음악을 말한다. 중세에서도 이 전통은 그래도 유지되어 앞의 세 과목은 3학(Trivium)으로, 뒤의 네 과목은 4학(Quadrivium)이라 불렀다.

공동체가 이를 해명하고 가르쳐왔던 공식적인 교의 전통(tradition)이 그것이다.[11] 그런 까닭에 인문교육의 원리에 대한 고찰은 언제나 이중적 성격을 지닌다. 한편으로 그 원리를 위한 근원으로의 회귀와 함께 다른 한편 이 원리를 "현재"(hic et nunc)란 지평에서 끊임없이 새롭게 해석하는 작업이 그것이다.

## 2. 휴머니즘의 발흥과 내용

### 1) 르네상스 시기의 휴머니즘

르네상스 시기의 수많은 인문주의 학자와 예술가들을 넓은 관점에서 휴머니즘으로 분류한다. 이 시기에 이르러 유럽문화의 두 축 가운데 하나인 헤브라이즘 전통이 휴머니즘의 중요한 요소가 되며, 이를 강조한 그리스도교 휴머니즘이 비로소 뚜렷한 형태로 드러내게 된다. 그리스도교 휴머니즘을 대표하는 모어(Th. More), 에라스무스(D. Erasmus)와 멜랑히톤(Ph. Melanchthon)등이 이런 흐름을 만들어갔다. 그러나 불록에 의하면 이들은 교회 및 대학과는 독립된 평신도, 또는 비전문가들이었으며, 전통교의와 구별되는 휴머니즘이기에 이 휴머니즘은 학술적 영역을 넘어서 있었다.[12] 그와 함께 예술과 문학, 음악 등 철학 이외의

11 흔히들 이런 전통을 헬레니즘적 휴머니즘과 구별하여 그리스도교 휴머니즘(christian humanism)으로 구분하기도 하지만 본질적인 면에서는 동일한 원리 위에 자리한다.

12 엘런 불록, 『서양의 휴머니즘 전통』, 홍동선 옮김, 범양사 1985, 47.

분야에서 그리스, 로마문화에 뿌리를 둔 수많은 문학, 예술가들이 휴머니즘 조류에 합류하게 되었다. 르네상스 시기 예술가들, 살루타티(C. Salutati), 브루니(L. Bruni), 원근법을 개발한 알베르티(L.B. Alberti) 등이 대표적이다. 또한 독일의 빙켈만(J. Winckelmann), 괴테(J.W.von Goethe) 뿐 아니라, 계몽주의 철학자를 여기에 포함시키기도 한다. 이런 맥락에서 불록은 심지어 정치철학자 마키아벨리(N. Machiavelli)조차 특정한 휴머니즘으로 분류할 수는 없지만 그 역시 휴머니즘에 깊이 뿌리내리고 있다고 말한다.[13]

이런 주장이 타당하다면 휴머니즘은 철학을 넘어 예술과 문화, 정치에 이르기까지 인간의 본성과 존엄성에 기반하여 인간의 삶을 드높이고 인간다움을 완성으로 이끌어가려 노력한 인간중심주의적 인문주의 전체를 포괄한다. 과연 이러한 휴머니즘 정의는 타당한 것일까. 불록은 르네상스 휴머니즘을 어떤 신조나 철학체계가 아니라고 말한다. 그것은 어떤 집단을 이루거나 또한 하나의 운동으로 전개되지도 않았다. 이 흐름은 당시의 독립적이고 인문주의적 문화에 관심을 쏟은 지성인에게서 보편적으로 호응을 얻은 문화, 예술 활동이며, 이를 통한 교양교육의 흐름이었다. 휴머니즘은 이런 흐름 안에 담긴 공통적인 사조를 일컫는 말이었다. 철학적 관점에서 포스트휴머니즘의 대응개념으로 제시되는 휴머니즘은 이런 전통에 기반하여 이후 계몽주의 시대에 체계화되었지만, 계보사적으로 이런 세 단계의 역사적 과정을 거쳐 형성되었다.

르네상스 휴머니즘의 중요한 특성 가운데 하나는 인간 존엄성에

13 앨런 불록, 같은 책, 26-64 참조.

대한 인식과 함께 이를 함양하기 위한 문화와 교육에 대한 강조였다. 이런 전통을 가장 잘 보여주는 사람이라면 단연 피코 델라 미란돌라(Pico della Mirandola)일 것이다. 그는 "그리스도교 인본주의를 대변하는 가장 순수한 인물"이란 평을 받는다.[14] 피코는 『인간 존엄성에 관한 연설』(*Oratio de hominis dignitate*, 1486)을 통해 인간이 존엄한 까닭을 인간이 자신의 자유의지에 따라 본성을 정초할 수 있는 능력에서 찾는다. 그와 함께 인간의 절대적 존엄성을 근거를 그는 이성을 지닌 존재로서 인간이 지닌 자연과학적 능력에서 찾기도 한다.[15] 인간 존엄성(dignitas hominis)은 인류가 영원한 진리를 향해 나아가는 여정을 이어갈 능력의 원천이다. 또한 인간은 도덕적 지식과 신적 사물에 관한 인식을 통해 영혼의 완성을 지향한다. 이러한 인간의 능력이 자연과 세계를 완성하는 토대가 된다는 피코의 인간 중심주의적 선언이 근대 휴머니즘의 철학적 원리로 작동한다. 이렇게 주장할 수 있는 원천을 피코는 플라톤을 비롯한 그리스철학과 아우구스티누스(A. Augustinus)를 비롯한 교부들의 철학 전통에서 찾는다. 예수라 불리던 유대 지방의 한 청년이 선언한 "하느님 나라와 기쁜 소식"은 그리스 철학과 만나면서 수많은 교부 철학자(church fathers)들의 해석을 통해 서구의 모든 것, 철학과 신학은 물론 심지어 그 문화와 사회 체제를 근거짓는 근원적 사상으로 작동한다. 헬레니즘과 만난 헤브라이즘(Hebraism)은 서구의 모든 것이며, 현대 사회의 움직일 수 없는 원리이기도 하다. 이 사상의 근거가 헬레니

14 피코 델라 미란돌라, 『인간 존엄성에 관한 연설』(*Oratio de hominis dignitate*, 1486), 성염 역주, 경세원 2009, 102.

15 피코 델라 미란돌라, 『인간 존엄성에 관한 연설』, 5항, 8–12항, 18–22항.

즘과 헤브라이즘이라면, 르네상스시기에 이르러 이 사상은 휴머니즘으로 정초된다.

피코는 인간의 존엄성을 그의 지성적, 영성적 탁월함에서 새롭게 발견하고 이를 통해 그 특성을 강조한다. 그는 헬레니즘과 그리스도교 교부 철학을 통한 인문주의적 전통을 강조하면서 그 철학의 근본이 되는 목표는 바로 "생명에 대한 명상"에 있다고 말한다.(피코 18) 이를 통해 이루어지는 자연학과 형이상학, 수학적 세계관은 물론, 그 토대가 되는 헤브라이즘에 대한 강조가 유럽 문화의 특성임을 부정할 사람은 없을 것이다.[16] 인간은 신의 모상(imago Dei)에 따라 태어났으며, 그러기에 그는 이성을 지닌 존재(animal rationale)이며 하나의 작은 우주다. 인간은 물질계와 정신계의 중간자적 존재이며 영혼을 지닌 존재이지만, 한편으로는 미완성의 존재이기도 하다. 그는 이성과 자유의지로 완성을 향해 나아가는 존재, 즉 "자기를 빚는 조각가"(sui ipsius plastes)이기도 하다.[17] 피코의 연설문은 르네상스 휴머니즘을 형이상학적 관점에서 결정지은 선언이기에 프랑스 신학자 뤼박(De Lubac) 추기경은 이를 "르네상스의 인본주의 선언서"라고 말하기도 한다.[18]

그런 까닭에 이 글을 번역한 성염은 이 연설문의 특징은 인간을 만물의 척도로 삼은 프로타고라스로 대변되는 그리스 철학과 '신의 모상에 따라 창조된 인간'이라는 그리스도교 사상의 결합에 있다고 말한다. 그 철학의 핵심은 인간 존중과 그리스도교적 인간 완성에 있다.[19] 이 연

16 피코 델라 미란돌라, 『인간 존엄성에 관한 연설』, 35–36항, 39–40항, 42–43항.

17 피코 델라 미란돌라, 『인간 존엄성에 관한 연설』, 132–138항.

18 피코 델라 미란돌라, 『인간 존엄성에 관한 연설』, 156–157항.

19 성염, 『피코 델라 미란돌라 – 인간 존엄성에 관한 연설』, 철학과현실사 1996,

설은 "개인의 성취, 덕을 통한 인간 내면의 도덕적 가치, 르네상스적 개인주의, 자유의지"에 대한 강조와 함께 인간의 가련함과 비참, 무가치함과 무상함을 그리스교적 인간 이해를 통해 극복하려는 양면성을 지닌 르네상스 휴머니즘의 핵심 사상을 이해할 수 있는 선언인 셈이다.[20]

### 2) 휴머니즘의 철학

계보사적으로 휴머니즘은 이런 역사적 맥락에서 생겨난 특정한 철학임에는 틀림이 없다. 그럼에도 역사를 통해 휴머니즘은 인문주의 내지 인본주의란 맥락에서 다양하게 이해되었으며, 여전히 그 내용에 대해서는 논란이 많이 남아있다. 예를 들어 데이비스는 휴머니즘을 18세기 유럽 인문주의 전체를 관통하는 문학적 조류에 담긴 철학으로 이해한다.[21] 그에 비해 라몬트는 휴머니즘을 한 마디로 행복을 추구하는 인간 중심의 철학이라고 정의한다.[22] 이 전통은 이미 아리스토텔레스가 철학의 길을 "eudaimonia"에 따라 규정한 역사를 이어받고 있다. 이 말은 흔히 행복으로 번역하지만 사실 이 개념은 좋음을 뜻하는 전철 "eu-"와 영혼(daimonia)이 결합된 어원에서 보듯이 "영혼의 좋음"을 의미한다.[23] 그리스 철학에서 말하는 행복은 최고선을 실현하는 삶이며, 지성의 활동을 통해 "덕/탁월함"을 추구하는 실천적 행위와 연결된 개

---

44-45.

20 성염, 『피코 델라 미란돌라 - 인간 존엄성에 관한 연설』, 50-51.

21 Tony Davies, *Humanism*, Abingdon/New York, Routledge 2008.

22 콜리스 라몬트, 『휴우머니즘』, 박영식 옮김, 정음사 1973, 11-17.

23 신승환, 『행복과 삶의 해석학』 커뮤니케이션북스 2017, 10-16.

념이다.[24] 라몬트(C. Lamont)는 휴머니즘을 세계와 자연의 한계 안에서 인간이 물질적일 뿐 아니라, 문화적이며 정신적으로 풍부한 삶을 추구하고 인간중심의 철학으로 규정한다. 그를 위해 인간의 존엄성이 지켜지고 인간의 의미를 발견하고 인격성을 완성하는 철학적 행위가 휴머니즘이란 말이다.

이런 까닭에 라몬트는 휴머니즘의 기원을 그리스 철학에서, 나아가 철학적 행위의 본질로 이해한다. 이 전통은 서구 철학의 주된 흐름이기도 하다. 근대 과학시대에 이르러 비록 철학이 주된 학문으로서의 지위를 잃어버린 현상이 일어났음에도 불구하고 이런 휴머니즘적 특성 때문에 철학은 여전히 인간 지성의 본질적 행위에 자리한다. 그렇다면 휴머니즘은 결국 문화적 변화에도 불구하고 인간다움을 추구하는 인간중심주의적 주장을 포괄하는 보편적 개념이 될 수도 있다.[25] 물론 휴머니즘이 범박한 주의주장을 넘어 하나의 철학으로 자리하기 위해서는 인간에 대한 명확한 이해를 체계화시킬 수 있어야 한다. 그래서 라몬트는 휴머니즘을 정의하는 최소 원리를 "인간성에 대한 봉사의 철학"이며, "이성과 민주주의 방식에 부합하는 철학"이라고 말한다. 그것은 행복을 추구하는 인간의 보편적 원의를 언어화하는 보편적 철학이다. 이를 위한 원리를 그는 열 가지 명제로 제시한다.[26]

그 원리의 핵심은 자연주의적 형이상학에 뿌리를 두고 있다. 그래

24 아리스토텔레스, 『니코마코스 윤리학』(*Ethica Nichmachea*), 이창우 외 옮김, 이제이북스 2006.

25 물론 라몬트는 이런 의미를 내포하는 철학으로 르네상스 휴머니즘과 함께 자연주의철학, 문예와 예술, 윤리적 휴머니즘은 물론, 비휴머니즘적 철학에서 나온 주의주장을 현대 휴머니즘의 갈래에 포함하기도 한다. 라몬트, 같은 책, 41-98.

26 라몬트, 같은 책, 23-25.

서 인간의 이성과 과학에 대한 신뢰, 자신의 운명을 스스로 결정할 수 있는 자유, 인간의 윤리적 가치를 최고의 목표로 삼는 가치관과 함께 문학과 예술, 자연의 아름다움을 수용하는 태도 등으로 규정한다. 마지막으로 휴머니즘은 이를 바탕으로 한 민주주의적 사회질서를 필요로 한다. 라몬트의 휴머니즘 정의는 철저히 인간중심적이며 그를 뒷받침하는 체제다. 그러기에 그의 휴머니즘은 본질적으로 반형이상학적이며 인간의 존재의 주인이 되는 것이기에 무신론적이기도 하다. 이런 정의는 서구 근대 계몽주의 이래의 인간이해를 충실히 반영하고 있다. 여기서 보듯이 현대의 휴머니즘은 르네상스시기에 재발견한 헬레니즘의 철학과 함께 서구 근대 형이상학에 뿌리를 둔 채, 이런 두 흐름이 18세기 이래 계몽주의 철학을 거치면서 비로소 그 철학적 특성이 결정되었다. 휴머니즘은 유럽문화와 유럽 전통 철학의 고유함을 떠나 이해할 수 없을 뿐 아니라, 그 결정체임에는 틀림이 없다. 이런 이유에서 휴머니즘을 의미있게 논의하기 위해서는 철학적 맥락에서 해명하고 규정하는 작업이 절대적으로 필요하다. 여기에 18세기 이래의 계몽주의 철학은 결정적인 의미를 지닌다.

그 사조는 인간의 보편적 심성에 미루어볼 때 성리학적 인간 이해와 상응하는 면이 있음에도 불구하고 계보사적이며 해석학적 맥락에서는 명백히 그와는 구별되는 특정한 철학체계인 것도 사실이다. 성리학은 보편적 인성론에 기반을 두고 있음에도 불구하고 동아시아 세계의 철학적 토대를 떠나 이해할 수 없다.[27] 성리학은 인성론에 기반을 두고

27 이것이 〈중용〉 1장에서 선언한 유학의 핵심 교의에 바탕을 두고 있다. "天命之謂性, 率性之謂道, 修道之謂敎." 그와 함께 居敬窮理와 修己治人의 명제는 성리학에 바탕한 지식론과 수양론 및 사회철학을 대변한다. 군주에게 성왕의 도를

천명(天命)과 그에 따른 수양(誠과 敬) 이념을 중심으로 체계화되어 있다.[28] 그와 함께 한 사회에 그 이념을 일반화하여 사람을 다스리고 지식을 얻는 체계로 완성되었다. 하버드대학교 중국사상사 교수인 볼(Peter Bol)은 성리학자들이 지닌 인성론적 도덕철학이 어떻게 근대 중국과 동아시아 사회를 체계화시켰는지 상세히 다루고 있다.[29] 그 뒤에는 천명사상과 이기론적 철학이 자리하고 있다. 성리학적 인간이해와 유럽적 휴머니즘은 동일성과 차이를 지닌다. 문제는 이러한 특정한 이해체계를 담고 있는 주의 주장을 이해하기 위해서는 그 계보학적 맥락에 대한 해명은 물론, 그 사조를 수입한 그곳, 우리의 현재(지금·여기)의 해석학적 지평도 함께 성찰해야한다는 데 있다.

## 3. 근대 계몽주의와 휴머니즘

### 1) 독일 계몽주의의 휴머니즘 수용

근대 계몽주의 시대에 휴머니즘은 보다 확장된 개념으로 쓰인다. 니티함머(R. Niethammer)는 독일 교육에 이 정신을 적용시키면서 휴머니즘이란 용어를 처음으로 사용하였다. 이후 이 개념은 19세기에 포그

---

설명하는 퇴계의 책은 이런 교의를 잘 보여준다. 이황, 『성학십도』, 홍원식 옮김, 계명대학교출판부 2014 참조.

28 주희, 『근사록 집해 I』, 이광호 역주, 아카넷 2014 참조.

29 피터 볼, 『역사 속의 성리학』, 김영민 옮김, 예문서원 2010, 특히 5장 학, 247-309 참조.

트(G. Voigt)에 의해 역사서술에 적용되거나 부르크하르트(J. Burckhardt)가 르네상스를 휴머니즘의 시대로 규정하면서 보편화되기에 이른다.[30] 1885년 파울젠(F. Paulsen)은 “새로운 휴머니즘”이란 말로 르네상스 휴머니즘을 독일적으로 수용한 철학을 지칭하기도 했다. 여기에는 르네상스와 달리 그리스-로마 철학을 해석한 것과 함께 독일 계몽주의적 철학이 강력하게 영향을 미쳤다. 그래서 헬빙(L. Helbing)같은 이는 이 조류를 제3의 휴머니즘이란 말로 표현하기도 했다.[31] 이런 계보사적 맥락을 고려할 때 휴머니즘이란 말이 대단히 폭넓게 사용되었으며, 철학과 교양 개념, 인간다움과 인성교육 개념을 이해하는 정도에 따라 너무도 다양하게 나타날 수밖에 없게 된다. 인문주의란 의미에서의 휴머니즘에 내포된 ‘humanitas’ 개념은 그리스 · 로마 문화와 철학에 근원을 두고 있지만, 독일 계몽주의 철학의 풍부한 해석 역시 분명히 그 안에 함께 담겨있다.[32] 그러기에 이 개념은 인간을 이해하는 그 시대의 철학과 문화가 반영되어 늘 상 새롭게 해명되고 수용되었으며, 또한 그렇게 되어야함도 분명한 사실이다.

이런 관점에서 휴머니즘은 계몽주의의 인간이해를 통해 철학적 체계를 갖추게 된다.[33] 이 시기 계몽주의 철학자들은 거의 모두 휴머

---

30 Jacob Burckhardt, *Die Kultur der Renaissance in Italien*, Berlin 1860, C. Menze, op. cit.,; 앨런 불록, 『서양의 휴머니즘 전통』, 홍동선 옮김, 범양사 1985, 17-23.

31 F. Pausen, *Geschichte des gelehrten Unterrichts*, 1885; L. Helbing, *Der dritte Humanismus*, 1932, in C. Menze, op. cit., 1217-1219.

32 R. Rieks, “Humanitas”, in *Historisches Wörterbuch der Philosophie*, op. cit., 1231-1232.

33 앨런 불록, 같은 책, 67-111; ; I. Pape, “Humanismus, Humanität”, op. cit., 1226-1230.

니즘으로 범주화해도 무리가 없을 것이다. 불록은 이 시기 가장 중요한 사람으로 볼테르(Voltaire), 몽테스키외(B. de Montesquieu), 디드로(D. Diderot), 루소(J. Rousseau), 기번(E. Gibbon)과 벤담(J. Bentham), 흄(D. Hume)과 스미스(A. Smith), 프랭클린(B. Franklin)과 제퍼슨(Th. Jefferson), 레싱(G.E. Lessing)과 칸트(I. Kant)를 거론한다. 너무도 다양한 철학적 차이와 분야에도 불구하고 이 모두를 휴머니즘으로 분류한다면, 우리는 휴머니즘을 매우 넓게 범주화해야할 것이다. 이들을 같은 범주로 개념화할 수 있는 원리에 휴머니즘의 본질이 자리한다. 그들의 공통 분모를 불록은 "인간성 존중, 세속주의, 세계주의와 자유"는 물론, 교회나 국가의 간섭과 위협을 넘어서는 자유로운 지성과 그에 대한 의식에서 찾는다. 이는 근대 계몽주의 정신의 공통된 견해였다. 인간 이성과 합리성에 대한 신뢰, 개인의 권리와 주체의식 및 자유정신, 종교와 권위에서의 자유는 물론, 역사의 진보에 대한 믿음 등이 그 핵심에 자리한다. 어쩌면 인간에 대한 무한한 신뢰, 자연과 생명을 도외시하는 인간중심적 사고, 역사의 승리와 진보에 대한 관념이 오늘날 트랜스휴머니즘의 철학적 토대란 사실을 생각해보면 휴머니즘이 빚어내는 역설적 결과에 웃음을 금할 수가 없게 된다. 비판적 포스트휴머니즘은 이와는 다른 인간 이해를 모색한다. 비판적 포스트휴머니즘이 탈근대 담론과 연결된다는 말은 이런 맥락에서 의미를 지닌다.

여하튼 이러한 인문 전통에 기반하여 계몽주의 철학은 현재와 같은 인본주의(humanism)를 체계화시켰다. 계몽주의 철학을 대표하는 칸트는 자신의 철학 전부를 돌아보는 과정에서 인문학적 철학이란 결국 다음의 네 가지 질문과 대답이라고 말한다. 먼저 "나는 무엇을 알 수 있는가"와 이어 "나는 무엇을 할 수 있는가", "나는 무엇을 해도 좋은가"라는 3가지 질문이 그것이다. 이 질문은 각각 인식론과 윤리학, 종교철학으로 규정되며 이에 대한 철학적 노력이 이른바 〈순수이성비판〉을 비롯한 3대 비판서에 담긴 대답의 시도였다. 이러한 세 가지 질문은 궁극적으로는 마지막 질문에로 귀결된다. 그것은 "인간이란 무엇인가?"의 질문과 대답이다.[34] 이처럼 인간에 관계되는 학문으로서의 인문학은 인간 자체에 대해, 자신의 존재뿐 아니라 타자의 존재에도 관계한다. 이러한 인문학은 자연 사물(事物) 영역, 즉 사건(事件)과 물건(物件)에 관계되는 학문에 비해 그 의미와 해석에 관계한다. 인문학은 자연과 사회현상에 대한 객관적 지식과 과학적 방법론에 관한 학문이 아니라, 그와 관계하는 인간의 존재에 의한 해석학을 의미한다.

문제는 구체적으로 "지금 여기", 현재를 사는 인간으로서 우리가 어떻게 학문하고, 세계를 이해하고, 역사를 해석하며 미래를 기획하는가이다. 거듭 학문의 자리와 학문에 대한 이해, 학문이 나아갈 길에 대한 생각이 중요하다. 그 이유는 좁게는 한 사람의 지적 존재로서 나 자신이 이 사회에서 지닌 몫을 다하기 위한 것이며, 크게는 학문이란 결국 인간의 자기 이해이며 이에 기반하여 세계와 역사, 자연과 문화의 이해 체계가 형성되기 때문이다. 인간의 외적인 행위, 기술과 자본, 인간이 이룩한 모든 성과와 결과물의 안과 밖은 결국 이러한 자기이해에 의해 원초적으로 결정될 것이다.

34 I. 칸트, 『논리학 강의』, 서문, 1800 (WW. VIII, S. 343).

### 2) 반휴머니즘적 인간이해

하이데거(M. Heidegger)는 자신의 철학을 실존주의적 휴머니즘으로 이해하는 세간의 평가를 비판한다. 여기서 그는 휴머니즘을 인간의 인간다움(humanitas)을 사유하는 철학이라고 규정한다. 그러나 역사적 형태로서의 휴머니즘은 이 인간다움을 다만 본질이란 관점에 제한한다. 이런 철학을 하이데거는 존재사유를 전개하지 못하는 본질(Wesen)주의적 철학 내지 존재자적 철학이라고 비판하는 것이다. 그래서 헬레니즘 문화는 이 인간다움을 다만 "paideia"에서 교양교육으로만 이해하게 되었으며, 이때에 이르러 마침내 첫 번째 휴머니즘이 등장하게 되었다. 여기서 하이데거는 휴머니즘의 본질을 "후기 그리스 문명에서 발흥한 교양교육과 만남"으로써 로마문명에서 특별한 형태로 발전한 주의주장으로 이해한다.[35] "paideia"개념은 일상적 용어로 옮기는 교양교육 이상의 의미를 담고 있다. "교양/교육" 개념은 플라톤의 'paideia'에서 유래하지만, 휴머니즘적 맥락에서는 훨씬 더 양성 내지 교육이란 의미로 전향되어 사용한다.

그것은 근원적으로 인간이 의미와 규범, 세계와 존재 전체에 관여하는 인간의 전 존재론적 특성에 관계된다. 그래서 교양/교육은 인간의 지성과 의지, 정서 전체를 도야한다는 의미를 지닌다. 이 개념은 결코 인간을 특정한 분야의 교육, 즉 이론적이거나 지식, 행위, 실천, 의지, 기술적 분야로 나누지 않을 뿐 아니라, 학교 교육이나 직업 교육, 삶의 교육처럼 특정 분야로 구분하지도 않는다. 이 개념은 훨씬 더 전

35 M. Heidegger, Brief über den Humanismus, 1946

인적 존재를 향하기에 흔히 자유교양으로 부르는 데서 보듯이 보편적이며 토대가 되는 양성을 지향한다. 이에 덧붙여 이런 교육을 위한 수련/도야를 위한 원칙/원리 개념을 포함한다. 교양/교육의 목표는 세계질서의 의미론적, 규범적 척도를 제시함으로써 인간을 자유로운 존재가 되도록 하며, 인간이 지닌 본래적 가능성을 일깨울 수 있도록 기획하는 데 있다.[36]

교양/교육이란 말은 인간의 인간다움, 인간의 본질을 형성하도록 만드는 보편교육이란 성격을 표현하고 있다. 이 개념이 14–15세기 이탈리아를 중심으로 일어난 르네상스(Renaissance) 문화에서 새롭게 부활한다. 이 조류를 휴머니즘의 두 번째 계기라고 말해야할 것이다. 휴머니즘은 헬레니즘에서 발흥하여 르네상스시기에 새롭게 의미 부여된 보편적 문화 현상이며, 또한 그를 뒷받침하는 철학적 경향이다. 역사적으로 이 휴머니즘이 계몽주의 이후의 독일정신을 정초하였으며, 근대 독일문화의 핵심적 원리로 작동하게 된다. 이 조류는 독일에서는 특히 18세기 이래 빙켈만(J.J. Winckelmann), 괴테(J.W. von Goethe), 실러(J.Ch.F. von Schiller) 등이 주도했던 경향이다. 여기에 비로소 현재와 같은 모습의 계몽주의적 휴머니즘이 완성되기에 이른다.

이와는 별개로 하이데거는 횔덜린(J.Ch.F. Hölderlin)을 비롯한 초기 낭만주의 경향을 이런 흐름에 포함시키지 않는다. 오히려 그는 초기 낭만주의 철학이야말로 계몽주의적 휴머니즘을 극복하는 근원적 사유의 특정한 형태로 해명한다.[37] 이런 구분의 근거는 인간 본질의 역사적 운

36 Max Müller/Alois Halder(Hg.), *Kleines philosophisches Wörterbuch*, Freiburg 1971, 47–48.

37 이런 맥락에서 초기 낭만주의 철학에서 포스트휴머니즘의 인문학적 요소를 확인

명에 대한 근원적 사유에 있다. 이것은 인간의 자유와 본성에 대한 이해 방식에서는 물론, 이를 위한 이해와 해명의 철학에서, 나아가 이를 위한 교양교육(Bildung)에서의 차이로 드러난다. 현재의 인문학 체제는 이런 교양교육의 이념에 바탕을 두고 있다.

하라리(Y. Harari)는 현대의 시간을 호모 사피엔스의 생명과 행복, 필요를 신성시한 휴머니즘이 300년 이상 지배해온 시대라고 생각한다. 이제 트랜스휴먼을 통해 인간이 불멸과 행복, 신성을 얻으려는 시도는 휴머니즘의 이상이 논리적으로 귀결시킨 필연적 결과다. 인간은 호모 사피엔스를 넘어 호모 데우스(homo deus)로 나아가야 한다.[38] 휴머니즘은 무의미한 세계를 위해 의미를 창조한다. 이를 통해 세계의 주인이 된 인간은 허구의 믿음을 통해 이룩한 현대의 과학기술로 이런 상상을 가능하게 할 수 있다고 주장한다.[39] 이런 불가능한 주장을 펼치는 트랜스휴머니즘의 망상을 넘어서는 길은 휴머니즘 비판을 통해 새로운 인간이해를 모색하는 포스트휴머니즘의 정당성을 수용하면서도, 인간에게 주어진 본질적 한계와 유한성을 진지하게 성찰하는 데 있다. 이런 비판은 결코 인간의 지성적 능력과 현대 과학기술의 놀라운 영향력을 보지 못하는 무지가 아니다. 인간의 물리적 토대와 유한성을 정당하게 성찰하지 못하면 이런 환상에 매몰될 뿐이다. 초인간적 영웅(super heros)임에도 이들은 실존적 불안과 한계, 유한성을 벗어나지 못한다.

하는 길은 이를 새롭게 수용하는 니체(F. Nietzsche)와 하이데거의 철학적 해명에서 찾을 수 있다. 이에 대해 프레더릭 바이저, 『낭만주의의 명령, 세계를 낭만화하라』, 김주휘 옮김, 그린비 2011 참조.

38 Y. 하라리, 『호모 데우스-미래의 역사』. 김명주 옮김, 김영사 2017, 39, 99 등.

39 이는 하라리의 저서의 일관된 주장이다. 유발 하라리, 같은 책 307.

2008년 크리스토퍼 놀란 감독이 연출한 영화 〈The Dark Knight〉에서는 초능력을 지녔음에도 자신의 내면의 불안과 죄책감을 벗어나지 못하는 슈퍼영웅인 주인공을 통해 인간이 지닌 실존적 한계를 남김없이 보여준다. 물리적으로 증강된 능력이 인간을 신으로 만들어주는 것은 아니다.

### 3) 휴머니즘의 인문주의

휴머니즘의 특성은 전통적 인문학 이해에서 가장 잘 드러난다. 그러기에 휴머니즘을 때에 따라 인문주의로 옮기기도 하는 것이다. 인문학(人文學) 개념은 자명한 듯하지만, 다른 한편 무척 다의적이며 그 외연과 내포가 구체적으로 결정되어 있지 않다. 인문학은 어디에서 유래했으며, 어떤 의미를 지니는가. 또한 인문학이 나아가야할 길은 어디에 있는 것일까. 하이데거는 철학적 사유의 유래와 도래에 대해 설명하면서 우리가 필요로 하는 사유의 미래에는 언제나 그 유래가 자리하고 있다고 말한다.[40] 다가올 사유와 그 인문학은 인간의 근원에 자리하며, 그 근원은 인문학적 사유가 가야할 길을 말해주는 원천이 된다.[41]

40 M. Heidegger, "Herkunft aber bleibt stets Zukunft". in: *Unterwegs zur Sprache*, Pfullingen 1959, S. 96.

41 한국학술협의회에서 펴낸 저서 『인문정신과 인문학』(지식의 지평 2, 아카넷 2007)은 인문학의 본질에 대한 사유를 다양한 관점에서 제시하고 있다. 이승환, 「동양의 학문과 인문정신」, 29-44; 김영식, 「동양 전통 학문 속에서의 '자연과학'과 '인문학'」, 45-60; 강상진, 「서양 고중세의 인문정신과 인문학」, 61-82; 이종흡, 「서양 근대 초의 인문학과 인문정신」, 83-102; 최성환, 「서양 분과학문 속의 인문학의 전개 과정 - 서양 1800년대의 상황」, 103-122; 백종현, 「한국 인문학 진흥의 한 길」, 123-147; 한형조, 「도구로서의 인문학, 응답으로서의 한국학」, 150-168; 그 외에도 인문학의 위기 담론과 관련하여 논의를 전개한 수많은 저

인문학은 본질적으로 인간의 사유를 드러내는 학문이다. 이 소유격은 주어적이면서 목적어적이기에 인문학은 인간에 의한 인간을 해명하는 사유의 학문을 말한다. 그 학문은 본질적으로 인간에 관계된다. '문(文)'이란 학문을 의미하면서, 무늬(紋)와 동의어로 받아들일 수 있다. 고대의 한자 사전인 〈설문해자〉는 '문'을 '무늬'(紋)와 같은 뜻으로 풀고 있으며, '결(理)'의 의미를 지닌다고 한다. 옥의 결에서 생겨난 '결'(理)자는 흐름의 일정한 방향과 지향성을 의미한다. 그래서 인문학을 문자 그대로 이해한다면 사람과 삶의 자리, 그 결과 무늬에 관한 학문으로 설명할 수 있다. 결과 무늬에는 우리가 살아왔던 삶의 흔적, 역사의 경험과 기억이 담겨있으며, 사람다운 삶을 위해 우리에게는 해야 할 일과 해서는 안 될 일이 숨어있다. 그러기에 거기에는 그러한 현재를 딛고 나아가야할 미래가 담겨있으며, 인간이 무엇을 알 수 있고 알아야 하는가에 관계되는 학문, 무엇을 향해 가야하는지에 대한 이해와 성찰이 들어있다. 또한 그 삶의 실존 및 경험에 대한 해석과 성찰이 재현되어 있다. 이 학문은 인간과 인간의 삶에 관한 것이며, 그 의미를 해석하고 성찰하는 작업을 의미한다.

인문학은 인간과 삶의 역사적 경험, 그 초월적 지평에 관계하는 학문이며, 그러기에 인간의 존재 자체에 대한 학문인 것이다. 학문이 지적인 욕구, 알고자 하는 인간의 본성에서 기인하는 것은 사실이다. 아리스토텔레스는 이미 2,300여 년 전 가장 중요한 철학 저서인 〈형이상

---

서가 나와 있다. 이 모든 작업에도 불구하고 현재의 인문학을 위해 가장 중요한 일은 인문학의 본질과 유래를 해명함으로써 나아가야할 길을 모색하는 작업임에는 틀림이 없다.

학〉 서두에서 "인간은 그 본성에서부터 알기를 원한다"고 말했다.[42] 이 앎은 사물에 대한 지식을 넘어 보다 더 깊은 층위에서 이루어지는 존재론적 의미를 지닌다. 그것은 인간의 한계와 유한성, 죽음을 맞이해야만 하는 인간의 존재론적 특성에 대한 이해에서 비롯된다. 인간에게 죽음이 없다면, 영원한 삶을 산다면 인간은 아마도 학문이나 예술 행위를 하지 않을 것이다. 죽음에 처한 인간, 죽음으로 그 존재의 종말이 결정되어 있는, 죽음으로 처형된 인간이 절대적인 없음(無)의 상태인 죽음을 극복하기위해 이루어가는 해명과 죽음에의 수용이 학문과 예술을 필요로 한다.

그럼에도 인간의 앎과 삶에는 한계가 있으며, 근본적인 대립과 갈등이 자리한다. 인간은 갈등과 모순 속에서 살아가는 존재다. 그 자신 몸을 지닌 생명체이면서, 그를 넘어서려는 인간, 땅 위에 있으면서도 하늘을 바라보는 인간은 근본적으로 모순된 존재다. 그와 함께 인간은 하늘과 땅 사이에 자리하며, 선을 향하지만 악과 함께 하며 몸과 마음, 어제와 내일 사이에서 헤매는 존재이기도 하다. 그러기에 인간은 그 사이와 틈새에서 모순과 씨름하면서 걸어가는 길 위의 존재라고 말해야 할 것이다. 사이와 모순에서 주어지는 중첩되는 틈새에 놓인 것이 인간의 삶이기에 인문학은 그 틈새를 해석하는 여백에 자리한다. 인문학은 이러한 중첩과 여백의 상호작용을 거치면서 확장되며, 거듭 새롭게 해석되는 과정의 학문이다.

현대 철학의 중요한 업적 가운데 하나는 인간과 학문의 역사성을 밝힌 데 있다. 인간은 철저히 역사적 존재이며, 그러기에 학문 역시 역

42 Aristoteles, *Metaphysica*, I, 980a, 21.

사적이다. 인문학은 그 역사를 해석하며, 이를 통해 인간은 역사를 넘어서려 한다. 인간은 역사의 존재이면서 동시에 그 역사를 넘어서는 초월의 존재이기 때문이다. 자신의 삶의 흔적, 역사의 경험과 그에 대한 해석 없이 인간은 현재의 인간으로 자리하지 못한다. 그와 함께 인간의 현재성에는 그를 넘어서려는 근본적인 초월적 동기와 특성이 자리한다. 역사적 존재인 인간은 또한 초월성의 존재이기도 하다. 그러기에 인문학 역시 이러한 성격을 지닐 수밖에 없다.

인문학은 인간의 조건(conditio humana)을 해석하면서, 그 조건지어진 지평을 초월해가는 학문이다. 인문학으로 규정되는 학문은 철저히 인간에 의한 학문이며 인간에 대한 학문이다. 천사나 신은 학문하지 않는다. 그들은 학문할 필요가 없다. 우리가 아는 한 동물도 학문하지 않는다. 학문은 인간의 지성이 벌리는 이해의 노력이며, 해석의 지적 작업이다. 그것은 세계와 역사, 사회와 문화, 인간과 자연에 대한 스스로의 이해와 해석을 의미한다. 그러기에 학문은 오직 인간의 것이며, 인간만의 작업이다. 인간을 인간일 수 있게 하는 자기이해의 학문이 인문학이기에 그것은 인간의 본질적 행위 가운데 하나다. 인문학은 이 모든 이해와 해석을 체계화하고 개념화한 학문으로 정의할 수 있다.

휴머니즘의 특징 가운데 하나인 인문교육의 지향성은 인문학이 수행한 연구와 함께 그 성찰성을 바탕으로 결정된다. 인문교육은 한편으로는 근원적 진리에서 그 토대를 찾아야 하며, 그럼에도 해석의 전통에 따라 끊임없이 그 교육 지평에 상응하게 해명하는 가운데 이 교육이 수행되어야 하는 것이다. 이 두 과제를 관통하는 빛은 교육의 일반적 원리인 성찰성의 빛이다. 이 빛(lumen naturale)을 바탕으로 지식과 학적 연구를 이뤄가는 것이 인문교육이며, 이 빛을 되비추임으로써 이 교육은 자신의 지향성을 해명해야 한다. 그 빛에 대한 해명 작업은 지금 여기, 그 시대의 문화적이며 철학적 인간 이해에 바탕하여 수행되어야 한다. 휴머니즘의 학문으로서 인문학은 언제나 그 시대의 휴머니즘에 담긴 철학적 의미를 바탕으로 이루어진다.

## 4. 휴머니즘과 인간의 역할 - 일 개념

### 1) 일과 인간 – 헬레니즘 시대

생물학적 존재로서 인간은 자신의 생존을 위해 일하지 않을 수 없다. 생존을 위한 모든 활동을 일한다는 말로 개념화할 수 있다. 그럴 때 인간은 일하는 존재일 수밖에 없다. 나아가 일은 문화적 존재로서 인간이 자신의 삶과 존재를 성취하고 재현하는 수단이기도 하다. 일하지 않을 때 인간은 자신의 존재를 성취할 수 없다. 이런 관점에서 일은 휴머니즘의 핵심적 이념인 교양교육(paideia)의 실천적 재현이라고 말해도 좋다. 그럼에도 역사를 통해 일은 하층민의 의무이거나 노예 노동 정도로 생각했다. 이런 이해는 농경시대에도 큰 차이는 없었다. 다만 산업혁명이후 시기에 일은 수공업과 연결되어 일반적인 노동 개념으로 수용된 정도였다. 포스트휴먼을 논의하는 현재의 문화에서 우리는 일을 어떤 개념으로 규정해야할까. 일 개념은 휴머니즘과 포스트휴머니즘을 갈래짓는 중요한 개념이다. 산업사회에서 일이 노동으로 받아들였다면 포스트휴먼적 문화에서 노동을 일로 드높일 수 있는 재개념화 작업은 이를 구분짓는 결정적 과정이 될 것이다. 더욱이 4차 산업혁명의 기술공학적 성취는 인간의 일과 노동을 심각하게 훼손하고 감소시킬 것은 자명한 현상이 아닌가. 우리는 인간의 일을 어떻게 받아들여야 할까. 다만 산업시대의 노동으로 일을 이해할 때 휴머니즘적 일은 자리할 곳을 상실하게 된다.

포스트휴먼적 일은 인간이 우주 안에서 어떤 결과물을 도출하는 것이 아니라, 자신의 존재를 성취하고 만들어가는 과정의 개념에서 이해해야 한다. 그것은 하이데거의 말처럼 작품(work)이 아니라 존재의 길(way)을 걸어가는, 되어가기의 과정이다. 일이 소외되어 일면적인 산업 노동이 될 때 인간 존재의 길 역시 소외되고 왜곡될 수밖에 없다. 4차 산업혁명 논의가 단순히 일자리 감소에 맞추어져 있는 현실은 심각한 인간소외 문제를 초래한다. 자본에 종속된 산업은 이런 혁명적 변화를 다만 산업노동의 문제로 몰아간다. 한 쪽에서는 소외와 죽음을 초래하는 노동에 시달리지만 다른 쪽에서는 일자리 부족과 실업을 호소한다. 이런 불균형은 일에 대한 잘못된 이해와 함께 산업자본의 논리에 종속된 일의 소외현상 때문이다. 그런 까닭에 비판적 포스트휴머니즘 논의를 위한 터전으로 왜곡된 일/노동 개념을 해명하고 인간다운 인간을 위한 일에 대해 논의해야할 것이다.

인간은 일하는 존재다(homo laborans). 이 특성을 헬레니즘 시대에서는 인간이 자신의 개체로서의 필요조건, 기본적 생존조건의 확보, 인간의 행복과 최소한의 물질적 자유를 위한 수단으로 이해했다. 일을 통해 인간은 인간답게 살기위한 조건을 충족시킨다. 그러므로 일은 인간이 인간으로 실존할 수 있는 일차적이며 필수적인 전제조건이다. 이로써 인간은 개체로서의 자율성을 확보하게 된다. 이처럼 노동/일은 인간으로 서기 위한 가장 기초가 되는 전제조건이지만, 헬레니즘철학에서 노동/일은 인간의 실존이나 존재론적 차원과 연관되어 그 내적 의미를 고찰하지는 않았다. 노동/일은 인간의 생존을 위한 자명한 행위로 이해한 것이 헬레니즘에서 일에 대해 철학적으로는 물론이고 학술적으로도 체계적으로 논의하지 않은 이유일 것이다.

로마시대에서는 노동/일을 노예노동(opera servilia)과 자유민의 교양있는 활동(opera liberalia), 즉 학문, 예술, 국가에 대한 봉사 등으로 구별하기도 한다. 정신노동은 인간의 본질과 연관된다. 그에 비해 육체노동은 단지 수단이나 부차적인 것으로 간주된다. 예를 들어 키케로는 육체노동을 저급한 직업에 한정된 것으로 본다.[43] 그 이유는 명상만이 고유한 지혜로운 행위이기 때문이다. 이처럼 헬레니즘 그리스-로마 문화에서 노동은 물질과 정신의 이원론적 관점에서 정립되었다. 자유시민, 자유인의 일은 육체의 작업으로는 무가치하다.[44] 그래서 육체노동은 자유시민에게 합당한 것이 아니라고 생각했다. 육체노동은 강요된 것이기에 자유의 원리에 위배되며, 심지어 명상의 여유를 방해하는 것이다. 명상만이 고유한 지혜로운 행위이기에 노동은 저급한 행위로까지 비춰지거나 심지어 노예의 몫으로 간주되었다.

육체노동을 낮추어보고 심지어 정신활동을 방해한다고 생각하는 것은 헬레니즘 이래 신분사회의 특징이다. 신분체계를 중시했던 동아

43 Cicero, *De officiis* I. 150.

44 M.D. Chenu, "Arbeit", in *Historisches Wörterbuch der Philosophie*, op.cit., S. 482.

시아의 사유체계에서도 이런 점이 발견된다. 예를 들어 논어에서는 군자가 성(誠)과 예(禮)로서 다스림에 힘을 쏟는다면, 육체노동은 소인의 몫이라고 한다.[45] 맹자 역시 마음을 쓰는 자와 몸을 쓰는 자를 구별하고, 마음을 쓰는 자는 다스리고 몸을 쓰는 자는 다스림을 받는다고 말한다.[46]

헬레니즘 철학에서는 육체적인 노동은 고유한 지혜로운 행위, 명상의 수행을 방해하는 것으로 이해한다.[47] 그것은 강요된 행위이며 덕과 배타적으로 관련된다. 아리스토텔레스는 실천 개념의 이론과 연결하여 인간의 행위는 두 계층으로 구분된다고 본다. 즉 기술적 행위와 연관된 것으로, 이것은 "techne"의 본래 의미에 미루어 인간의 창조적 산출 행위를 의미한다.[48] 기술적 행위는 목적이 그 자체에 있지 아니하고 물건을 생산하려는 의도에 따라 이루어진다.

또 다른 측면에서 일은 순수한 행위의 측면, 즉 실천적 행위 자체의 층위에서 이해된다. 그것은 일을 정신적 능력과 선(善)의 실천으로서 덕과 연결하여 이해하는 것이다. 이때의 노동/일은 산출된 결과가 아니라 "행하는 어떤 행위"에서 논의된다. 왜냐하면 행위의 목적에 담긴 그 가치질서의 정점에는 완성된 생산물이 아닌 "생산함", 실천의 완성에 속한 삶이 자리하기 때문이다. 그것은 그 목적이 "좋은 삶", 바꾸어 말해 덕스럽고 행복한 삶을 만들어가는 실천에 있음을 의미한다. 이

45 『論語, 魯語 上』, "君子務治 而小人務力".

46 『孟子, 騰文公章句 上』, "有大人之事 有小人之事... 或勞心或勞力 勞心者治人 勞力者治於人".

47 M.D. Chenu, op.cit., S. 482.

48 Aristoteles, Politika, III. 5,; *Nicomaticos Ethik*, Kap. VI.

런 맥락에서 인간행위와 그것의 목적 질서가 이해된다.

이처럼 노동/일은 일면 유용성의 차원에서, 좋은 삶(善)을 이끌어 가는 인간의 실천 능력, 즉 덕(ἀρετή; virtus)과 연관지어 사용되었다. 선은 인간의 행위를 통해 실천되어야 하며, 그 능력을 덕으로 이해할 때 인간의 일, 또는 행동함은 결국 덕의 개념과 상응하여 의미를 지니게 된다. 일을 통해 인간은 인간이 되며, 그 산출물과의 관계에서 인간은 자신을 규정하게 된다. 또한 일은 인간이 자아를 벗어나는 외적 세계와 갖는 관계맺음의 양상을 규정한다. 그러기에 일은 그 수행 이전에 선험적으로 결단된 형이상학적 의미론에 근거하여 이뤄진다. 이런 맥락에서 일은 때때로 인간의 자기실현과 연관되어 이해되기도 했다.

### 2) 그리스도교 휴머니즘에서의 일

초기 그리스도교에서는 일을 이중적 의미에서 이해하였다.[49] 성서에서는 일을 일차적으로 인간이 저지른 죄에 따라 질서 잡히고 조화로운 자연을 상실하여 그것을 회복시켜야 하는 행위로 기술한다.(창세 1, 28; 2, 15) 그래서 일은 수고스러움(laborare)과 작업함(operare)의 두 의미를 지니며, 이들과 동의어로 이해되었다. 일은 자신의 것을 스스로 구해야하는 인간이 그것을 얻기 위해 신 앞에서 정직하게 이루어가는 행

49 그리스도교(christian) 휴머니즘이란 말은 헬레니즘과 헤브라이즘이 결합한 유럽 철학과 문화에서 휴머니즘을 특히 그리스도적 인문주의와 결합한 조류를 구별하여 지칭하는 말이다. 이는 신학과 구별되면서도 그리스도교 교의에 바탕을 둔 인문주의를 일컫는 말로 사용한다.

위를 가리키는 말이었다.[50] 그래서 일은 의무이며 속죄와 정화의 개념과 연결되어 이해되었다.

그와 동시에 일은 신(神)의 창조 작업을 완성하는 수단으로 이해된다.(창세 1, 26. 28; 3, 19) 인간은 자신에게 위임된 신의 창조사업을 수행하고, 지구와 그 안의 생명체를 돌봐야할 책임을 지닌다. 교부 철학에서는 인간의 노동을 신의 창조사업이란 빛 속에서 인간에게 위탁된 세계에 대한 인간의 창조사업의 참여로 이해하였다.[51] 이런 관점은 신의 존재를 "일하시는 하느님"으로 설정하는 신학으로 이어지기도 한다. "창조의 일"은 창조의 목적이 완성될 때 이루어지며, 이는 신과 인간이 함께 져야하는 과제이기도 하다. 신은 자신의 창조사업을 인간에게 위임하기도 하지만, 그 스스로 이 창조사업을 이끌어가기에 그 스스로 "일하시는 하느님"으로 자리한다는 것이다. 그러니 인간은 필연적으로 일하는 존재일 수밖에 없다. 비록 창세기에서 보듯이 낙원을 상실한 인간은 벌로서 땀 흘려 일해야 하는 존재이지만, 일에 대한 근본적 성찰은 창조적 행위로서 인간이 자신의 본질에 상응하여 행동하는 것이다. 또한 그에 따르는 합당한 능력과 그의 실천 행위에 연결되어 일에 대한 이해가 전개되었다.

이처럼 그리스도교에서는 일을 창조적 산출 행위와 연결시켜 우주 내부에 있는 인과성의 구조를 이해했으며, 그런 맥락에 따라 일의 의미

---

50 Manfred Riedel, "Arbeit", in *Handbuch philosophischer Grundbegriffe*, Bd. 1. München 1973, S.130: Augustinus, De poere monachorum 13, 14, Corpus scriptorum ecclesiasticorum latinorum 41, 555.

51 W. Zimmerli, Mensch und Arbeit im Alten Testament, in J. Moltmann u.a., *Recht auf Arbeit-Sinn der Arbeit*, 1979, 40–58.

를 규정했다. 이때 창조적 산출행위란 인간이 자신의 본질에 상응하여 행동하는 것이며, 일은 근본적으로는 일하는 자의 본질을 완성하는 행위로 이해된다. 이처럼 일은 단순히 세계와 인간을 연결시키는 도구일 뿐 아니라 세계를 이용하고, 세계에 영향을 미침으로써 인간이 자신의 존재를 실현하는 존재론적 행위가 된다. 이러한 일 이해는 신화적 세계관과 멀지 않은 일 이해의 패러다임이다. "신화적 세계관에서 노동이란 신적인 세계질서가 끊임없이 새롭게 구현되는 현상"으로 이해하기 때문이다.[52]

창조주이며 세상을 주재하는 최고의 존재로서 신이 일하심에 따라 이해될 때 신은 일을 통해 인간과 관련 맺는다. 그것은 일차적으로 세계와 존재자 전체, 인간을 존재하게 하는 행위이며, 나아가 본질을 충족시키고 그것을 완성하는 과정이기도 하다. 초역사적 존재로서 신의 역사적 개입은 일을 통해 이루어진다. 신은 역사 안에 일하시는 분이시다. 그러기에 인간도 일함으로 신의 창조사업에 협조한다. 이러한 일함을 통해 인간은 신과 관계 맺는 것이다. 일하시는 신이라는 관점에서 규정되었던 일은 교환가치와 물질생산의 수단으로만 국한된 일 이해를 넘어선다.

일을 생산물 산출이란 실천적 차원을 넘어 선의 실천 능력과 역사의 완성이라는 정신적 차원에서 이해하게 될 때 일이 지니는 형이상학적 의미를 논의할 계기가 준비된다. 인간은 일을 통해 자연세계를 문화세계로 바꾸어간다는 고전적 이해는 자연과 문화를 이분법적으로 분리

---

52 Orio Giarini/Patrick M. Liedtke, *The Club of Rome 1997: Wie wir arbeiten werden*, 『노동의 미래: 로만클럽 보고서』(1997), 동녘 김무열 옮김 1999, 37쪽.

하는 도식에 따라 구별되었다. 그리스철학에서는 자연(physis)과 문화의 규범(nomos)을 이원적으로 구분하고, 문화세계를 만들어가는 인간의 작업 능력 및 행위와 연결하여 일을 이해했다. 일은 인간의 본성을 드러내는 계기로 작동한다. 그것은 한편으로 자아실현의 수단이며 다른 한편 세계를 건설하는 인간의 기획 수단이기도 하다. 그 때 일은 그 결과가 아니라 일하는 행위의 과정에서 이해된다. 하이데거에 따르면 일의 결과물은 단순히 무엇을 건립한 것이 아니라 존재가 탈은폐된 것이다.[53] 작품은 결과물이 아니라 진리 드러남의 한 양식이기에 일 역시 그런 행위의 과정으로 이해될 수 있다.

일은 의미론적 기획에 의해 이루어지는 수단적 행위이기도 하다. 의미론적 기획 없이 일은 일로써 이해되지 않는다. 강요된 일이 노예노동이듯이 기획 없이 이루어지는 무의미한 일을 우리는 일로 이해하지 않는다. 그것은 지금 당장의 필요를 위해서 만이 아니라 "예견된 미래에서의 생존을 위한 수단을 일구어내며 그리하여 어떤 의미에서는 인생 전체를 위하여 미리 준비 하는" 행위이다.[54] 일은 근본적으로는 인간의 존재론적 의미결단, 초월성에 대한 결단이 그 근거로 작용한다. 그런 의미에서의 일은 단순히 물질적 조건의 충족에만 머무르지 않고 자유로운 존재의 기획과 결단을 선험적으로 요구한다. 이런 까닭에 일 개념을 형이상학적으로 이해하기 위해서는 인간의 일차적이며 기본적인 삶의 조건과 욕망 충족을 넘어서는 층위가 반성되어야 한다. 그럴 때 일은 "사물에 대한 더욱 포괄적인 주도권이라는 부차적인 욕구"를 넘어

53 M. Heidegger, *Die Technik und die Kehre,* Pfullingen 1954.

54 볼파르트 파넨베르크, 『인간학 III』, 박일영 옮김, 분도출판사 1996, 539쪽.

인격의 실현과 연관될 것이다.[55] 그래서 일이란 결국 존재론적 결단과 초월적 의미를 전제로 하며, 그것을 재현하기 위해 있어야만 하는 파생적 행위를 의미한다. 일은 인간의 자유로운 결단과 그 이상의 의미론적 세계를 지향하는 인간의 실천행위란 성격을 벗어날 때 소외되고 왜곡된다.

### 3) 계몽주의 시대 노동의 탄생

근대 철학 특히 데카르트(R. Descartes) 이래의 영육이원론은 일 개념을 급격히 축소시켰다. 데카르트의 사유하는 실체(res cogitans)와 연장의 실체(res extensa) 도식은 노동을 정신노동과 육체노동으로 구분하는 이원론적 분리의 이론적 토대가 되었다. 여기에는 고대 이래 육체노동을 폄하하던 전통도 함께 작용하였을 것이다. 고대 그리스철학처럼 여기서도 육체노동을 낮추어보고 정신노동을 자유시민에 적당한 노동이라 생각하는 경향이 지배적이었다. 이러한 생각이 산업혁명기를 거치면서 노동력의 필요에 따라 일이 노동으로 받아들여지는 패러다임 전환의 계기가 마련되었다. 이제 근대적 개념의 노동이 탄생하게 된다. 산업과 자본에 종사하는 일은 노둥올 받아들여지게 된다. 산업혁명 이후의 실천 철학에서는 노동을 인간행위와 그 목표에 대한 이론으로써 논의하기 시작했지만, 이는 산업화된 사회적 맥락에 따른 필연적 결과였다.

---

55 R.-P. Callies, *Eigentum als Institution, Eine Untersuchung zur theologisch-anthropologischen Begründung des Rechts*, 1962, 82, 파넨베르크, 앞의 책 539쪽에서 재인용.

예를 들어 쉘러(M. Scheler)는 "노동의 논리적 내용과 동시에 여러 다양한 현존하는 역사적인 세계관에서의 노동/일이 속한 위치를 보여주려는 의도"에서 노동의 연관점을 세 가지 측면에서 논한다.[56] 먼저 노동은 인간이나 동물, 또는 기계적 능력에서 비롯되는 것으로 규정하며, 그러기에 노동을 존재자적 활동에 따른 사물적 생산물과 연관지어 이해했다. 마지막으로 노동은 목적이나 과업이란 측면에서의 인간 행위와 연관되어 규정하기도 한다. 이런 측면에서의 노동 이해에는 재화와 서비스를 생산하는 경제적 관점, 자기보존이라는 생존의 측면과 자신의 환경을 관리, 조종하는 측면 즉, 문화적 활동이란 관점이 포함되어 있다. 노동/일은 고유한 가치를 지니며, 어떤 형태로든 인간의 본질을 표현하는 행위이다. 일은 인간의 자유와 미래의 기획을 선취한다. 일의 성격을 해명하면서 이러한 존재론 측면을 무시해서는 안될 것이다. 일은 기계의 작동이나 동물의 생존수단과는 명백히 구별된다. 인간은 자신의 생산물을 통해 일정 부분 자신의 모습을 결정하게 된다. "사회에서 차지하는 자신의 가치는 자신의 활동, 즉 노동의 가치로 결정"되기 때문이다.[57]

자연과학적 발견과 기술적 반영의 시대, 그것을 상업적으로 응용하는 시대에서 인간의 자연에 대한 지배는 일시적인 것이 아니라 미래 행위에 까지 개방된 과정으로 확대된다. 생산물을 매개하고 판매하여 교환을 통해 재화를 획득하는 수단이 된 노동/일은 이러한 체제에 종속되기에 이른다. 그래서 노동/일은 끊임없는 순환의 구조에 따라 양화

56 M. Scheler, *Arbeit und Ethik 1899; Erkenntnis und Arbeit,* 1926 참조.

57 Orio Giarini/Patrick M. Liedtke, 앞의 책 35쪽.

되고 지속적인 증진을 요구받게 된다. 성장 없는 경제는 죽은 것이 되기에, 노동/일은 이 과정에서 경제를 위한 종속적 위치에 머무르게 된다. 뿐만 아니라 노동/일의 양상이 변함에 따라 인간과 자연의 관계 역시 그에 따라 변형되기에 이른다. 노동/일은 자연에 대한 지배의 수단이 되었다. 직접적으로 자연에 관계하던 일이 이제 인간의 사회적 맥락에 따라 다른 의미를 지니게 된 것이다. 일은 이성의 기획, 무한한 발전과 진보의 세계관에 종속된 수단으로만 기능하게 된다. 또는 계급적 근대에 이르러 이성의 기획을 달성하는 능력이며 그 수단으로 부각된 것이다.

따라서 근대의 실천철학에서는 노동을 이러한 구조와 관련하여 논의하게 된다. 예를 들어 홉스(Th. Hobbes)는 실천철학적 기획에서 노동을 생산의 구조와 결과물 산출 행위에 따른 인간존재의 규범으로 고찰할 뿐, 일의 목적 자체에는 주목하지 않는다. 그것은 일을 자신을 실현하는 인간의 행위가 아니라 수공업-기술적 산출이란 맥락에 따라서만 규정하는 것이다. 인간행위와 연관되어 이해되던 일은 생산의 수단(factio 혹은 operatio)과 연관되어 이해되게 된다.[58]

로크(J. Locke)는 노동을 자연에 권리를 행사하는 인간의 능력으로 이해한다. 자연상태와 인간의 소유권이란 이론적 연관에서 일을 이해하는 관점은 일을 모든 사물과 토지, 자연자체에서 가치를 산출하는 수단으로, 나아가 "자연적" 소유의 담보와 정립이란 맥락에서 논의할 뿐이다. 시민적 생활의 재창조는 물론 인간행위에 대한 전통적 견해에 따른 인간의 행위가 생산과 소유의 맥락에 따라 정립되는 것이다. 근대에

58 Manfred Riedel, op.cit., S. 131-132.

이르러 일은 사회적 가치를 생산하는 수단이 되고, 그러한 맥락에 따른 인간활동으로 규정되었다. 이제 일은 문화를 사회적 맥락에 따라 규정하는 실천 개념으로 자리잡게 된다. 그래서 노동은 근대의 자율적 인간이 세계에 자신의 합리성을 구현하고, 마침내 존재의 주인으로 자리하는 수단이 되었다. 윤리적 규범 가운데 단지 수단이었던 노동이 이제 근대이성의 기획을 위한 핵심능력으로 부각된다.

헤겔(G.W.F. Hegel)은 일을 절대정신의 관념론적 이론과 연관지어 이해한다. 그는 아리스토텔레스처럼 인간 삶과 행위존재의 전체에서 일의 의미와 기능, 그 근원을 밝히려 한다. 일은 역사적 전체로 이해된 절대정신과의 체계적 종합에 따라 규정된다. 이렇게 함으로써 일의 의미와 기능, 근원에 대한 보편적 이해가 가능하게 되고, 정당화될 것이기 때문이다.

이를 위해 헤겔은 선험 관념론, 특히 피히테(G. Fichte)의 자아철학에로 돌아간다. 피히테에 따르면 자아의 구조는 행함을 통해 드러난 것과 행위 및 행위의 산출물과 동일시된다.[59] 그래서 행위한다는 것은 행위의 선험적 주체로서 자아 안에 구성된 행동함이란 개념으로 정의된다. 자아는 우리로 드러나며 우리는 자아와 동일시되었다. 그래서 헤겔의 표현에 따르면 일을 자아와 "정신"의 동일성 구조에서 논의할 계기가 마련되는 것이다. 언어적이며 기술적인 행위와 실천적이고 제도적인 행위는 구분되지 않고, 자아의 구성 안에서 주체적이며 객체적인 정신과 연관되어 있다. 일의 행위는 자신의 동일성에 의해 이미 규정

59 J.G. Fichte, *Grundlage der gesamten Wissenschaftslehre, als Handschrift für seine Zuhörer*(1794), Berlin 1971, S. 15f.

된 주체의 자기성찰이란 복합적 맥락에서 올바르게 이해될 수 있다. 일이란 단선적으로 주체에 국한되지 않고, 그에 대당되는 상호적인 행위로 규정된다. 그것은 언어와 도구, 사회제도 등의 핵심 매개행위를 통해 존재하기 때문이다. 일은 정신적이며 자의식을 갖춘, 법적 인격으로서 자아를 담보하는 행위가 된다. 그래서 일은 자연의 속박에서 해방되는, 자유를 달성하는 수단이다. 그것은 인간이 자유민으로서 최소한의 삶의 조건을 담보하는 매개물이다. 일은 정신적이며 인격적 주체로 양성되는 것과 연관된다.[60]

노동은 자연을 정복하고 점유하는 과정이며, 이러한 구성의 역사에 있는 하나의 단계로 제시된다. 일은 본질적으로 개인의 자아가 객체화되는 과정이지만, 개인의 차원을 넘어 공동체 및 그 체제와 상호작용하면서 사회적 맥락을 지니게 된다. 그것은 헤겔에 있어 정신의 역사적 전체가 움직이고 변화될 수 있는 공속된 순간이다. 이런 헤겔의 생각은 산업시대 재화산출의 수단으로 전락된 노동 개념을 보충한다. 그럼에도 그의 노동 개념은 활동 자체와 활동의 결과 사이에 분명한 연관점을 설정하거나 그에 대한 인격적 연관을 설명하지 못한다.

그의 논의에서는 주체의 일함과 산출된 것 사이에 자리한 의식주체적 관련은 해명되지 않고 있다. 일과 대상 사이의 연관에 대한 매개된 움직임이 설명되지 않음으로써 일함 자체의 실존적 의미가 감추어지는 것이다. 헤겔의 규정은 인간학적 맥락에서의 존재양성으로서의 노동의 성격을 드러내지 못한다. 그에 따라 산업시대 이전의 노동개념

60 G.W.F. Hegel, *Jenenser Realphilosophie*, ed. J. Hoffmeister, Bd. 1, 1931, Bd II, 1931, S. 179ff.; M. Riedel, op, cit., S. 133–134.

을 정치경제학적 측면에서 논의할 가능성을 열어놓았지만, 그럼에도 도래하는 자본주의 시대의 노동과 생산물과의 관계를 밝히는 데까지 논의가 확장되지는 않았다.

### 4) 산업혁명과 노동

일 개념이 노동개념으로 급격하게 변화한 것은 19세기에 시작된 산업혁명과 자본주의 정신이 본격화되면서 부터다. 이 변화는 농경사회에서 산업기술사회로 넘어가면서 이루어진 사회구조와 노동의 성격 변화에 따른 것이다. 이제 일은 더 이상 농경사회의 직접 생산에 종사하는 것이 아니라 사회적 노동의 맥락에서 고려될 수밖에 없게 된다. 노동/일은 생존을 위해 피할 수 없는 노고이거나 또는 정신적 작용과 연관지어 이해하던 맥락을 벗어나 계층, 계급, 사회적 구조와 연관되어 논의되기 시작한 것이다. 이때의 노동/일은 국가와 사회의 조직, 교육의 과정과 연관되어 규정되고 사회적 맥락에서만이 그 특성을 드러내게 된다. 산업의 발전, 자연과학, 대량생산과 소비, 기계와 연관되어 노동/일은 노동의 성격을 강하게 지니게 된다. 이로써 철학사적으로 노동/일은 노동으로 개념화되어 논의되기에 이른다.

사회적 차원에서 노동을 논의하는 것은 노동을 사회구조와 그 계층질서에 위치시키는 것이다. 계급과 신분, 사회질서와 사회구조는 노동을 계급적이며 종속적 개념으로 바꾸었다. 노동의 소외나 노동의 종말 따위의 개념은 이런 변화의 결과다. 영육이원론적 철학관에 따라 육체노동을 경시하던 풍조는 산업혁명 이래 자본 가치의 창출에 따라 노동/일을 노동으로 협소하게 규정하게 된다. 그것은 일을 생산성이나 부가가치 생산 가능성에 따라 평가함으로써 생겨난다. 산업사회의 인간성 소외문제는 노동/일 개념의 왜곡 또는 소외 현상과 관련이 깊다. 노동/일을 통해 자신을 실현하는 인간에게 노동/일의 왜곡은 자아실현의 방식이 왜곡될 수 있다는 뜻이 된다.

노동의 분화는 자급자족하던 농경사회를 벗어나면서 시작된다. 노동 분화가 그 자체로 일 개념을 왜곡시키지는 않는다. 오히려 산업화시대 이후 생산의 전문성과 생산품의 고도화는 필연적으로 노동의 분화를 요구하게 된다. 예를 들어 자동차를 만들거나 정보화시대에 개인이 자신의 인터넷 시스템을 정상으로 작동시키기 위해서라도 노동의 분화는 필수적이다. 이러한 생산에 따른 노동 분화의 필연적 결과와 함께 우리는 그 내적 의미에 대해 고찰해야할 것이다. 노동 분화를 “더불어 살아가는” 공동체의 의미, 공동선의 관점에서 이해해야할 필요가 있다.

오늘날과 같은 전문화의 시대에 분업과 노동 분화 현상은 자칫 그 미시적 측면에 사로잡혀 일의 공동체적 의미를 보지 못하게 만들 수 있다. 그러한 노동 개념은 오히려 노동 소외 현상을 초래할 수 있다. 그러한 예는 근대적 의미의 노동 개념을 논의한 베버에서 잘 살펴볼 수있다. 그가 말하는 전문화의 과정은 한편으로 산업사회에서 노동의 의미를 규정하는 것일 수 있지만, 그로 인해 파생될 수 있는 노동의 위계질서와 노동 소외 측면을 제대로 논의하지 못하게 만든다. 베버에 의하면 전문직업으로서의 노동은 신의 부여한 유일한 임무이기에 노동을 통해 인간은 자신의 신적 소명을 달성하게 된다.[61] 그럼에도 그의 주장은 분화된 전문 노동이 유기적 전체와 공동체에 기여하는 측면을 보지 못하고 오직 자연에 대한 기술적 지배의 전문성만을 논의하고 있다.

베버(M. Weber)는 근대 계몽주의 정신이 본질이 탈주술화에 있다고 주장한다. 전문직업으로 이해되는 노동은 탈주술화하여 단지 생활세계와 자연을 "기술적으로 지배"하는 전문수단이 된다.[62] 노동/일을 자연을 대상화하고 이용하는 수단으로만 간주할 때 전 창조질서에서 인간이 자연과 지니는 내적 연관성은 사라지게 된다. 인간은 다만 전문적 기술인이 되고, 자본과 생산에 종사하는 전문노동인이 될 뿐이다. 그에 따라 노동/일을 인간 자율성과 존엄성에서 이해하던 구조가 여기서는 사회적 질서유지와 전문직업으로 환원되기에 이른다. 노동/일은 결국 자연을 정복하고 인간의 진보에 기여하는 수단에 지나지 않는다. 일하는 존재로서 인간의 전인적인 조화와 균형을 자연과 맺는 과정에서 찾던 인간학적 관점은 사라지게 된다.

농경사회의 인간이 맺는 자연과의 관계는 직접적 생산에 근거하였다. 일은 농경사회에서 인간이란 주체와 자연이란 객체의 관계에서 이해되었다. 이처럼 자연과 직접적인 관련을 맺던 일이 산업사회에 이르러 그 관계 양상이 변하게 된 것이다. 일은 자연에 대한 태도를 바꾸어 자연을 정복하고 지배하는 수단이 되어 자연에 대한 인간의 승리를 드

---

61 M. Weber, *Die Protestantische Ethik und der Geist des Kapitalismus*, Tübingen 1920, 특히 〈3장 루터의 직업개념〉 참조. 이 책은 이념적으로 상당히 편향되어 있으며, 자본주의의 속성에 대한 깊이 있는 성찰을 결여하고 있다. 그럼에도 여기서 제시한 그의 관점은 정당하다고 말할 수 있다.

62 M. Weber, *Wissenschaft als Beruf(1919)*, Reclam, Stuttgard 1995, S. 19, 27.

러내는 방편으로 이해된다. 이제 노동의 주체와 노동의 결과는 직접 연관을 맺지 않으며 다만 생산물의 외재적 조건에 종속되어 관련을 맺을 뿐이다. 이 외재적 조건은 생산물의 산업화와 자본체제의 구조를 의미한다. 일은 이러한 외재적 조건에 종속된 노동으로 존립할 뿐이다. 그와 관련을 맺지 못하는 일은 일로써 평가되지 못하고 일로서의 가치를 지니지 못한다. 산업사회에서 일은 산업생산을 위한 노동이 되었다. 그 말은 자신의 목표와 직접 관련을 맺던 일이 산업생산을 위한 매개 수단이 되며, 나아가 자본에 종속되어서야 의미를 지닌다는 뜻이다. 자본의 체계와 생산구조를 떠난 일은 일로 성립되지 않기에, 그 체계에 종속된 일은, 그것이 전문적인 것이든, 육체노동이나 정신노동이든지 다만 산업시대의 노동일뿐이다. 이런 노동의 소외를 누구보다 명료하게 직시하고 논의한 것은 전적으로 맑스의 공로이다.

맑스(K. Marx)에 의하면 헤겔은 노동을 스스로 유지하는 인간의 본질로 파악한다.[63] 이러한 견해는 결국 개념의 작업 또는 정신의 움직임이란 관점에서 노동을 철학적으로 정당화한 것이다. 그래서 헤겔의 철학은 노동을 인간학적이며 사회-역사적 맥락에서 오해하게 만든다. 그것은 노동을 추상적인 정신의 작용에 따라 해명하고 있기 때문이다. 이를 교정하기 위해 맑스는 노동개념의 해명이 정신 철학이란 초월적 영역에 따라 이루어지는 것을 비판한다. 이와는 반대는 그는 객체적 자연과 연관된 조건 범위에서 노동개념을 논의한다. 또한 노동의 대상적인 성격과 노동자의 육체성이란 측면에 주목한다. 이러한 노동의 과정은 자연재료 자체와 마주하는 것이다. 노동이란 본질적으로 인간이 자신

63 M. Riedel, op. cit., S. 134-135.

을 자연제작자로써 자연, 객체적 사물과 투쟁하는 과정이다. 이렇게 함으로써 맑스는 노동/일의 철학적 의미를 헤겔에 의해 매개된 개념에서 벗어나 국가경제적 개념으로 분리시킨다.[64]

여기서 인간은 단지 대상적인 자연본질 뿐 아니라 자연과 대결하여 그것을 객체화시키는 존재가 된다. 그럴 때 노동은 사회적 욕구를 충족하는 수단으로 쓰임으로 계급의 분화와 신분질서를 고정시키는 데 사용된다. 나아가 노동은 본래의 생산과 교환가치에 따라 평가될 뿐이다. 이는 노동의 고유한 의미를 왜곡시키고 노동을 소외시키는 결과를 낳는다. 노동은 인간의 인간다움을 형성하는 수단이다. 그래서 노동이 소외될 때 결국 인간의 존재론적 소외와 사회적 소외는 필연적으로 발생한다. 그것은 노동 착취를 통한 노동계층의 소외를 낳게 되기 때문이다.

맑스는 노동의 대상화와 객체화 이론으로 헤겔의 노동의미론을 통해 제기된 매개의 시도를 대치한다. 이는 노동/일의 개별화 성격에 치중하는 전통적 아리스토텔레스적 이해의 구도를 사회적 생산관련성으로 전환시킨다. 이러한 이해는 인간의 본질을 생산하는 삶으로 규정하거나, 그에 따른 노동의 과정으로 제한시키는 것이다. 즉, 노동/일은 객체적 세계를 산출하는 행위이며, 그 과정이다. 그것은 인간이란 종의 특성을 자유롭게 의식된 "행함"이란 관점에서 삶의 행위로 근거짓는 것이다. 이에 따라 노동하는 존재로서 인간이란 종의 특성이 구현된다.[65]

64 K. Marx, *Ökonomisch-philosophische Manuskripte*(1841), Marx/Engels Werke, Ergänzungsband 1(1968).

65 K. Marx/F. Engels, *Das Kapital,* Marx/Engels, Werke Bd. 23, S. 192; M. Riedel, op.cit., 135.

맑스에 의하면 노동은 “인간과 자연이 함께 참여하는 과정”이다. 이를 통해 인간은 스스로 “인간과 자연 사이의 물질적 반응을 규제하고 통제”한다. 그래서 인간은 “세계에 작용하여 세계를 변화시키고”, 그에 따라 “자신의 본성도 변화”되기에 이른다.[66] 자연상태에서 인간이 자유롭게 존재한다는 표상은 노동에 의한 해방의 순간에 근거하여 참된 사실이 된다. 또한 인간은 자신의 소비에 근거하여 그 생산물을 얻는다. 노동은 가치 생산요인처럼 중요한 가치척도이다. 사회이론의 근본개념으로 이해된 노동은 “필요의 체계”에 속한다. 그것은 사회적 맥락에 자리하며, 제도화된 체계에서 노동의 분할, 소유권 관계 등과 연관되어 있다.

노동은 “모든 인간 삶의 첫 번째의 그리고 가장 근본이 되는 조건”이다. 또한 그러한 단계 안에서 인간은 노동을 통해 자신을 창출한다. 인간은 자연세계와 작업을 통해 관계 맺기에 그는 노동하는 존재다. 그 안에서 인간은 자신을 사회적으로 관계짓게 된다. 그런 의미에서 노동은 “사회적 일”인 것이다. 이처럼 맑스에게 있어 노동은 계급투쟁과 자본주의 생산양식, 소비의 구조에 따라 새롭게 이해된다. 인간은 이제 단순히 일하는 존재가 아니라 노동하는 전체에서 존재하는 인간이 된다. 노동을 통해 인간은 사회적 존재가 된다.

노동에 대한 두 오류는 경제주의와 물질주의에 있다. 여기에는 노동을 그 결과물인 재화의 산출에만 두는 오류가 담겨 있다. 사유재산의 형성에 따라 노동 역시 소유라는 관점에서 파악된다. 이제 노동은 사유재산을 이루어내고, 자연환경을 변화시켜 인위적인 소유의 생활세계로

---

66 K. 맑스, 『자본론 I』, 이수행옮김, 비봉출판사 1989, 177쪽.

형성하는 수단으로 환원된다. 이렇게 변화된 생활세계는 인간의 욕구를 충족시키는 것이며 노동은 여기에 기여할 뿐이다.[67] 맑스는 사유재산 형성을 위한 일은 인간을 소외시키는 노동 형태라고 규정하고 이를 거부한다. 물론 재산은 인간의 자유와 삶의 현상을 조건짓는 최소요건이다. 재산은 삶을 위한 필요조건이다. 또한 재산은 삶 전체를 표현하는 수단이기도 하다.

그럼에도 사유재산은 인간 존재를 사유화하기에 그를 위한 노동은 노동의 본래 의미를 무화시킨다. 노동이 외적 억압으로부터 인간을 해방시킨다는 측면은 분명 사실이다. 그럼에도 인간의 자유와 자기실현은 존재론적 층위를 필요로 한다. 인간은 외적 조건의 해소로 소외를 넘어설 수도 있지만, 이 사실 역시 존재론적 성찰을 통한 소외의 극복 없이는 무의미하다. 따라서 노동이 물질적 범위에서의 해방인 것은 맑스의 일면적 이해에 불과하다.[68] 노동을 물질적인 욕망충족이나 재화산출의 수단으로만 간주할 경우, 노동이 지니는 자아 성취와 정신적 해방이란 측면은 무시된다. 이처럼 노동을 자연과의 관계에 따라서만 고찰하게 되면 인간의 인격적 층위는 외적 자연사물에 종속될 뿐이다. 그때 일에 담긴 인격적 특성을 논의할 가능성은 사라지게 된다.

---

67 R.-P. Callies, *Eigentum als Institution, Eine Untersuchung zur theologisch-anthropologischen Begründung des Rechts,* 1962, S. 23이하.

68 파넨베르크, 앞의 책, 541쪽 각주 37: M.D. Chenu,(*Die Arbeit und der göttliche Kosmos, Versuch einer Theologie der Arbeit,* 1955, S. 58)는 맑스의 노동개념을 그대로 비판없이 받아들여 노동이야말로 "해방의 도구"라고 찬양하였다.

# 제2장
# 현대문화의 특성

제2장

# 현대문화의 특성

## 1. 4차 산업혁명과 현대문화

### 1) 4차 산업혁명 담론

4차 산업혁명 담론은 이중적이다. 자본주의와 연결하여 이 담론은 산업의 혁명적 변화란 측면에서는 분명 실재하는 현상이다. 그럼에도 불구하고 문화적 맥락에서의 혁명이란 주장은 허상에 가깝다. 왜 그러한가. 이 질문을 위해 세 가지 층위에서 이 담론의 특성을 살펴보기로 하자. 이른바 4차 산업혁명이 실재하는 현상이라면 이어지는 질문은 이렇게 혁명적인 변화를 초래하는 현상이 과연 우리 사회 일반의 체제를 그 주장처럼 변화시킬 것인가. 이런 질문에 바탕을 두고 정작 우리가 물어야 할 것은 설사 그렇다고 하더라도 그 변화가 인간의 이해체제와 인간에 대한 본질적 이해는 물론, 형이상학적 체제까지도 변화시키는 전환의 계기일 것인가라는 질문이다. 4차 산업혁명에 대한 분석을 토대로 할 때 이 논의는 자연스럽게 포스트휴먼 담론으로 명제화할 수 있다. 4차 산업혁명에 대한 우리 사회의 담론은 엄청난 기술 혁명이 일어나고 있으며, 이 변화에 적응하거나 앞장 서 이 변화를 수용하지 않으면 도태할 것이란 두려움과 불안을 담고 있다. 그 불안과 두려움은 "산업화에서는 뒤졌지만 정보화에서는 앞서자"는 우리 사회에 만연한 요청이나, 근대화에 뒤진 나라를 이른바 선진국으로 진입시키자는 강박관념의 또 다른 현상이기도 하다. 그 뒤에는 해방 이후, 이른바 보릿고개를 넘어서 산업화에 성공했다는 70년대 이후의 성공 신화가 굳건한 이데올로기로 자리 잡고 있다.

과연 4차 산업혁명은 실재하는 변화인가. 그 변화는 우리의 일상적 생활세계를 얼마나 혁신적으로 바꾸어놓을 것인가. 이 혁신은 정치와 경제, 사회와 일상적 삶의 전 영역에 미칠 것이며, 마침내 인문학적 변화까지도 수반할 것이다. 그러기에 질문은 다시금 철학적 삶과 영성적 삶을 지향하는 우리의 내재적 지향성에 이 변화는 어떤 전환의 계기로 작동할 것인가로 이어진다. 이 변화는 생활세계의 영역을 넘어 내면적 변화로 까지 확산될 것인가. 이 질문이 타당하며 그에 대해 답해야 할 당위성이 규명된다면, 우리는 단순히 산업기술적 영역의 변화를 인간성의 본질에 대한 질문으로, 그에 따라 형이상학적 맥락으로까지 연결시켜 논의하지 않을 수 없게 된다. 이 변화가 아무리 혁명적일지라도 다만 산업과 기술 영역에 머무른 것이라면 이렇게까지 철학적이며 영성적 삶의 맥락은 물론, 심지어 형이상학적 맥락으로까지 연결시켜 논의해야할 이유는 어디에도 없는 것이다.

이렇게 말하는 까닭은 이런 성찰적 행위가 4차 산업혁명에 반응하고 그 현상을 이런 영역으로까지 확대시켜 논의하는 우리의 본질적 태도와 결코 뗄 수 없이 연결되어 있기 때문이다. 질문은 이미 대답을 결정하고 있을 뿐 아니라, 나아가 인간이 자신의 본질적 특성을 해명하는 지평에서 비롯되기 때문이기도 하다. 해석학의 철학은 현상에 대한 질문에 의해 결정되며, 또한 형이상학이 질문의 답을 앞 서 방향짓는다는 사실을 명백히 보여준다. 해석학적 순환 구조는 이해의 순환성과 함께 그 형이상학적 특성을 드러내는 철학이다. 이러한 관점에서 우리를 휘몰아치는 이른바 4차 산업혁명 물결을 넘어 다가오는 시대의 인간 이해를 모색하는 작업은 중요하다. 과연 4차 산업혁명과 그 이후 시대의 트랜스휴먼 논의는 실재하는 현상일까, 아니면 그동안의 과학기술 발달에 따른 변화를 산업과 자본의 이해 관계에 따라 개념화한 것일까. 그 변화의 담론을 현대 철학은 포스트 휴먼주의로 개념화한다.

그 첫 번째 주제는 IT와 BT 문명이 결합함으로써 가능해지는 트랜스 휴머니즘에 대한 비판이며, 두 번째는 산업혁명에 따른 인간 이해를 새롭게 해명할 비판적 포스트휴머니즘에 대한 담론이 문제가 된다. 이런 논의는 후기 근대 문화의 일면성과 한계를 극복하는 한편 4차 산업혁명 논의를 계기로 가능해진 근대 이후 사유의 새로움을 위한 탈형이상학적 사유로 이어진다. 이를 위해 비판적 포스트휴머니즘의 주장은 중요한 의미를 지닌다.

### 2) 4차 산업혁명의 문화적 상황

4차 산업혁명과 포스트휴먼(post-human) 담론을 연결지어 논의하는 문제 지평은 어디에 있는가. 무엇이 문제인가. 이 논의는 18세기 서세동점으로 불리던 시대를 거치면서 이뤄진 문명사적 전환과 밀접히 연관된다. 서구 근대를 수용하면서 동아시아 세계가 자신의 전통과 철학을 포기한 채 서구화에 전념하게 된 역사는 여전히 우리를 산업화와 근대화로 맹목적으로 매진하도록 강요하고 있다. 포스트휴먼 논의는 이런 맥락에서 의미를 지닌다. 그것은 4차 산업혁명이 단순히 산업기술적 층위에서 비롯되어 우리의 생활세계에 닥치는 변화를 해명하는 작업에 머물러 있을 수 없는 까닭이기도 하다.

잘 알려져 있다시피 4차 산업혁명이란 말은 2016년 1월 스위스 다보스(Davos)에서 열린 〈세계경제포럼〉(WEF)에서 제시한 주제어였다. 이 포럼을 주관한 슈밥(Klaus Schwab) 회장이 다음 세기의 경제와 산업정책을 설명하면서 물리학과 디지털, 생물학 3개 분야를 융합하는 신기술에 의한 혁신분야로 거론했다.[69] 이에 따라 그는 인공지능과 정보기술 및 생명과학 기술에 따른 변화를 거론하면서, 이것이 몰고 올 경제와 산업분야의 혁신적 전환을 4차 산업혁명으로 이름한 것이다.[70] 자본주의가 상품 생산과 유통과정, 소비시장을 통해 그 본질적 특성을 드러낸다면, 이렇게 변화한 경제체제는 자본주의 체제 자체를 혁신적으

69 클라우스 슈밥, 『클라우스 슈밥의 제4차 산업혁명』, 송경진 옮김, 새로운 현재 2016.

70 사실 이 논의는 독일에서 제조업의 혁신을 도모한 인더스트리 4.0가 계기가 되었다. 한석희, 『인더스트리 4.0』, 페이퍼로드 2015 참조.

로 변화시킬 것이다. 구글 안드로이드폰 사용자는 20억 명을 넘어섰으며 애플 아이폰 사용자 10억 명에 이른다. 제조업과 금융업 대신 스마트폰 플랫폼 기업인 애플, 구글, 아마존, 페이스북이 미국 기업의 상위권을 석권하고 있다. 한국은 네이버 매출액은 지상파 3사 광고(1조 2천억, 신문 광고비 총액 1조 5천억)을 초과한 2조9천5백억이다. 네이버는 뉴스시장까지 평정하여 주류 언론을 장악한 채 우리나라에서 가장 영향력이 큰 뉴스매체가 되었다. 최근 네이버 뉴스 조작 사건은 정보혁명이 초래하는 왜곡과 반사회적일 수 있는 위력이 얼마나 큰지 잘 보여준다. 2017년 5월 현재 세계 8대 IT 기업 애플, 구글, 아마존, 페이스북, 삼성전자, 텐셀트, 알리바바의 시가총액은 4,300조 원이다. 그 외 우버(Uber)는 신인류 시장의 상징과도 같은 기업으로 "스마트폰을 쓰는 인류만을 위한, 스마트폰으로만 지불 가능한 택시 서비스"를 표방, 8년만에 76조원 가치의 기업으로 성장했다. 온라인 숙박 예약 체인인 에어비앤비(Airbnb)의 추정 가치가는 세계 최고의 호텔체인 힐튼의 29조원을 넘어선 36조원에 이른다.

4차 산업혁명을 논의하는 주제 가운데 하나가 노동문제, 일자리 변화란 사실도 생산양식의 변화에 따른 경제체제와 사회체제 변화를 주장한 맑시즘적 관점에서는 4차 산업혁명이 초래한 시대적 변화가 당면한 현실적 문제임을 분명히 하고 있다.[71] 노동문제는 인간의 자기성취와 떼어놓은 채 해명할 수 없는 본질적 질문이다. 또한 노동은 사회적 존재로서 인간의 기본적 문제 가운데 하나이기에 이 주제만으로도 4차

71 2015년 세계경제포럼의 「일자리의 미래 보고서」는 2015년에서 2020년 사이에 사무·행정직을 중심으로 710만개 일자리가 사라지고 200만개 일자리가 만들어진다고 한다.

산업혁명이 불러오는 변화는 결코 간과할 수 없는 사실임을 분명히 알 수있다. 일자리가 사라진다는 말은 산업자본주의 사회에는 곧 사람이 사라진다는 말과 다르지 않다. 그런 까닭에 일 개념의 변화는 4차 산업혁명 논의에서 매우 중요한 의미를 지닌다.

슈밥의 선언 이후 산업기술적 영역에서 4차 산업혁명 논의가 언제나처럼 우리 사회를 일면적으로 몰아가고 있다. 물론 이 논의가 일반인의 관심을 끌며 이렇게까지 확장된 데는 몇 가지 문화적 계기가 있었다. 4차 산업혁명이 급격하게 관심의 대상이 된 사건은 무엇보다 2016년 3월 구글딥마인드(Google Deep Mind)의 인공지능 바둑 프로그램 〈알파고〉(Alpha Go)와 이세돌 9단의 대결이었을 것이다. 이 사건은 10여 년 전인 1996년 IBM 인공지능 딥블루(Deep Blue)가 체스 세계 챔피언을 꺾은 것과는 비교 되지 않은 충격을 안겨주었다. 비교적 단순한 체스와는 달리 천문학적 변수와 고도로 창의적인 바둑에서는 결코 인공지능이 인간을 능가할 수 없으리란 일반적 예측을 넘어 인간의 일방적 패배로 끝난 것이다. 이후 우리 사회에서는 인공지능과 함께 4차 산업혁명이 몰고 올 변화에 대한 기대와 우려로 엄청난 파장을 일으켰다. 최근 구글딥마인드가 개발한 알파고제로는 심지어 인간의 기보 없이 바둑 규칙만 아는 상태에서 스스로 학습해서 알파고와 비교되지 않을 정도로 향상된 능력을 보였다.[72]

다보스 포럼의 4차 산업혁명 논의에는 소셜 미디어, 사물인터넷(Internet of Things)과 같은 디지털 기술적 변화와 로봇 공학과 같은 자

72 Demis Hassabis, "Mastering the game of Go without human konwledge", in *Nature* 2017.10.18. 〈연합뉴스〉 2017.10.19. 보도.

동 기계화 과정은 물론, 생명공학의 연구와 결합된 제반 기술공학, 합성생물학까지도 포함하기에 이르렀다. 마침내 이 말은 인간의 외적 내적 삶의 모든 영역에 걸친 혁명적 변화를 일컫는 개념으로 확장되었다. 이 담론은 일차적으로 정보혁명에 따른 문화적 전환을 포함하지만, 동시에 생명공학기술에 따른 변화 역시 결정적인 요인으로 작동한다. 그래서 이제는 이 논의가 농경시대와 산업화 시대에 기반한 인간 이해를 포기하고, 변화된 사회와 기술체제에 따른 새로운 인간이해에 대한 담론으로까지 확대되기에 이르렀다. 그 이전 시대의 인간이해를 휴머니즘이라 이름 한다면, 이제 그런 인간이해를 넘어서는 그 이후의 인간에 대한 논의가 시작되었다.

지금 다보스 포럼 이후 우리 사회에서 지속적으로 언급하는 4차 산업혁명에 대한 논의들도 거의 대부분 산업과 시장경제, 자본의 관점에 국한되어 있다. 그래서 4차 산업혁명을 말하는 이들은 이에 다른 따른 일자리 감소와 불평등 문제에 대한 논의라든가, 또는 산업체계의 변화에 어떻게 대처해야 할지에 대해 격렬하게 논쟁한다. 이것은 우리 사회의 체제를 위해서는 반드시 거론해야할 담론이지만, 보다 더 중요한 관점은 이런 변화에 따른 우리 삶의 토대, 생활세계의 변화일 것이다. 정보기술과 생명공학기술의 발전이 초래한 변화는 물론, 인간의 일상적 생활세계와 사회 체제 전반을 결정적으로 바꾸어놓은 현상을 어떻게 해명할 것인가. 그와 함께 반드시 돌아봐야할 것은 이런 변화가 인간의 존재론적 측면에서 초래하는 혁명과 전환에 관한 논의이다.

### 3) 4차 산업혁명의 특성

4차 산업혁명의 엄청난 변화는 과학과 산업기술적 측면에서는 정보기술공학(IT), 생명공학(BT)과 인공지능 분야에서 일어나고 있다.[73] 그 변화는 바이오 기술 · 나노기술 · 신경인지과학 · 정보기술과학 등의 영역으로 구체화되어, "로봇공학, 사물인터넷, 자율주행 차량, 3D 프린팅, 생명공학, 재료공학, 에너지 저장 기술, 양자컴퓨팅(quantum computing)"과 함께 인공지능을 적용하는 수많은 사례 등 전반에 걸쳐 있다. 이 변화가 18세기 세계사와 전 지구적 차원에서 일어났던 혁명에 비추어 4차 산업혁명과 함께 이런 인간상의 변화를 해명하려는 포스트휴먼 내지 트랜스휴먼이란 개념으로 확장되고 있다.[74]

산업경영공학자인 김정룡은 4차 산업혁명의 본질을 인간공학이라 규정한 뒤 이를 인체공학, 인지공학, 감성공학이란 세 분야로 분류해서 설명한다. 그는 인간공학을 기본적으로 인간과 기계의 상호관계를 공학적으로 연구하는 분야이며, 이는 "인간, 즉 작업자의 신체적, 생리적, 심리적 특성과 한계를 정량적으로 측정하여 이를 시스템, 제품, (작업) 환경 설계와 개선에 적용하는 학문"이라고 정의한다.[75] 인간공학은

---

73 클라우스 슈밥 외 26인 지음, 『4차 산업혁명의 충격』, 포린 어페어스 엮음, 김진희, 손용수, 최시영 옮김, 흐름출판 2016; 또한 김인숙 외, 『4차 산업혁명. 새로운 미래의 물결』, 호이테북스 2016 참조.

74 이런 인간상에 대한 기대 내지 갈등은 대중문화에서 광범위하게 살펴볼 수 있다. 영화 〈엑스맨〉 시리즈가 유전적 변이에 의한 트랜스휴먼을 말한다면, 사이보그는 정보공학기술에 의한 트랜스휴먼일 것이다. 이에 대해 케빈 워윅, 『나는 왜 사이보그가 되었는가』, 정은영 옮김, 김영사 2004 참조.

75 백두환, 「한국포스트휴먼학회 콜로키움 참관기」, 258-258쪽; 그 세부 분야인 인체공학은 인간의 동작 능력을 고려한 공학기술이며, 인지공학은 인간의 인지 능력을 고려한 제품 생산 분야이다. 마지막으로 감성공학은 인간의 감성을 자극하

먼저 신체적 즐거움과 사회적 즐거움을 추구하며 나아가 인지적 즐거움과 가치적 즐거움이란 네 가지 즐거움의 심리를 상품 생산에 적용한다. 그래서 그 기술공학은 "인간의 심리적, 감정적인 상태를 제품이나 기기에 반영함으로써 인간과 기계간의 관계성을 확장시킬 수 있"기에 이에 대한 철학적 성찰이 필요하다고 말한다.[76] 예를 들어 자율주행차가 일상화될 경우의 윤리적 판단은 도덕/윤리형이상학의 새로운 이해를 필요로 한다. 자율성과 책임 문제는 도덕적 판단 주체의 문제를 포함하기에 자율주행차의 사고는 법률적 판단을 넘어 어떠한 도덕적 책임 문제로 귀결될지 질문하지 않을 수 없게 한다. 이 문제가 인공지능으로 확대되면 그 질문과 대답은 지금의 윤리학과 그 토대가 되는 윤리형이상학의 변화 없이는 해명할 수 없을 것이다.

인공지능(artificial intelligence)은 1956년 다트머스 회의에서 존 매카시 교수가 처음 사용했다는 것이 정설이다. 이는 인간의 인지능력, 학습능력, 이해 능력, 추론 능력 등을 알고리즘을 통해 구현하려 한다.[77] 한 가지 예로 〈Cloud Computing〉은 인터넷을 통해 서버, 스토리지(storage–데이터 저장장치에서 확대되어 전문화, 네트워킹화, 대용량화된 저

---

고 동기화하여 제품의 선택 가능성을 높이는 목적으로 진행되는 기술 분야이다. 백두환은 4차 산업혁명과 포스트휴먼 담론을 연결지어 전개하는 까닭을, 이 혁명이 본질적으로 기술공학이 인간 존재에 관계되는 영역으로 확산되고 있으며 그에 따른 인간 존재의 변화가 불가피하게 때문이라고 말한다. 그래서 그는 그 실제적 예를 이 인간공학에서 보고 있다.

76 백두환, 같은 글, 260쪽.

77 미국 스텐퍼드대학교는 향후 100년에 걸쳐 인공지능을 비롯한 정보혁명이 초래할 변화에 대해 인공지능 100년 연구(AI 100) 계획을 수행하고 이 연구결과를 종합한 보고서 〈2030년, 인공지능과 인간의 삶〉을 2016년 9월 출간했다. 보고서 전문: ai100.stanford.edu.

장기술을 총칭), "Soft Ware" 등 정보통신공학(ICT) 자원을 서비스 형태로 이용하는 방식을 구현한다. 스스로 판단하고 문제를 제기하거나 예측하는 자율성을 지닌 강인공지능은 현재로는 불가능하다고 보는 것이 일반적이지만, 인간의 연산능력과는 비교할 수 없는 능력을 지닌 약인공지능은 기술발전에 따라 충분히 가능한 미래가 될 것이다. 그럼에도 자동차의 속력을 인간의 달리기 속도에 비교하지 않듯이 인간의 능력과는 비교할 수없이 향상된 연산 능력이 반드시 인간의 미래를 "dystopia"적으로 만들거나, 인간을 지배하는 지능의 탄생으로 이어질 까닭은 어디에도 없다.

이는 인간이 지닌 예측할 수 없는 것에 대한 근본적 두려움이 빚어낸 환상일 것이다.[78] 약인공지능은 어떤 경우라도 이를 프로그래밍하거나 활용하는 인간의 문제이지 결코 인공지능 자체의 문제일 수는 없다. 포스트휴먼적 상황과 문화에서도 문제는 여전히 인간의 본성과 관계망, 그 행위 규범에 자리한다. 자율성(autonomy)을 지닌 인공지능이 초래하는 제반 문제는 아직 미정이지만 빅데이터를 활용한 수많은 사회 · 경제체제의 변화[79]는 법적, 도덕적 층위는 물론 사회적, 인식론적 층위에서 나아가 근본적으로는 인간이해의 철학적 층위에서 거론할 수밖에 없는 문제이다.[80] 이러한 철학적 성찰이 올바르게 주어지지 않는

78 이런 논의에 대해 김재인, 『인공지능의 시대, 인간을 다시 묻다』, 동아시아 2017 참조.

79 Big Data의 특징을 흔히 크기(volume), 다양성(variety), 속도(velocity)의 세 요소에서 찾는다. 이를 활용하기 위한 조건이 데이터 저장, 관리기술, 대용량 데이터 처리, 데이터 분석, visualization 등과 정보 플랫폼(platform) 개념으로 나타난다.

80 그 외 참고로 4차 산업혁명에 따른 변화를 거론하자면 3차 산업혁명이 컴퓨터와 인터넷 기반의 지식정보 혁명이라면 이 혁명은 무엇보다 인공지능 기반의 혁명과 사람, 사물, 공간을 초연결하는 초지능화를 통한 산업구조와 사회시스템 혁

다면 오늘날 신경생리학과 뇌과학에 기반한 물질적 환원주의가 인간의 마음과 본성은 물론 그 존재론적 의미와 초월성의 영역까지도 물질적 영역으로 환원시키거나 기계론적 결정론으로 제약시키게 된다. 이런 디스토피아적 상황이야말로 인공지능을 비롯한 정보공학혁명이나 유전공학에 기반한 생명공학혁명이 초래하는 것보다 더 추악한 현실을 가능하게 할 것이다.

4차 산업혁명은 우리에게 어떤 변화를 가져올 것인가. 이 변화는 결코 산업과 생산체제의 변화만을 의미하지 않는다. 물론 경제체제와 사회체제 변화는 충분히 예상할 수 있는 일이지만 이 변화를 혁명으로까지 부른다면 그 변화에 대처하는 우리의 태도 역시 달라져야 할 것이다. 포스트휴머니즘 논의는 이런 맥락에서 결코 소홀히 할 수 없는 중요한 의미를 지닌다. 4차 산업혁명의 변혁이 크면 클수록 그 변화는 우리에게 사회경제 체제의 변화를 넘어서는 변혁을 불러 올 것이다. 그에 따라 그 모두를 해명하는 학문 영역 전체에 불가피한 혁명적 전환을 요구한다. 4차 산업혁명의 본질적 특성은 각기 다른 분야에서 일어난 산업기술상의 변화가 융합하고 통합적으로 작동함으로써 일어나는 파급효과에 있다. 그런 혁신적 기술로 슈밥은 물리학적 분야를 우선 거론한다. 여기에는 무인 운송수단과 3D 프린팅, 첨단 로봇공학과 신소재 분

---

신을 담고 있다. 이에 따라 Big Data 활용 경제 체제, Smart city, Smart Home, Smart factory, Health care, energy 등의 변화가 포함된다. smart factory의 경우 사물인터넷 기술을 기반으로 공장 안의 모든 요소가 유기적으로 연결되고, 지능적으로 운영되는 공장이며, smart car와 smart home은 인간이 거주/생활하는 공간 및 기기에 ICT를 접목하여 편리, 안전, 경제 즐거움의 가치를 제공해주는 기술 및 서비스 환경을 제공한다. 사물인터넷은 마침내 Internet of Everything으로 발전할 것이다.

야가 포함된다. 이어 디지털 기술 변화로 사물인터넷, 고성능 센서, 디지털 플랫폼 등과 이로 인해 가능하게 되는 경제 시장의 변화를 거론한다. 이에 따라 스마트 공장, 비트코인, 공유경제, 물류와 운송 수단의 혁신적 변화 등 거론하기 힘들 정도의 수많은 변화가 가능하다.

그와 함께 우리는 진화생물학의 연구와 함께 실질적인 유전공학의 발달에 의한 생명공학적 혁명(BT)을 거론해야할 것이다. 이런 변화는 일차적으로 의학과 인간의 생리적 생명에 엄청난 영향을 미치고 있지만, 단순히 의학 기술의 발달이란 좁은 측면에 그치지 않는다. 장기이식과 같은 문제는 의학기술이 발달하면서 발전한 측면이 있지만, 유전공학의 발달로 인한 변화는 그와는 전혀 다른 층위의 이해를 요구한다. 예를 들어 배아 줄기세포에 대한 연구와 그에 따른 의료 기술의 변화는 물론, 복제 기술, 유전자 조작 식품과 유전자 조작 기술의 광범위한 적용은 과거의 의료기술 발달과는 달리 인간의 존재적 층위에까지 영향을 미치고 있다.

오늘날 유전자 자체를 편집할 수 있는 유전자 가위 기술은 인간 생명의 본질적 조감도인 DNA 차원의 조작과 장악이 가능해졌음을 너무도 잘 보여준다. 그 변화는 트랜스 휴머니즘의 꿈이 상상에 머물러 있지 않다는 사실을 말해준다. 더욱이 DNA 차원과 디지털 정보의 결합은 생명에 어떤 변화를 가능하게 할 것인지 상상하기 힘들 지경이다. 생명공학과 진화생물학의 발달은 의학기술과 생리적 생명의 차원에 머물지 않는다. 이 학문의 발달에 의해 현대 사회는 인간을 전적으로 생리적 차원에서 이해하는 경향이 일반적이 되었다. 진화생물학의 철학과 사회생물학은 진화론에 의한 인간 이해를 주장한다. 대표적으로 E.

윌슨의 〈통섭〉 이론은 진화생물학에 의한 모든 학문의 통합을 당연한 사실로 간주한다. 인간의 심리와 마음을 뇌 과학적 차원에서 이해하는 진화심리학과 신경과학의 발달은 어떠한가. 생물학 분야에서는 합성 생물학 기술과 DNA 데이터를 활용하는 유전 공학적 기술변화가 초래하는 생체의학적 영역에서의 모든 변화를 포함한다. 유전공학 분야는 디지털 기술과 결합함으로써 그러한 발전과 변화를 가속화하고 통합할 수 있게 된다. 이전의 유전자 조작 식품은 말할 것도 없고 유전자 복제 기술을 활용한 수많은 의료기술의 향상, 바이오프린팅(생체조직 프린팅 기술), 맞춤형 치료법, 원격 치료, 로봇 수술은 물론 유전자 조작을 통한 변화는 혁명이라고 부르기에도 부족한 듯하다.

이어 슈밥은 4차 산업혁명이 초래할 파급 효과에 대해 거론한다. 여기에는 무엇보다 먼저 경제 성장과 노동 및 고용 시장의 문제가 결정적 의미를 지닌다. 평범한 시민들에게 4차 산업혁명이 초래할 가장 큰 변화는 아마 이 분야일 것이다. 일상적으로 접하게 되는 생산과 유통 과정의 변화는 물론, 일자리와 고용 형태의 급격한 변화는 노동이 일상화된 현대 자본주의 경제 체제에서는 가히 혁명적이다 못해 경우에 따라서는 파멸적으로 작동할 수도 있기 때문이다. 이런 변화는 노동의 본질을 완전히 뒤바꿀 것이다. 그래서 슈밥은 경제학자 존 케인스를 인용하여 이런 기술적 실업은 노동의 새로운 용도보다 노동을 고용하는 자본의 논리에 따른 것이라고 말한다. 이런 변화는 일자리를 상실하게 되는 노동의 문제와 반대로 새롭게 창출되는 노동 시장이란 양면적 성격을 지닌다. 기술 혁신에 따른 실업과 새로운 일자리 창출 문제는 산업혁명이 미치는 사회적 파급 효과를 극명하게 보여준다.

## 2. 산업 발달의 역사

### 1) 산업혁명의 시대

4차 산업혁명이란 이름은 인간 문명의 발달사를 산업기술의 변화에 맞추어 해명한 개념에서 출발한다. 약 20–15만 년 전 출현한 현생 인류는 대략 1만–1만2천년 전 농경생활을 시작하면서 정주문화를 정착시켰다. 오랜 시간 동안 인류는 농경생활과 정주문화 속에서 생활하였으며, 우리의 문화와 사회체제는 물론, 세계 이해와 학문체제, 바꾸어 말해 철학적 체계는 이때의 일상적이며 역사적 경험을 통해 정립된 것이었다. 이런 오랜 기간 동안의 일상적 삶은 18세기에 이르러 급격하게 변화하기에 이른다. 유럽, 구체적으로 영국에서는 1760년대에 이르러 이른바 산업혁명이라 부르는 일련의 기술 혁명이 일어나게 된다. 증기기관의 발명과 철도 건설, 기계에 의한 대량 생산 체제가 완성되면서 일어난 산업체제의 변화를 일컬어 산업혁명이라 명명한 것이다.

우리가 4차 산업혁명을 논의할 때 결코 산업체제나 경제시스템에 또는 사회체제에 국한하여서 고찰할 수 없는 이유도 바로 여기에 있다. 산업혁명은 농경 시대에 형성되었던 인간의 문화와 이해의 체제, 나아가 철학 자체를 급격히 변화시켰다. 1차 산업혁명은 1705년 영국의 토마스 뉴커먼이 발명했고 1769년 제임스 와트가 개량한 증기기관에서 시작했다고 말해도 틀림이 없다. 이후 리처드 아크라이트, 제임스 하그리브스 등이 발명한 방적기계, 증기기관을 이용한 철도의 발명, 로버트 폴턴에 의한 증기선의 발명 등으로 이어지면서 생산 체제와 물류의 운송 체제에서 이루어진 농경시대와는 비교할 수 없는 시스템과 사회체제를 일컬어서 산업혁명이라 불렀다. 이후 이러한 산업혁명에 빗대어서 2차 산업혁명, 3차 산업혁명 등의 용어를 사용하게 된다.

2차 산업혁명은 논의의 차이는 있지만 19세기 말에서 20세기 초까지 이어진 전기와 생산 조립 라인의 출현으로 가능해진 대량 생산 시스템을 가리키는 말이다. 1960년대에 시작된 제3차 산업혁명은 이 2차 산업혁명에 비해서 반도체와 컴퓨터 시스템, 인터넷 그리고 개인 컴퓨터 발명, 개인 컴퓨터 발명으로 이어지고 있다. 이 3차 산업혁명이 진행되는 가운데, 그 체제 안에 사는 것이 바로 우리들의 삶이고 그에 따른 기술 변화의 혜택을 누리고 있는 것이 바로 지금 우리의 일상적 삶의 모습이다. 여기서 결정적 특징은 산업화와 함께 자본의 중요한 역할을 한다는 데 있다. 자본주의와 결합한 산업기술이 이 시대의 특징인 것이다.

인터넷(Internet) 시스템은 사실 미국이 1960년대에 개발했던 군사 시스템에서부터 시작되었다. 에니악(ENIAC)이라고 불리는 이 컴퓨터 연결 시스템이 일상적인 사회에 개방됨으로써 인터넷이 그리고 인터넷에 의해 가능해진 우리의 일상이 정보혁명을 불러왔다. 그래서 이러한 혁명을 우리는 흔히 디지털(digital) 혁명, 또는 컴퓨터 혁명이라고 부르기도 한다. 그럼에도 이러한 명명법은 문화와 사회 체제의 변화를 다만 산업적 관점에서 바라본다는 명백한 한계를 지니고 있다. 이 변화는 산업이나 사회 체제를 넘어서는 인간의 내면적 의식 체제에도 커다란 영향을 미쳤다.

이런 변화는 자본주의라 부르는 경제체제와 밀접하게 연관되어 있을 뿐 아니라 세계를 상대로 한 식민지화 과정을 떼고서는 생각할 수 없다. 4차 산업혁명 내지 포스트 산업시대를 거론할 때 불가피하게 고찰할 수밖에 없는 산업기술 체제 외적인 요소가 여기에 있다. 산업혁명은 이런 시대적 변화를 떠나 그 의미를 설명하지 못한다. 우리가 4차 산업혁명을 논의할 때 결코 산업체제나 경제시스템에 국한하여 고찰할 수 없는 이유도 여기에 있다.

호모 사피엔스 사피엔스(homo sapiens sapiens)라 불리는 현생인류의 직접 조상은 이미 그 이전의 수많은 호미니드(hominid)의 진화 과정에서 축적된 기술과 문화적 업적과 사고체제를 수용하였다. 도구를 사용하는 인간이라 불리는 호모 파베르(homo faber)는 도구를 사용하면서 어떻게 유인원이 오늘날 지혜로운 인간으로 불리는 현생인류, 그가 이룩한 이 놀라운 산업기술문명과 과학을 비롯한 학문, 심지어 형이상학적 체계까지도 사유하는 철학적 인간을 가능하게 했는지 잘 보여준다. 이처럼 인간은 도구를 쓰면서 인간이 되었고, 도구와 상호작용하면서 인간다운 삶을 살게 되었다. 도구와의 관계맺음을 떠나 인간의 삶과 실존, 인간의 존재를 상상하기란 불가능해졌다. 인간은 도구와 기술을 만들지만, 도구와 기술 역시 인간 삶의 양식과 사회체제 자체를 변혁시켰다. 마침내 이 관계와 상호작용은 인간이 세계를 이해하고 해명하며 자신의 존재를 정립하는 사유체계, 철학 자체를 바꾸어 놓기에 이른다. 이러한 변화를 혁명적인 차원에서 논의하는 것이 산업혁명 담론이며, 마침내 4차 산업혁명이란 담론까지 불러온 것이다.

그럼에도 오늘날 우리 사회에서 거론되는 4차 산업혁명은 이러한 문화사적 차원을 배제한 채 오직 기술과 산업적 층위에서, 또는 자본과 결합한 경제적 관점에서만 거론하고 있다. 여기에 우리 사회의 4차 산업혁명 담론에 담긴 치명적인 한계가 자리한다.

### 2) 4차 산업혁명의 시대사적 특성

4차 산업혁명은 일차적으로 산업체제에서의 혁신적 변화를 의미한다. 이런 혁신적 변화는 현재 진행 중이며, 그 규모 역시 평가와 예측에 따라 매우 가변적이다. 그러기에 이에 대해 상세히 논하는 것은 현실적 변화를 이해하거나 미래 예측적 관점에서 가치를 지닐지 몰라도 포스트휴먼 논의에는 큰 의미를 지니지 못한다. 철학은 결코 미래학이 아닐 뿐 아니라, 미래를 예측하는 것이 철학적으로 타당한 것도 아니다.[81] 그 변화가 아무리 급격하고 혁명적이더라도 다만 산업체제 내에서의 변화라면 이것을 인간성의 변화까지도 논의하는 포스트휴먼적 담론으로 이어지는 까닭은 어디에 있는 것일까. 17세기에서 현대에 까지 이르는 역사적 변화를 역사철학적 관점에서 분석한 영국 사학자 홉스봄은 이 시대의 변화를 자본과 제국의 시대로 불렀지만, 그 변화의 크기가 워낙 결정적이기에 이 시대를 마침내 혁명의 시대로 규정하기도 했다.[82] 이

81 다만 4차 산업혁명의 미치는 현실적 변화에 대해 최재봉, 「4차 산업혁명의 기로에 선 우리의 현실」, 『철학과현실』, 113호, 2017.06, 152-166 참조. 여기서 그는 스마트폰을 일상적으로 사용함으로써 생활세계와 삶의 양식을 혁신적으로 변화시킨 Phono sapiens의 등장을 분석한다. 그와 함께 이들이 초래한 상품 유통과 소비 시장의 대변혁을 상세히 설명하기도 한다.

82 에릭 홉스봄, 『자본의 시대』, 김동택 옮김 한길사 1998; 같은 저자, 『제국의 시대』, 김동택 옮김, 한길사 1998; 이어 홉스봄은 1789년과 1848년 사이의 시대를 프랑스를 중심으로 일어난 시민혁명과 영국 산업혁명에 따라 그 전과는 확연히 구별되는 시대로 규정한다. 『혁명의 시대』, 정도영, 차명수 옮김, 한길사 1998 참조.

시대를 규정하는 두 가지 혁명, 즉 시민혁명과 산업혁명은 전 세계 시장과 함께 식민지를 경영했던 제국주의를 떠나서는 결코 가능하지 않았다. 그와 함께 홉스봄은 산업혁명은 생산체제에 따른 기술산업적 변화였지만, 그것이 미친 사회경제적 변화가 더 큰 의미를 지닌다는 점을 강조한다. 1차에서 3차에 이르는 이른바 산업혁명은 농경생활을 중심으로 이어지던 사회와 세계를 결정적으로 변화시켰다. 이 변화를 추동하거나 능동적으로 수용했던 국가들은 세계의 지배적 위치를 차지하였지만, 그 변화를 수용하지 못했던 국가들은 낙후하거나 반식민지로, 심지어는 오랜 기간 식민통치를 받으면서 그 사회의 모든 구성원들이 극심한 야만에 신음했던 것이 사실이다. 이 시기에 인류는 그 어느 시대에도 보지 못했던 집단적 야만과 폭력에 시달리면서 미증유의 집단 학살을 목격하기도 했다. 산업 체제의 변화와 혁명은 사회체제와 생활세계 전체에 그에 상응하는 전환을 불러일으킨다. 산업 혁명을 가능하게 했던 것은 홉스봄의 분석에서 보듯이 사회경제 체제의 혁명적 변화와 결코 분리되지 않는다. 우리 사회에서도 이런 사실은 다르지 않다.

산업화를 외쳤던 시대는 곧 서구 근대를 절대적 규범으로 수용하였으며, 그에 따라 우리 사회는 근대의 원리와 체제가 극단으로 까지 작동하는 사회가 되었다. 이런 사실은 우리가 지금 너무도 명확히 체험하고 있는 현실이지 않은가. 근대의 이념과잉은 이 땅을 마지막 남은 분단국가로 만들었으며, 자본주의적 경제 논리 역시 이곳보다 더 약탈적으로 작용하는 곳을 찾아볼 수 있을까. 그럼에도 그와 같은 하나의 현상이 시대사적 전환을 상징적으로 보여주는 예는 역사에서 자주 목격하는 사실이다. 문제는 어떤 현상을 어떻게 철학적으로 성찰하여 시대사적 의미를 부여하는지에 달려있다. 산업혁명은 정치적 혁명처럼 매우 획기적인 기술발전에 따라 일어난 변화라기보다, 점진적 기술변화와 그에 따른 산업구조 변화를 추체험을 통해 해명함으로써 개념화되었다. 4차 산업혁명 역시 이런 문제의식에서 개념화한 것이며 그에 따른 세계 체제 일반의 변화를 담고 있다. 이에 대한 해명과 성찰작업이 철학에 주어진 시대적 과제일 것이다.

산업체제를 넘어서는 근본적 논의는 일차적으로 시대 전환에 관계된다. 이는 포스트모던 논의를 넘어 다가올 새로운 시대상에 대한 담론을 포함한다. 그 담론은 결국 인식론과 윤리학은 물론, 우리 존재의 변화까지 포함하는 논의로 이어질 것이다. 이런 혁명적 변화에 대한 일면적 대응이 포스트휴머니즘이라면, 우리는 그를 넘어서는 보다 근본적인 존재론적 변화와 전환에 대해 사유하지 않을 수 없다. 그 사유는 4차 산업혁명이나 포스트휴머니즘 논의를 넘어서는 본질적이며 근본적인 변화에 관계된다. 그럼에도 이러한 논의가 마치 인간의 본성과 무관하게 기술적 발달에 의해 인간이 새로운 신성을 찾아가는 여정을 시작한 듯이 호도하는 것은 철학적 인간학은 물론 인간에 대한 한 줌의 이해조차도 갖추지 못한 허상에 지나지 않는다. 우리의 논의는 어떤 경우라도 그러한 유토피아적 망상에 근거한 것일 수 없다.

하라리는 4차 산업혁명에 비견되는 정보혁명과 유전공학/생명공학혁명으로 “21세기 인간은 마침내 굶주림, 역병, 전쟁을 극복”했으며 21세기 인간이 마치 “불멸, 행복, 신성을 향해 긴 여정을 시작”한 듯이 호도하고 있다. 가까운 시일 내 이런 기술이 “인간의 생리기능, 면역계, 수명뿐 아니라 지적, 정서적 능력까지 크게 변화”시킬 것이며, 그래서 변화된 인간은 “더 이상 호모사피엔스가 아니게 될 가능성”이 있다고 말한다.[83] 이런 종류의 무의미하고 맹목적인 담론이 초래할 망상이 두렵기만 하다. 포스트휴먼 담론은 결코 어떤 미래학적 철학일 수 없다. 철학은 미래를 현상적으로 예측하는 미래학이 아니다. 오히려 비판적 포스트휴머니즘 담론을 통해 철학은 이렇게 변화된 현재의 인간과 그 존재론적 정세를 성찰하고 해명함으로써 나아갈 길을 비춰주는 지성적 작업을 수행할 뿐이다.[84]

## 3. 기술의 본질과 이해체제의 전환

### 1) 현대 기술의 본질

디지털 시대는 말할 것도 없지만, 포스트휴먼적 상황에 처한 인간에게 가장 중요한 질문은 현대의 기술문명을 어떻게 이해할 것인가의 문제다. 그것은 기술을 대하는 인간의 본질적 태도이며, 기술과 맺는 인간의 관계맺음 양상에 대한 질문으로 이어진다. 현대사회가 가능

83 유발 하라리, 『호모 데우스』, 김명주 옮김, 김영사 2017.

84 이종관은 현상학적 관점에서 포스트휴먼에 대해 논의한다.(이종관, 『포스트휴먼이 온다』, 사월의 책 2017). 그는 명확히 변화하는 철학적 현재를 성찰하는 중요한 표제어로 포스트휴먼 담론을 제시한다. 이 논의는 정확히 트랜스휴머니즘의 문제점과 논의의 한계를 지적하는 데서 시작한다. 이런 측면에서 그의 작업은 정당하다. 다만 그의 논의는 철학적 미래학이나 그 존재론적 의미에 대한 해석을 부분적으로만 수행하고 있어 본격적인 철학적 담론으로 전개되는 데는 한계가 있다. 11쪽, 117-118쪽 참조. 그럼에도 그의 저서가 이런 논의를 우리의 현재에 바탕을 둔 철학적 작업으로 시도했다는 측면에서는 분명 주목할 가치가 있다.

한 것은 전적으로 기술적 발달에 따른 것이지만, 그럼에도 기술문명이 초래하는 역기능이 우리에게 전례 없는 생태계와 생활세계 파괴는 물론, 인간을 다만 존재자적 관점으로 제한시키는 한계를 초래하기 때문이다. 현대 기술문명은 다만 기술적 발달의 문제가 아니라, 그것이 미치는 사회관계와 문화적 토대는 물론 철학적 이해까지도 변화시킨다. 근대기술의 발달 뒤에는 17세기 이래의 과학혁명이 이론적 토대로 자리하고 있다. 과학혁명이 가능했던 실체론(substance)적 철학과 인식론적 형이상학은 물론, 수학적 세계관의 실증적 적용은 현대 사회에서 기술에 대한 개념을 철저히 바꾸어 놓았다. 기술을 대하는 인간의 태도는 기술결정론을 비롯한 기술지향적 철학과 함께 기술자체를 혐오하고 배척하거나 또는 기술을 다만 수단적 위치에서 이해하는 경향으로 대변해 볼 수 있다.

기술을 부정하고 자연으로 돌아가자는 주장은 기술이 초래하는 폐해를 목격할 때 심정적으로 충분히 공감할 수 있을지 모르나, 현실적으로 불가능한 주장이다. 현재 극심하게 벌어지는 생태계 파괴 문제나 기술만능주의에 따른 폐해를 접하는 일반적 심성은 어느 정도 이런 맥락에 닿아 있다. 그럼에도 인류세(anthropocene)를 말하는 포스트휴먼적 주장은 기술이 결코 부정할 수 없는 우리의 숙명임을 극명하게 보여준다.[85] 기술의 본질 문제와는 별개로 기술 문명의 한계와 역기능을 기술

85 인류세(人類世, anthropocene)란 현세대의 지질 환경인 홀로세(holocene)에서 인류가 지구 환경에 미친 결정적 영향을 개념화한 비공식적 지질 시대 개념이다. 일반적으로 대기와 생태계에 결정적으로 영향을 미친 산업혁명 이후의 지질 시대를 표현한다. 네덜란드 화학자 크뤼천(P. Crutzen)이 처음 사용한 이래 현재는 〈International Union of Geological Sciences (IUGS)〉 등에서 독립적 지질 시대로 통용하고 있다. 기후 변화와 생태계 파괴는 물론, 방사능 물질, 대기 중 이산화

로 극복해야함은 분명한 현실이다. 또한 우리 삶의 필연적인 조건이 된 기술을 명확히 이해하고 올바른 관계맺음을 가능하게 하지 않을 때 인류의 미래가 전혀 불투명하리란 사실도 자명하다.

현대 사회에서 기술이 우리의 운명이란 사실을 부인할 수는 없다. 근대 기술을 비판하는 하이데거는 기술적인 것과 기술의 본질을 구분한다.[86] '테크네(techne)'로서 기술의 본질은 포이에시스(poiesis)에 있다. 이 특성은 "어떤 것을 만드는 것"으로써, "밖으로 끌어내어 앞에 내어놓음"을 가리킨다. 이 개념을 통해 하이데거는 기술의 본질이 존재자를 존재하게 하는, 탈은폐성(Entbergen)의 특성을 지니고 있음을 밝히고 있다. "기술은 탈은폐의 한 가지 방식"이며, 그것은 "진리의 영역"에 속한다.(FT 15–16) 그럼에도 현대 기술 공학이 이 본질에서 벗어나는 까닭은 그것이 "근대의 자연과학"에서 기인하기 때문이다. 이로써 현대기술은 탈은폐의 방식으로 작동하지 않고 도발적 요청(Herausforderung)으로 작동한다.

이 기술은 자연을 몰아세워 부품(Bestand)이나 작품(Werk)으로 만든다.(FT 17–19) 그에 따라 자연과 생명은 물론, 그와 상호작용하는 관계 속에 있는 인간조차도 소외되고 망각되며 몰아세워진다. 몰아세움(Gestell)의 현대 기술이 자연과 생명을 주문요청하여 부품으로 탈은폐하도록 몰아가는 것이다.(FT 23–24) 이 또한 탈은폐의 한 방식이지만 이로써 인간은 자연과 생명의 존재론적 진리를 보지 못하게 된다. 그에

탄소, 플라스틱, 콘크리트 등 물질과 한 해 700억 마리 이상이 소비되는 닭고기의 화석을 이시대의 대표적 지질학적 특징으로 거론하기도 한다.

86 M. Heidegger, "Die Frage nach der Technik", in *Vorträge und Aufsätze,* Stuttgart 1954, 9–40. 이하 FT로 약칭하여 쪽수와 함께 본문에 인용함.

따라 "인간은 자기 자신을, 자기의 본질을 대면하지 못"하게 된다.(FT 31) 자연은 다만 계산하는 힘에 의해 그런 부품이 될 뿐이다. 이제 자연은 "계산하는 방식에 의해 확정"되며, "일종의 정보 체계로 주문요청" 된다.(FT 26) "기술이 우리 시대의 운명"(FT 29)이 되었으며, 그 탈은폐하는 본질에도 불구하고 왜 현대기술을 이렇게 왜곡되고 존재론적 망각의 길에 빠지게 하는 것일까. "기술이 위험한 것이 아니라" 기술의 본질이 드러나는 데 현대의 위기가 자리한다.(FT 31–32) 이 위기의 본질은 존재론적 차이를 보지 못하는 근대 형이상학과 그것이 극대화된 자연과학에 있다는 것이 하이데거의 분석이다. 기술의 본질을 가려버리는 현대 기술의 위험은 인간이 어떤 근원적 진리의 부름을 듣지 못하게 만들기 때문이다.(FT 32)

포스트휴먼 인간성은 현대 기술의 위험을 벗어남으로써 존재와 진리의 부름을 알아듣는 데 있을 것이다. 그 위험이 존재자의 존재가 안고 있는 존재드러남의 진리를 망각하는 데 있거나, 인간으로 하여금 다만 존재자에 현혹되어 존재를 보지 못하는 데 있다면 이 위험을 벗어나는 길이 어떻게 주어질지는 명확하다. 존재자의 탈은폐로서의 존재진리가 '포이에시스(poiesis)'적 특성에 있다면 그 본질을 밝히는데 현존재로서 인간의 과제가 자리한다. 그 과제는 하이데거에 의하면 진리 사건에 대한 것이다. 이런 존재론적 몫을 달성하는 기술의 본질에 대한 물음은 "진리의 본질적 사건인 존재"가 일어나는 그 존재론적 성좌에 대한 물음이기도 하다.(FT 36–37) 그 본성은 존재자를 존재하게 하는 특성, 존재자의 생성에 관계하는 성격이다. 포스트휴먼 시대, 다가올 철학은 존재 사유를 통해 그 사건을 언어화한다. 이것은 포이에시스의 특성을 밝히 드러내는 진리사건이기도 하다. 이 특성을 올바르게 언어화하는 데 현대 기술의 위험을 넘어서는 길이 열릴 것이다. 기술의 포이에시스적 특성에 주목하는 철학은 어떤 성격을 지니는가. 이 특성을 언어화하는 학문이 포스트휴머니즘의 인문학으로 정립될 것은 분명하다.[87]

하이데거는 명확히 기술적으로 제작하는 행위가 세계를 정초한다는 생각이 인간을 위협한다고 말한다.[88] 이것은 세계를 제작하며, 존재자를 부품으로 설정하는 기술의 본질이 학문 속으로 전개되는 현상을 초래하기도 한다. 현대학문 전체는 기술의 본질이 빚어내는 필연적 과정이며, 또한 기술의 결과물이기도 하다. 그에 따라 하이데거는 생명 자체에 대한 근대 과학의 공격이 왕성하게 진행되며, 결국 생명 자체가 "기술적 조작"에 처해진다고 경고한다.[89] 그것은 정확히 생명이 기술적 표상행위에 의해 지배된다는 의미이기도 하다. 그와 함께 하이데거는 당시로서는 아직 과잉으로 치닫지 않은 자본의 폭력성에 대해서도 경고하고 있다. 그 뒤에는 존재론적 의미를 망각하고 오직 존재자에만 치중하는 근대철학의 일면성이 자리하고 있음은 명백하다. 기술의 본질이 지배하는 세계는 "모든 존재자를 생산과정[90]에서 제작될 수 있

87 김재희는 시몽동의 기술철학을 분석하면서 이 특성을 생성의 관점에서 해명한다. 또한 인간과 기술의 공진화적 관점 역시 충분히 의미있는 해명이기도 하다. 김재희, 『시몽동의 기술철학 – 포스트휴먼 사회를 위한 청사진』, 아카넷 2017, 19–21, 204–206, 233–241 참조.

88 M. Heidegger, "Wozu Dichter?", in *Holzwege*, Frankfurt/M 1980, 291. 이하 Wozu로 약칭하여 쪽수와 함께 본문에 인용함.

89 Wozu 286. 이 논문은 1950년에 발표되었다. 그럼에도 하이데거는 현대 과학의 본질적 변화를 정확히 지적하고 있다. 이 논의는 충분히 포스트휴먼적 상황으로 재개념화될 여지를 안고 있다.

90 이것은 하이데거의 일관된 주장이다. 이 문제를 현대의 문화적 상황과 연결짓는 미국철학자 짐머만은 제작성의 형이상학(productionist metaphysics)이라고 비

는 것"으로 만들뿐 아니라, 이 제품을 "시장을 통해서 조달"하기에, 존재론적 터전인 세계는 "시장화"된다.(Wozu 288) 이제 모든 존재자는 제작되며, 시장에 의해 상품으로 자리하게 된다. 존재자를 계산적 대상으로 만드는 것은 존재자를 상품화하는 것이다. 이런 행위는 인간의 본질을 위험에 내맡기고, 화폐와 돈의 가치 안에 구속시키는 위험을 초래한다.(Wozu 309–310) 존재자가 부품이 되거나 상품이 되는 데 현대문화의 위기가 자리한다.

세계를 대상화하는 것은 곧 죽음을 감추고 망각하게 만든다.(Wozu 300) 이런 세계는 위험에 처해진 세계다. 이 위험은 죽을 자들인 인간이 자신이 가장 죽을 자로 존재한다는 사실을 망각하게 만든다.(Wozu 292) 존재자를 기술적 대상으로 만드는 일관된 흐름은 "죽음의 지속적인 부정"으로 나타난다. 그러나 인간은 이 "죽음이란 말을 부정 없이 읽는" 데서 자신의 존재로 자리할 수 있다.(Wozu 299) 하이데거는 〈존재와 시간〉에서 죽음을 존재진리를 이해하는 시간성의 맥락에서 해명한다.[91] 인간을 죽음을 향한 존재다. 그럼에도 인간은 아직 다가오지 않은 죽음을 현재로 가져옴으로써 존재의 소리를 듣고, 존재의미를 드러내는 존재로 있게 된다. 죽을 자들은 죽음을 통해 존재자를 순수한 존재관련성으로 정립할 수 있다. 죽음을 망각하고 배제하는 문화는 삶의 의미를 철저히 왜곡시킨다. 세계를 대상화하는 문화와 철학은 인간에

판한다. 이 비판을 그는 탈형이상학적으로 이해하지만, 여기서는 우리의 논의와 관계하여 충분히 포스트휴먼적으로 이해할 수 있다. Michael E. Zimmerman, *Confrontation With Modernity: Technology, Politics, Art,* Indiana University Press, Bollmington and Indianapolis 1990, xvi–xix.

91 M. Heidegger, *Sein und Zeit,* Tübingen 1927, §§ 50–53 참조.

게 가장 큰 위기를 초래한다. 이 위기를 극복할 철학은 죽음을 현재의 사건으로 성찰하고 해명해야한다. 포스트휴먼 담론이 죽음 문제와 연결되는 지점도 여기에 있다.

### 2) 기술 이해의 전환

하이데거의 기술비판에 비해 시몽동(G. Simondon)은 기술과 인간의 상호협력적 관계방식을 찾아내려 시도한다.[92] 근대성에 의해 추동된 문화에서 과학 · 기술은 인간에게 숙명일지도 모른다. 그는 산업화 시기를 거치면서 기술이 인간을 소외시키고 인간을 대상화한다는 인식에 따라 기술을 경계하고 비판하던 철학적 흐름과는 반대로 기술과 인간, 나아가 자연을 어떻게 창조적으로 융합하여 새로운 인간 이해의 사유를 이끌어낼 수 있을지 묻는다. 기계와 공존하는 일상적 삶 안에서 기술적 대상의 존재가치를 올바르게 인식함으로써 우리는 기술에 의해 소외되는 인간 현상을 극복할 수 있다. 그것은 기술적 대상의 존재방식에 대한 정당한 이해와 함께 그와 맺는 관계맺음을 새롭게 정립함으로서 가능할 것이다. 그 길은 인간과 자연의 관계를 매개하고 올바른 소통방식을 정립하는 데 있다. 시몽동은 그 길을 기술에 대한 반실체론적이며 관계론적인 개체화론과 발생적 생성의 존재론을 통해 찾을 수 있다고 강조한다. 포스트휴먼 시대에서 기술은 어떻게 인간을 소외시키거나 또는 인간을 트랜스휴먼으로 유혹하는 과도함을 넘어 인간의 세

92 G. 시몽동, 『기술적 대상들의 존재 양식에 대하여』, 김재희 옮김, 그린비 2011; 김재희, 『시몽동의 기술철학』, 아카넷 2017 참조.

계 이해와 관계맺음의 방식을 바꾸어놓을 것인가. 인간과 기술의 정당한 관계맺음과 기술의 존재론적 의미를 올바르게 드러내지 못할 때 포스트휴먼의 인간이해 역시 왜곡될 수밖에 없다. 이러한 왜곡을 넘어서기 위해 사회적 맥락에서의 기술을 의심하면서도 기술에게 정당한 의미를 부여해야할 것이다.

김재희는 포스트휴먼의 등장 배경을 전통적 휴머니즘의 비판적 해체와 함께 첨단 기술과학이 우리의 생활세계에 미치는 구체적이면서도 절대적인 영향과 조건을 새롭게 사유해야한다는 긴박감에서 찾는다. 기술에 대한 포스트휴먼적 이해의 이행을 촉발한 것은 김재희에 따르면 정보기술과 GNR 혁명이다.[93] 포스트휴머니즘이 탈인간중심적인 새로운 휴머니즘을 지향할 때 시몽동의 기술철학은 이를 위한 존재론적 토대를 정초하는 데 기여할 것이다. 그 까닭은 이 철학이 "인간과 기술의 관계를 상호협력적인 공진화 관계로 이해"하게 하면서 포스트휴먼 논의를 "사이보그 모델 너머로 확장시킬 수 있는 존재론적 관점을 제공"할 수 있기 때문이다. 그래서 이 철학은 기술에의 환상을 통해 "인간 안에 실재하는 자연의 무게"를 배제하는 오류를 극복한다.[94] 그 담론은 정보공학 기술에 대한 맹목적 헌신을 통해 지금의 인간과는 층위를 달리하는 트랜스휴먼을 꿈꾸는 허상을 극복하는 데 기여할 것이다.

인간에 대한 기술적 통합과 전환이 기술발전을 가능하게 했던 형

---

93 김재희, 『시몽동의 기술철학』, 201. 그는 이 기술을 유전공학(genetic engineering), 나노공학(nanotechnology), 로봇공학(Robotics)에 따른 혁명이라고 말한다. 4차 산업혁명으로 촉발된 포스트휴먼 기술공학은 강조점에 따라 다양한 형태로 나타나지만 본질적 의미에서의 변화에는 큰 차이가 없다. 같은 책 202.

94 김재희, 『시몽동의 기술철학』, 204-205.

이상학적 휴머니즘과 인간중심주의를 벗어나게 할 수 없다는 것은 분명한 사실이다. 새로운 인간 이해 없이 다만 이런 기술적 전환만을 시도하는것은 오히려 벗어나려 했던 잘못을 강화할 뿐이다. 그래서 헤어브레흐트는 포스트휴머니즘의 단호한 휴머니즘과 전통철학 비판은 이중적 의미를 담고 있다고 말한다. 그것은 한편으로는 휴머니즘이 종말에 처해졌다는 체험과 함께 다른 한편 이를 비판적으로 해체하는 작업이 되어야 한다. 그래서 그는 비판적 포스트휴머니즘은 현대 공학기술적 결정론을 벗어나 새로운 윤리와 정책을 호소하기 위해 기술개념을 재평가해야 한다고 말한다.[95] 기술이 없었다면 휴머니즘도 불가능했을 것이며, 인간다운 문화도 전혀 가능하지 않았을 것이다. 문제는 기술결정론이 아니라 기술을 정당하게 수용하면서 기술의 몰아세우는 특성을 벗어나는 데 있다.

문제는 기술과 결합한 자본의 논리이며, 이를 위한 인간능력의 증진을 말하는 트랜스휴머니즘적 주장에 있다. 위험은 기술의 상품화와 인간의 사이보그화, 인터넷과 바이오공학기술에 따른 인간 생명의 매체화 등 곳곳에서 발견된다. 그래서 이것을 헤어브레흐터는 포스트휴머니즘적 인간되기의 문제로 비판한다. 그는 하이데거의 말을 기술의 몰아세움이 지배하는 시대에 "사유는 불가능해졌으며 철학은 끝났다"는 선언으로 받아들인다. 이제 철학을 대신하여 사이버네틱스나 "다르게 사유하기"의 가능성만이 남는다.[96] 그래서 헤어브레흐터는 비판적

95 S. Herbrechter, *Posthumanismus, Eine kritische Einführung*, Darmstadt 2009, 19.

96 M. Heidegger, *Reden und andere Zeugnisse eines Lebenswegs, 1910-1976*, GA 16, Frankfurt/M 2000, 672.

포스트휴머니즘은 "기술의 본질을 비-기술적"으로 생각하는 하이데거식의 요구를 전제로 "사이버네틱스 및 그 기계적 사유와 논쟁"해야 한다고 말한다. 이로써 기술의 본질과 상응하는 사유를 정초하는 것이 비판적 포스트휴머니즘의 중요한 과제 가운데 하나가 되었다.[97]

### 3) 일 개념의 변화와 노동의 소외

산업생산과 기계문명, 자본주의 사회에서의 노동은 소외라는 관점에서 이해되어야 할 것이다. 노동의 소외는 노동의 결과만이 아니라 노동의 과정, 생산활동 자체에서도 나타난다. 그것은 노동이 단지 자신의 욕구를 충족시키는 수단이 되기 때문에 생겨난다. 맑스에 따르면 노동의 소외는 노동의 결과와 그 산물이 인간자신의 존재성과 대립될 때, 즉 인간이 자본의 논리나 재화의 가치에 빠지게 됨으로써 일어나는 현상이다. 그 때 인간과 자본의 관계, 나아가 인간과 노동, 궁극적으로 인간과 인간의 관계가 사물화(reification)되기에 이른다. 노동의 가치를 판단하는 준거점은 다만 자본일 뿐이다. 노동 소외현상은 자본이 인간을 지배하기에 일어난다. 노동의 분화와 교환은 결국 노동의 소외와 그에 따라 노동하는 인간의 소외를 초래한다. 이런 점을 특히 강조한 맑스는 소외란 노동을 노동력과 돈을 교환하는 임금 노동의 극단적 형태로 환원될 때 생겨난다고 말한다.[98] 노동의 가치는 경제가치에 의해 결정되

97 S. Herbrechter, op. cit, 135-137, 139.

98 K. Marx, *Nationalökonomie und Philosophie*, 1844/45; Die deutsche Ideologie 1845/46 참조.

어서는 안된다. 그것은 경제 수단과 재화 생산의 도구일 수가 없는 것이다. 노동의 소외와 왜곡현상은 여기서 기인한다. 노동이 인간의 존재실현에 미치는 의미가 무시될 때 노동의 의미는 축소된다.

일은 인간의 자기성취와 자기실현의 과정이다. 이로써 인간은 타자를 수용하고 문화세계를 창조하는 업적을 이루게 된다. 일을 통한 인간의 자기성취는 일의 개념에 중요한 의미를 지닌다. 인간의 미래 기획과 초월론적 결단은 그를 위한 행위를 통해 구체화된다. 그 배경에는 의식은 행위를 통해 실제화된다는 생각이 자리한다. 노동의 소외는 노동하는 사람을 소외시키고, 마침내 노동을 통해 인간이 자연과 맺는 관계도 왜곡시켜 자연 전체를 소외시키는 결과를 초래한다.19세기에 시작된 산업혁명과 자본주의 체계에서의 일개념의 급격한 변화는 인간이해에 대한 변화와 함께 한다. 근대의 혁명, 특히 계몽주의 이래 인간을 공동체의 구성원이 아니라 더 이상 나누어지지 않는 개체(in-dividuus)로 파악하는 이해체계는 일 역시 개체의 권리와 연관하여 이해한다. 이에 따라 일의 자아실현이란 특성이나 공동체에 기여한다는 특성은 사라진다.

일은 지극히 개체적인 관심사, 이해관계에 종속되기에 이른다. 그래서 오히려 노동/일은 공동체가 아니라 사회관계, 즉 계층, 신분, 계급과 사회적 구조에 연관지어 이해된다. 인간과의 관계에서 노동을 받아들일 때 노동은 사회성과 역사성을 지닌다. 산업사회 이후의 노동개념이 농경시대의 노동과 다른 사회성과 역사성을 지니는 것처럼, 사회의 생산관계 변화는 새로운 노동 이해를 필요로 한다. 일에 대한 이해의 패러다임 변화는 노동의 소외와 자본주의 체계를 넘어서는 중요한 사유계기를 제기할 것이다. 자본주의 사회에서 일은 사회적 맥락에 따라 자리매김되면서 마침내 노동이라는 이름으로 제한되었다. 산업의 발전과 자연과학에 힘입은 대량생산과 소비의 시대는 기계와 연관된 노동을 성립시킨다. 자본주의 생산과 소비 구조 안에서 노동/일은 계급과 사회구조를 떠나서는 이해되지 않는다. 이에 따라 인간학적 관점에서 노동의 의미를 재조명할 필요가 생겼다.

산업사회의 노동 분화를 소외가 아니라 생명체의 유기적 측면과 연관지어 성숙한 사회의 필연적인 형태로 이해한 것은 프랑스 사회학자 뒤르켕(Emil Durkheim, 1858–1917)의 공로였다. 그는 전문화된 사회에서 한 사람의 전업 노동은 불가능하며, 동료 인간과의 연대 속에서 서로의 몫을 다하고 보충함으로써 한 사회가 유기적으로 성장해갈 것이라고 생각했다.[99] 노동을 단순히 사회의 한 기능으로 보거나 교환이나 분업의 관점이 아니라 유기적 완성의 한 축으로 간주하는 것은 노동을 통한 인간의 완성이라는 고전적 노동개념에 더 부합하는 듯하다.

한 사회의 유기적 연대를 강조할 때 전문화되고 분업화된 노동은 그러한 연대의 실천이며 한 사회를 완성하는 수단으로 자리하게 된다. 왜냐하면 노동은 물질적 생산의 수단이라기보다, 삶의 의미를 실현하고 존재의 외적 요건을 충족시키는 수단으로 간주되기 때문이다. 이에 대해 독일 신학자 파넨베르크(W. Pannenberg)는 인간을 단순한 노동력으로 폄하해서는 안되고, 오히려 노동을 "공동의 작업에 참여하는 일"로 받아들여야 한다고 말한다. 즉 "개인의 노동이 오로지 지속적 분업을 통해 생산의 사회적 과정 속으로 통합"되는 것이 노동을 올바르게

99 Emil Durkheim, *Über soziale Arbeitteilung*(1893), Suhrkamp, Frankfurt/M 2004 참조.

받아들이는 길이다.[100] 여기서 그는 직업과 노동/일을 하느님의 소명으로 보는 루터 이후의 견해에 기반하여 인간의 일을 노동을 넘어 사회적 자기성취의 단계로 받아들인다.[101] 스미스(A. Smith)는 19세기 이래 변화된 사회상을 재화의 생산과 교환이란 측면에서 이해하면서 이를 자본주의 문화로 규정한다.[102] 이에 따라 생산과 교환이란 측면에서 경제활동이 이루어지며, 노동이 그러한 활동의 사회화에 종사하는 행위로 환원된다. 인간은 자연과 자신의 생산물 안에서 자신의 종의 본질을 객관화할 수 있을 때 현실화된다고 말하는 맑스의 견해는 노동의 사회화 과정에서 정당하게 이해될 수 있다.[103] 노동은 사회화 과정을 거치면서 현실화된다. 이로써 노동을 더 이상 개인의 활동으로 이해해서는 안되는 중요한 전기가 드러나게 된다.

노동은 자연과의 관계를 결정하며, 인간의 본성 역시 그 관계맺음의 양상에 따라 실현된다. 이에 따라 자연과의 관계맺음은 중세의 "자연이란 책을 읽는다"(legere in libro naturae)는 명제가 노동/일을 통해 자연을 지배한다는 개념에서는 세계의 의미, 초월의 의미를 읽는 수단이 아니라 지배하고 장악하는 관념으로 바뀌게 된다.[104] 근대의 노동은 인

100 예를 들어 사회주의 국가에서의 노동 이해가 그러하다. 여기에는 노동을 공동체 정신에 근거하여 보는 관점 역시 그러한 주장의 기반이 될 것이다. 파넨베르크, 『인간학 III - 인간문화론』, 박일영 옮김, 분도출판사 1996, 542-543쪽, 544쪽 참조; 또한 H. Arvon, *La Philosophie du travail*, Paris 1969.

101 M. Weber, 『프로테스탄트 윤리와 자본주의 정신』, 1920; 또는 Trutz Rendorff, *Ethik Π*, Stuttgart 1981.

102 Adam Simth, *An Inquiry into the Nature and Causes of the Wealth of Nations*, 1776, 특히 Book 1, Chap. 2 참조;『국부론』, 김수행 옮김, 비봉출판사 2003.

103 A. Smith, a.a.O., S. 20ff.; H.J. Krüger, a.a.O., S. 482,

104 F. Bacon, *Norum Organum*(신기관 - 자연의 해석과 인간의 자연지배에 관한 잠언), 진석용 옮김, 한길사 2001. 1권 3.

간이 자연과 맺는 관계맺음의 양상을 변화시킨다. 헤겔은 노동개념을 근대의 시대정신을 이해하는 하나의 계기로 규정한다. 노동은 인간능력의 본질적 표현이다. 노동이란 정신이 자기를 외화시켜가는 과정이다. 노동을 통해 대상과 자연을 변화시킬 때, 인간이 자연과 맺는 관계양식도 변한다. 노동은 세계를 변화시키고 생성시키는 운동이다. 이로써 노동은 결국 자신을 변화시키는 과정이 된다. 거기에는 인간의 자유와 해방의 과정이 포함된다. 그런 까닭에 노동의 소외는 인간의 자유와 해방의 과정조차 왜곡시키게 된다. 재화의 생산에만 기여하는 노동은 노예노동과 다를 바 없다. 맑스의 노동 소외 개념은 노동생산물이 노동자에서 소외되는 단계를 지나 노동이 노동자와 분리될 때 최고조에 이른다. 소외된 노동은 결국 노동하는 인간을 전체 인간으로부터 소외시킨다. 자본주의의 모순은 이러한 노동의 사회적 소외를 초래하는 원인이 된다.

## 4. 자연이해의 변화와 생태위기

### 1) 생태계 위기

생태계 파괴와 환경오염은 단순히 자연세계에 한정되는 문제가 아니다. 이 현상은 근본적으로 인간의 생활세계와 생존의 토대가 해체될 수 있으며 그에 따라 인간 존재자체가 파멸에 이를 수 있다는 결정적 위기로 연결된다.[105] 그와 함께 인간이외의 모든 생명체가 종말을 맞거

105 이 논의는 생태 위기를 넘어 환경 위기의 문제로 확산된다. 그래서 이 글에서는

나 최소한 그 생존의 토대 자체를 현저하게 상실하게 되는 현실로 이어지게 된다. 이런 파멸적 현상이 그 자신 생명체로 생겨났으며 이 지구 위에 다만 주어진 생명체로 자리하는 존재, 피조물인 생명체가 초래한 결과라는 데 문제가 있다. 스스로를 지혜로운 인간(homo sapiens sapiens)이라 부르는 그 생명체는 자기 존재가 유래했으며 또한 살아가야할 생명의 터전을 감히 파괴하고 있다. 그러기에 이 문제는 생태계 차원을 넘어 인간이 지닌 기원과 근거, 그가 가야할 미래와 초월적 영역 모두에 관계될 수밖에 없다.

현대의 생태 위기를 초래한 직접적 원인은 무엇보다 17세기 이래 유럽세계에서 유래한 산업화 과정에 있다. 그와 함께 자연과 생태계, 다른 생명을 다만 인간을 위해 존재하는 방편 정도로 간주하는 편협한 인간중심주의 역시 직접적 원인 가운데 하나이다. 생태위기를 초래한 산업화 과정은 기술 관료적 패러다임으로 전 지구적으로 확산되었으며,[106] 현대의 인간중심주의는 자연과 다른 생명의 존재론적 근거를 박탈하거나 왜곡함으로써 이들을 사물화 시키고 있다. 생태계 문제는 근본적으로는 생명이 자신의 존재론적 의미를 박탈당한 채 현대 과학과 문화에서 다만 대상으로, 마치 사물처럼 다루어지는 데 있다. 이러한

---

용어를 구분한다. 생태계란 말은 동식물 및 생명체가 살아가는 환경조건 전체를 일컫는 말로, 환경은 이러한 물리적이며 생물학적 조건은 물론, 생활세계와 삶의 영역 전체를 가리키는 포괄적 용어로 사용하려 한다. 환경계와 생태계에 대한 용어 구별에 관해, 켄 그나나칸, 『환경신학』, 18~19쪽; 또한 생태위기가 생활세계와 연결된 환경위기란 사실에 대해 V. 회슬레, 『환경위기의 철학』, 신승환 옮김, 서강대학교출판부, 1997 서문 참조.

106 기술관료주의가 근대화 과정에서 생겨난 특정한 체제란 사실은 근대성을 이론적으로 분석한 막스 베버(Max Weber)가 그의 주저, *Wissenschaft als Beruf*와 *Politik als Beruf*(1919)에서 전개한 일관된 주장이다.

왜곡이 일어나는 전형적인 학문이라면 무엇보다 현대의 생명공학을 거론해야할 것이다. 생명에 대한 정당한 이해와 이를 통해 생명을 치유하는 과학기술이 잘못일리는 없다. 다만 이런 과학기술이 생명의 의미와 가치를 보지 않은 채 이를 일면적으로 기술공학적 대상으로 간주하고 그렇게 생명을 다룰 때 문제가 생기게 된다.

근대문화의 위기를 지적하는 수많은 근대비판의 철학이 산업화와 기술공학시대를 가능하게 했던 과학기술주의와 자본주의에서 그 원인을 찾고 비판하는 까닭도 여기에 있다.[107] 현대문화의 위기는 근본적으로 서구 근대의 철학적 토대 위에서 생겨난다.[108] 생태위기 문제를 온전하게 해명하고 총체적으로 극복하기 위해서는 이에 대한 분석과 해명 작업은 반드시 필요하다. 그렇지 않을 때 생태위기를 극복하려는 노력은 다만 미봉책에 그치게 될 것이다. 이 문제를 논의하는 것은 단순히 사회적이거나 산업, 경제적 층위를 넘어 생명체의 존재론적 층위와 함께 생명 감수성과 연결시키는 초월적 층위까지도 필요로 한다. 그것은 이 위기를 초래한 작인(agency)과 원인(cause)에 대한 구별이기도 하다. 총체적이며 통합적인 성찰의 필요성은 이 문제 역시 포스트모던적 상황과 연결되어 있음을 잘 보여준다.

107 근대철학과 현대문화의 산업화에 대한 비판으로 Max Horkheimer/Theodor W. Adorno, *Dialektik der Aufklärung. Philosophische Fragmente*, Frnkfurt/M 1947; 포스트휴먼적 입장에서 자본주의 체제가 정치경제적 수준을 넘어 존재론적 분열로까지 이어진다는 분석과 함께 자본주의를 벗어나기 위한 탈영토화와 재영토화 원리를 체계화한 G. Deleuze/F. Guattari, *Anti-Oedipus, Capitalism and Schizophrenia*, tr. R. Hurley, M. Seem, H. R. Lane, Penguin Books, London 2009, 특히 3. Savages, Barbarians, Civilized Men, pp.139~271 참조.

108 근대성과 관련지어 사회학적 측면에서 그 위험성을 경고한 글로 울리히 벡, 『위험사회 – 새로운 근대(성)을 향하여』, 홍성태 옮김, 새물결 1997.

흔히 생태계위기를 극복하기 위해 인간중심주의의 극복을 말하지만, 그것은 잘못 이해된 인간중심주의, 인간 이외의 모든 생명체를 인간 생명의 수단이나 방편으로 생각하는 근대의 인간중심주의를 가리킨다. 근대 철학에서 대두된 배타적 인간중심주의 문제를 비판하는 포스트휴먼적 생태철학은 이 문제를 올바르게 수용하는 성찰적 태도를 지니고 있음이 명백하다. 그러나 여기에는 이중적 의미가 담겨있다. 자연을 인간을 위한 수단이나 방편으로 여기면서 이를 사물화하고 대상화하는 근대철학의 문제는 분명 오류이지만, 그럼에도 인간이 초래한 생태계 위기를 극복할 주체 역시 인간일 수밖에 없다. 그러기에 편협한 인간중심주의를 넘어서는 인간의 책임을 강조하는 인간주의가 필요할 수밖에 없다. 여기에 포스트휴먼 담론의 해석학적 지평이 자리한다. 그 자신 생명역사의 끝에서 태어난 생명이지만, 인간은 그의 의미론적 행위에 따라 생명계의 미래를 결정지을 자리에 있다. 인간은 생명계 전체를 파멸로 향하게 할 수도, 또는 모든 생명이 더불어 살아가는 새로운 생명계로 거듭 나게 할 수도 있다.

이 모두는 자신의 좁은 인간중심적 행태에 머물러 있을 것인지, 아니면 모든 생명체와 함께 하는 공(共)생명의 존재론적 의미와 결단에 따라 달라질 것이다. 그 전환은 지금 지구란 공동의 집에 살아가는 인간의 생각과 행동에 달려있다. 이러한 새로운 생각과 행동을 이끌어내지 못할 때 제6의 멸종은 현실화될 것이며, 그때 이 지구는 인간 없는 생명체의 세계가 될 것임은 자명하다. 이 모두는 결국 생명의 존재론적 의미와 가치를 새롭게 사유하는 철학, 생명영성에 달려 있다

이런 관점은 현대의 철학이 몰(沒)의미한 포스트모더니즘과 내용

없는 해체주의로 흐르는 데 비해 근대의 모순을 감내하면서 극복할 새로운 사유를 지향하는 경향과 밀접히 연관된다.[109] 17세기 이래 서구의 철학이 존재자에 매몰됨으로써 과학주의로 귀결된다면, 그런 흐름은 철학을 다만 특정한 세계관이나 가치철학으로, 또는 특정 이론을 해명하는 분과학문으로 전락하게 만든다. 이런 한계에 봉착한 철학은 스스로를 문화철학이나 과학철학으로, 또는 논리분석학이나 학문론으로 제한시키고 있다. 그에 비해 다가올 현재를 사유할 새로운 체계를 성찰하는 철학은 근대성의 시대를 벗어날 새로운 구조틀(paradigm shift)을 요구한다. 그 철학은 근대 인식론의 사유틀과 이원론적 철학을 벗어나는 것이며, 그에 따라 사물화된 자연이해와 편협한 인간중심주의와 이성중심주의를 극복할 사유가 가능해 질 것이다.

## 2) 생태계 위기와 통합 생태학

이런 문제를 성찰하는 인간의 지성적 노력은 결국 역사 철학적인 측면과 함께 실천 철학적 영역으로까지 확대되어 해명되고 결단되어야 한다. 이런 까닭에 생태철학은 한편으로 형이상학과 해석학을 포함하

109 이런 맥락에서 언급하는 포스트휴먼 철학은 결코 최근 유행했던 "포스트모더니즘(postmodernism)"을 가리키지 않는다. 포스트모더니즘은 리오타르(J.P. Lyotard)의 언급처럼 "아무런 근거도 지니지 않기에" 선택한 근대 비판의 철학임에도 다양한 갈래로 나눠진다. 그 어떤 형태로든 포스트모더니즘은 서구의 경험과 서구 철학사의 맥락에서 주어진 그들의 특별한 철학적 경향일 뿐이다. 그에 비해 여기서 말하는 포스트휴먼은 우리에게 강요된 근대, 서구에 의해 일방적으로 주입된 근대성의 철학과 문화를 이중적으로 극복하고, 이 땅의 현재와 인간에게 필요한 근대 이후의 철학과 사유를 성찰하는 근대 이후(after-modern, trans-modern)의 형이상학을 가리킨다. 이에 대한 상세한 논의로 신승환, 『포스트모더니즘에 대한 성찰』, 살림, 2003 참조.

며 다른 한편 실천윤리학은 물론, 자신의 존재에서 주어지는 영성의 영역까지도 해명하는 작업으로 이어져야 한다.

이런 관점에서 프란치스코 교황의 회칙「찬미받으소서」(*Laudato Si'*)는 매우 의미있는 문헌임에는 틀림이 없다.[110] 무엇보다 이 문제를 생태계 층위에서 바라보는 일면적 관점을 넘어 정치와 경제, 사회적 층위는 물론 인간의 삶과 생활세계의 층위를 종합적으로 고려하고 있다는 데이 문헌의 의미가 돋보인다. 이 문헌은 생태계 위기를 극복할 실천적 길을 제시하면서 인간의 실존적이며 영성적 층위에 이르기까지 통합적으로 이 문제를 고찰하고 있다.[111] 그러나 보다 더 큰 이유는, 이 문헌에 담긴 논지가 인간의 문명사 전체의 문제를 관통하고 있으며, 이를 통해 이제는 한계에 도달한 근대세계를 넘어서는 근대 이후의 세계체제와 함께 근대성(modernity)을 극복한 포스트휴먼 철학적 사유의 특성을 잘 드러내고 있기 때문이다.

「찬미받으소서」 회칙이 생태위기 문제를 전체적이며 통합적으로 고찰하고 있는 까닭도 이런 문제의식과 상응한다고 말해도 좋을 것이다. 이 회칙은 1장에서 생태계 파괴의 현상을 총체적으로 분석한다. 제1장에서 거론하는 "오염과 기후변화, 물의 문제와 생물다양성 감소" 문제

110 한국천주교중앙협의회, 『찬미받으소서』(Laudato Si') 서울 2015. 다만 번역상의 차이가 있다고 여길 경우 그 대목은 영어본을 참고하여 이 글의 문맥에 맞게 달리 옮겨 인용한다. 영어 대본 참조, Holy Father Francis, *Encyclical Letter: Praise be to You*, The Dynamic Catholic Institute, 2015.

111 교황 회칙(Encyclical Letter)을 중심으로 생태학적 포스트휴머니즘의 특성을 고찰하는 것은 결코 특정한 종교의 신학적 관점을 소개하려는 것이 아니다. 이 문헌은 현대 세계의 정치적 지도자로서는 거의 유일하게 전 지구적 위험인 생태문제를 철학적이며 신학적 관점에서 논의했다는 측면에서 매우 중요한 의미를 지닌다. 그런 까닭에 여기서는 포스트휴머니즘적 생명영성을 논의하기 위해 생태영성을 말하는 이 문헌의 탈근대적 사유 특성을 밝히려 한다.

가 직접적인 생태계 파괴에서 초래된 현상을 지적하고 있다면, 그에 따른 사회적 위기를 이하 "IV. 인간 삶의 질 저하와 사회 붕괴, V. 세계적 불평등" 항에서 거론한다. 이처럼 이 문헌은 생태위기 문제를 단순히 자연환경의 영역에 국한시키지 않고 이를 사회적 영역으로까지 확대하여 고찰하고 있다. 이런 관점은 제3장 "인간이 초래한 생태위기의 근원들" 항에서도 일관되게 이어진다.

이런 까닭에 회칙은 생태론을 통합적으로 고찰한다(제4장 통합 생태론). 통합생태론은 환경과 경제, 사회의 생태론으로 이어지며, 또한 문화와 일상생활의 생태론을 포함한다. 통합생태론(integral ecology)의 학문적 토대는 명확히 공동선의 원리와 세대 간 정의란 원리에 있다. 「찬미받으소서」회칙은 통합 생태론에의 접근법과 행동방식을 규정한 뒤(제5장) 생태교육과 영성(제6장)을 언급한다. 이 회칙의 뛰어난 점은 생태문제를 해결할 영성(spirituality)에 대해 고찰하고 있다는 점이다. 생태계 위기 문제는 인간의 존재와 모든 생명을 살리는 존재론적 원리와 성찰을 따를 때 만이 궁극적으로 극복될 수 있기 때문이다. 생명의 터전인 생태계 위기 문제는 생태영성을 지향할 수밖에 없으며, 그것은 곧 생명영성이기도 하다.

자연을 다만 경제 성장의 수단으로 여기는 사회 문화체제는 결코 가능하지 않음은 이미 1970년대에 널리 알려진 바와 같다. 전후 세계체제와 문화를 비판하고, 그 근거가 된 근대철학을 체계적으로 극복하려 했던 이른바 68혁명 이후 이런 흐름은 일반화되었다.[112] 물리학적이

112 〈Green Peace〉 등의 환경운동과 녹색당 등은 68혁명에서 결정적으로 영향을 받아 형성되었다. 그런 맥락에서 68혁명이 지니는 의미에 대해 잉그리트 길혀-홀타이 『68혁명, 세계를 뒤흔든 상상력』, 정대성 옮김, 창비, 2009.

며 우주론적 관점에서 이 문제를 고찰하고, 무한한 성장은 불가능하다는 사실을 경고한 「로만클럽」(Roman Club)의 보고[113]는 물론 이후 환경운동이 본격화된 것도 이런 흐름과 같이 한다.

생태계 위기는 근대철학에 이르러 자연에 대한 이해가 결정적으로 전환한데 그 근본원인이 있다. 그 이전 시대의 철학, 특히 중세 철학은 자연 이해를 통해 세계 해명의 작업을 수행하려 했다. 그것은 중세 철학에서 보듯이 진리를 이해하는 두 개의 책이란 도식과 함께 "자연이란 책을 읽는다(legere in libro naturae)는 명제로 제시된다.[114] 이러한 자연이해는 근대 세계가 시작되면서 인식론과 기하학적 세계관에 따라 자연을 인식대상으로 규정하거나 존재자적 관점에서 사물화하기에 이른다. 거의 같은 시기 영국의 근대철학은 자연에서 얻는 지식을 통해 자연을 정복하고 지배함으로써 인간에게 필요한 힘을 얻으려는 학문방법론을 정초하였다.[115]

자연이해의 전환은 결국 오늘날 전 지구적으로 생생하게 그 폐해를 끼치는 생태문제를 야기하는 철학적 원인이 되었다.[116] 17세기 이래 태동하였으며 19세기 이후 산업혁명을 통해 근대의 자연이해를 결정

113 도넬라 H. 메드즈/요르겐 랜더스 외, 『성장의 한계: 30주년 개정판』, 김병순 옮김, 갈라파고스, 2011.

114 존재의미와 진리를 이해하기 위해서는 주어진 두 개의 책, 즉 "liber scripturae"와 "liber creaturae"를 해명해야 한다. 이 작업은 곧 세계 해명의 길이기도 하다.(legere in libro mundi). 이에 대해 K. Gloy, *Das Verständnis der Natur, Bd 1. Die Geschichte des wissenschaftlichen Denkens,* München 1995, S. 146ff.

115 F. 베이컨, 『신기관』(Novum Organum, 1620) 진석용 옮김, 한길사, 2016, 1권 1장.

116 R. 부브너는 자연이해의 전환이 가져온 물질적 자연과 정신적 세계의 분리를 비판한다. 현대 세계에서 자연이 사물화된 배경에는 이런 철학적 전환이 자리한다. 이에 대해 R. Bubner, "Einleitende Betrachtung", in *Die Trennung von Natur und Geist,* München 1990, 7~24.

지은 과학주의적 철학은 결국 자연을 기계론적으로 규정하기에 이르렀다.[117] 기술문명은 자연을 다만 인식과 기술적 조작의 대상으로 받아들인다. 기술문명과 결합하여 전 세계화된 자본주의 경제체제는 자연을 잉여가치를 생산하는 상품을 만들기 위한 자원으로 제한시킬 뿐이다. 자본주의의 문제는 단순히 소비주의적 생활태도 때문만이 아니다. 자본주의는 다만 경제, 정치 체제에 그치는 것이 아니라 인간의 인식과 진리 이해, 사람과의 관계 전체를 변화시키는 철학적 태도까지도 결정한다. 그 어떤 경우이든 동아시아의 일반적 자연 이해나 중세까지의 자연이해, 자연을 통한 존재의미와 진리 이해의 길, 세계해명의 길은 더 이상 가능하지 않게 되었다. 과학기술 시대의 철학은 무엇보다 기술합리성에 따라 세계와 자연을 이해하고 관계 맺는다. 현대의 기술공학이 근거한 기술합리성은 목적합리성과 가치 합리성을 혼동함으로써 도덕적 왜곡을 초래하기에 이르렀다.[118]

한편 공동선(common good)의 원리에 바탕하여 생태 위기의 세대 간 정의와 책임문제를 언급하는 회칙의 선언은 철학사에서는 거의 처음으로 생태계 위기 문제와 생명의 원리를 성찰한 요나스(H. Jonas)의 사유와 밀접히 연관되어 있다.[119] 그는 생태위기 문제를 다만 산업화와 기술

117 K. Gloy, *Das Verständis der Natur, Bd. II, Die Geschichte des ganzheitlichen Denkens*, München 1996, S. 154~164.

118 V. 회슬레, 『환경위기의 철학』, 56쪽 이하. 그는 이 책에서 환경위기를 초래한 근대철학의 자연이해와 세계 이해를 상세히 고찰한다. 기술합리성에 근거한 자연이해의 변화, 주체로 설정된 인간존재, 자본주의적 정치경제 체제 등으로 나열하는 이 책은 현대 생태위기에 대한 경고를 뒷받침하는 철학적 논증으로 충분히 의미를 지닌다. 55~90쪽.

119 H. 요나스, 『책임의 원칙: 기술시대의 생태학적 윤리』, 이진우 옮김, 서광사 1994; 미래 윤리에 대해 43~50쪽, 책임의 윤리에 대해 147~234쪽, 무한한 성장

문명의 탓으로만 돌리지는 않는다. 오히려 현대문명의 현재를 명확히 성찰하면서 책임이라는 원칙에 근거한 새로운 생태윤리학을 제시한다. 그것은 다른 생명과 함께 다가올 세대에 대한 윤리적 책임을 지는 실천적이며 새로운 관계맺음에서 나타나는 윤리학이다. 윤리학(ethics)은 궁극적으로는 인간이 타자와 맺어가는 관계맺음에 따른 태도를 성찰하는 학문이다. 그 학문은 도덕적 규범 이상의 철학이다.

그런 관점에서 생태위기 문제는 전 세계적인 체제로 작동하면서 우리의 문화와 사회는 물론, 생활세계 전체를 지배하는 자본주의 체제와 밀접히 연관된다. 네그리와 하트는 자본주의가 전(全) 지구화됨으로써 이 세계는 자본의 제국이 되었으며, 그 제국 밖은 존재하지 않는다고 말한다.[120] 국민국가는 쇠퇴하고 그 자리에 초국가적 기관인 자본의 제국이 자리한다. 그래서 자본에 의한 탈중심성과 탈영토화를 주장하면서 그들은 자본주의적 생산양식을 벗어날 때만이 현대문화의 위기를 탈주할 계기가 주어진다고 말한다. 이런 경고는 사실 그동안 경제성장과 풍요로운 소비사회에 젖어있던 현대인들에게는 불편한 진실일 수밖에 없었다. 회칙은 생태문제의 위기가 파생한 가장 직접적인 원인 가운데 하나로 소비주의를 언급하는 것은 그동안 보지 않으려 했던 자본의 제국화와 자본주의가 초래하는 생활세계의 식민화에 대한 직간접적인 경고인 셈이다.[121]

---

신화에 대한 비판과 책임윤리의 과제에 대해 369~374쪽.

120 안토니오 네그리/마이클 하트, 『제국』, 윤수종 옮김, 이학사, 2001, 16~22쪽.

121 이런 관점은 환경위기를 초래한 현대 산업사회의 구조를 철학적으로 분석하는 회슬레에서도 찾아볼 수 있다. 그는 이 구조를 현대의 과학과 기술 및 자본주의 경제 체제로 구분하여 분석한다. "한 문화의 물질적 요인과 관념론적 요인"(V. 회슬레, 『환경위기의 철학』, 57쪽)은 서로 영향을 미치기에 자본주의라는 정치경

### 3) 생명과 생명과학

생명공학기술(BT)은 정보공학기술(IT)문화의 변화와 함께 포스트 휴먼적 상황을 초래한 두 축 가운데 하나다. 생명공학기술은 19세기 이래 생명에 대한 과학지식의 발달을 공학기술적으로 응용하면서 발전하게 되었다. 이것은 다윈(Ch. Darwin)이 제기한 〈진화론〉(1859)과 함께 1905년도 멘델(G. Mendel)이 발견한 유전학이 결합함으로써 성립된 신다윈주의와 함께 이를 이론적 배경으로 하는 진화생물학의 연구가 초래한 혁명적인 변화다. 1953년 크릭(F. Crick)과 왓슨(J. Watson)이 인간 생명이 변화하는 유전적 매커니즘을 DNA 이중 나선 구조의 발견을 통해 밝혀냄으로써 일어난 변화가 생명공학적 혁명을 가능하게 했다.[122] 이러한 변화는 일차적으로는 의학과 인간의 생리적 생명에 미치는 영향 때문에 문제가 되고 있다. 그러나 이 문제는 의학 기술의 발달이라는 좁은 측면에 그치지 않는다. 장기이식과 같은 문제 또는 의료 현장에서 벌어지는 수많은 의학 기술의 발전에 따른 측면도 있지만 보다 중요한 것은 유전공학의 발달 또는 그 뒤에 있는 진화생물학적인 학문의

---

제 체제는 결국 그러한 원리에 따른 세계이해와 철학을 초래할 수밖에 없게 된다.

122 DNA(DeoxyriboNucleic Acid)는 뉴클레오타이드의 중합체가 이중나선 구조로 이루어진 고분자화합물이다. DNA는 4 종류의 뉴클레오타이드가 중합 과정을 통해 연결된 가닥으로 시토신(cytosine), 구아닌(guanine), 아데닌(adenine), 티민(thymine)의 4가지 핵염기로 이뤄져있다. 이 DNA 염기서열이짝을 이루어 유전정보를 지닌 3개의 염기쌍인 코돈을 형성한다. 이 결합구조는 아데닌과 티민, 구아닌과 시토신이 짝을 이룬다. DNA는 스스로를 복제하고 유전정보를 통해 유전자의 정보를 발현시켜 우리의 생리학적 몸을 구성한다. DNA가 중요한 이유는 생명체의 모든 유전정보가 그 안에 담겨있으며, 현대의 생명공학이 이 정보를 소유하고 장악할 수 있게 되었을 때 우리 몸을 장악할 수 있게 되었다고 생각하기 때문이다.

발달에 따른 인식론적, 사회적 변화 때문이다.

진화생물학은 단순히 인간 생명에 대한 이해의 변화를 넘어서서 인간이 세계를 이해하는 모든 학문적 체계를 혁명적으로 바꾸어놓았다. 줄기세포에 대한 연구와 그에 따른 유전 기술의 변화 또는 1997년 이언 월머트 박사에 의해서 이루어졌던 돌리 복제양, 그 뒤를 잇는 수많은 복제 기술의 발달, 또는 GMO와 유전자 조작 기술에 따른 수많은 부수적 현상들에서 보듯이 현대의 생명과학은 과거의 생물학과는 전혀 달리 생명을 규정한다. 오늘날 유전자 자체를 편집할 수 있는 유전자 가위 기술이 인간 생명의 본질적인 조감도인 DNA 차원의 조작과 장악을 가능하게 만들었다. 이러한 변화는 생명공학적 기술 변화를 수용해서 인간 생체의 기술적인 또는 혁명적인 변화를 상상하는 트랜스휴머니즘의 논의를 가능하게 만들었다. 더욱이 DNA 차원과 디지털 정보기술이 결합함으로써 생명에 어떤 변화를 일어날 것인지 상상하기가 힘들 정도다. 그럼에도 이 기술이 끼치는 폐해 역시 소홀히 할 수 없다. 생명공학과 진화생물학의 발달은 의료 기술과 생리적 생명의 차원에서 머물지 않는다.

진화생물학의 철학과 사회생물학, 진화생물학의 연구 업적을 원용한 유전공학은 인간에 대한 생리적인, 인간에 대한, 심하게 표현을 하면 물질주의적인 이해를 가능하게 하고 그러한 이해에 인간을 국한시키는 한계를 초래하고 있다. 그런 까닭에 분명히 말해야 할 것은 이런 이해를 통해서는 결코 생명의 온전한 의미를 드러낼 수는 없다는 사실이다.

## 5. 자본주의와 현대문화

### 1) 후기 자본주의 사회

후기 산업사회를 넘어 탈산업사회(post-industrial)를 말하는 이 시대를 해명하기 위해서 자본주의의 특성을 이해하는 것은 매우 중요하다. 4차 산업혁명이라는 담론 자체가 산업기술의 혁명적 변화에 따른 경제 체제 변화에 대응하기 위해서 제기되었던 개념이기 때문이다. 이 논의 뒤에는 자본주의 경제체제의 이해와 함께 자본주의의 논리가 근본적인 토대로 작용하고 있다. 포스트휴먼적 인간 상황이 근대성과 근대체제가 과잉으로 작동하면서 비롯되었기에 이를 극복하고 새로운 문화 세계를 지향하는 포스트휴머니즘은 다양한 갈래로 펼쳐진다. 여기서 근대성과 근대체제의 역기능과 한계를 극복하고 초월하려는 탈근대적 포스트 휴머니즘은 'BT'와 'IT' 문화가 지배하는 현실이 철저히 자본에 종속되어 있음을 절실히 느끼면서 철학적 조류로 나타나게 되었다.

이런 까닭에 포스트휴먼 사유의 중요한 요소 가운데 하나가 자본주의 극복에 있음을 분명히 해야한다. 어떤 경우에도 우리가 논의하는 포스트 휴먼은 경제나 산업기술 체제에 종속된 그러한 인간일 수는 없다. 인간에게는 당연히 경제적 안정과 산업기술이 필요하다. 그것을 통해서 인간은 현대의 풍요로운 문화를 이룩했고, 그래서 우리가 사는 이 현대의 민주주의 사회와 이러한 문화는 바로 이런 산업기술과 경제 체제 없이는 불가능하기 때문이다. 그럼에도 불구하고 인간은 경제나 산업기술체제 그 안에 종속된 존재로 살아갈 수는 없다. 오히려 포스트휴먼은 과잉으로 치닫는 과학기술 또는 자본주의 체제를 넘어설 뿐 아니라, 그것을 극복하는 체제를 상상하는 인간이어야 할 것이다

브로델(F. Braudel)에 의하면 자본(capital)이라는 말은 이미 12세기경 이탈리아 상업도시에서도 사용했다.[123] 일상적으로 사용하는 자본이라는 말이 현대와 같은 의미로 자본이라는 용어가 쓰여진 것은 분명 18세기 이후의 일이고, 자본주의라는 개념 자체도 18세기가 지나서 거의 19세기에 이르러서야 일상적인 용어로 사용하게 된다. 1796년에 간행된 옥스퍼드 사전에 보면 자본가를 '대규모 영리 활동을 이끄는 사람'이라는 용어 정도로 사용한다.

독일 사회학자 좀바르트(W. Sombart)는 '현대적 의미로 이 말을 실제로 쓴 사람은 19세기 전반의 사회주의자들이라고 주장한다. 그런데 이들은 그 당시에 정치 · 경제체제를 비판하기 위해서 자본주의라는 말을 사용했다. 1850년에 이르면 프랑스 사회주의인 블랑은 자본주의란 '다른 이들을 배제하고 자본을 전유(專有)하는 행위'라고 규정한다. 분명한 것은 이러한 용어 사용에 비해서 자본주의적 생산체제는 그 이전에 태동했다는 사실이다. 18세기에 자본주의라는 말이 쓰여졌다면 이 자본주의는 이미 그 이전에 유럽 사회에서 보편화되었음을 알 수 있다.

자본주의는 많은 사람들이 생각하듯이 보편적인 경제 체제나 또는 전 세계에서 인간의 문화가 시작될 때 있었던 그러한 일상적인 경제 체

123 프랑스 아날(Annales)학파 역사학자인 브로델은 유럽사회의 역사적 기원을 밝히는 실증주의적 방법을 적용하여 현대 사회의 기원을 정치사를 넘어 경제사를 포함하여 분석한다. 유럽 근대가 전 세계적 주도권을 장악한 물질문명의 발전사를 분석하는 저서를 통해 자본주의의 유럽적 독특성과 그 영향 관계를 분석한다., 『물질문명과 자본주의 I-6』, 주경철 옮김, 까치 1996 이하 참조.

제가 아니다. 자본주의는 유럽이라는 특정한 장소와 근대라는 특정한 시간, 17세기 유럽 가운데서도 영국을 중심으로 발생한 특정한 경제 체제다. 다른 수많은 경제체제와 구별되는 자본주의 경제의 중요한 요소를 세 가지로 제시할 수 있다. 첫 번째 자본주의는 유럽 사회의 발전이라는 즉, 유럽 사회의 역사적 단계와 유럽 사회의 특성에 따른 결과라는 사실이다. 그 뒤에는 당연히 유럽의 문화와 유럽의 정치 체제, 그리고 유럽의 철학이 근거로 작용한다. 둘째, 자본주의의 발전 과정을 세계사적 관점에서 살펴보는 것이 자본주의를 이해하기 위해서는 상당히 중요한 요소가 된다. 왜냐하면 여기에는 산업혁명과 제국주의적 유럽 근대의 팽창이라는 요소가 함께 작용하기 때문이다. 유럽의 근대가 시작되면서 제국주의 또는 식민지를 개척했던 이 역사, 이 사회적 배경 없이 자본주의는 가능하지 않았다. 식민지와의 관계에서, 거기서 유입되는 수많은 자원과 수많은 노동력을 중심으로 해서 산업혁명이 이루어졌으며, 이 산업혁명과 함께 자본주의가 가능하게 되었다. 자본주의는 산업혁명으로 대변되는 서구의 기술문화와 함께 제국주의적 정치경제 체제 없이는 결코 가능하지 않았다.

셋째, 자본주의의 발전 과정을 살펴보는 것은 '어떻게 자본주의가 전 세계적인 보편성을 지니게 되었는지?' 그래서 이른바 '자본주의의 전지구화' 라는 담론이 가능하게 된 배경을 이해하게 만든다. 현대 우리 사회는 자본주의를 떠나서는 결코 상상할 수가 없을 정도다. 자본주의가 어떻게 세계적인 보편성과 정당성을 획득할 수 있었는가. 오늘날 자본주의는 초기에 수공업을 중심으로 하던 산업혁명과 함께 이루어졌던 그러한 제조업 중심의 자본주의가 아니라 금융 시스템을 중심으로 하는 자본주의로 발전하고 있으며, 4차 산업혁명을 논의하는 다보스 포럼에서도 바로 이러한 자본주의 이후의 문제를, 후기 자본주의를 어떻게 수용하면서 4차 산업혁명이 그 안에서 역할을 할 수 있는지를 살펴보기 위해서 이 담론을 제시했다. 오늘날 자본주의는 우리의 일상적인 삶과 문화를 완전히 지배하고 있다. 자본주의는 경제 체제에 한정되는 것이 아니라 사회와 정치 체제, 전체를 지배하고 있으며, 우리의 모든 문화적 토대에 결정적인 요인으로 작동하고 있다. 자본주의를 이해하지 못한 채 우리는 우리 사회의 문화와 우리 사회체제 전체 또는 심지어 대학과 학문조차도 이해할 수가 없다.

예를 들어 100년 전 사람들의 시간 관념과 현재 우리의 시간 관념을 비교 해보면 자본주의가 얼마나 영향을 주는지 잘 알 수 있다. 농경시대의 시간과 산업사회에서의 시간이 차이난다는 사실은 물론, 주식시장을 중심으로 움직이는 현대의 금융자본주의에서의 시간관념이 같을 수 없음은 자명하지 않은가. 서구 산업사회는 광장을 중심으로 시계탑을 세워둠으로써 근대적 시간을 강요한다. 또한 15세기, 16세기 이후에 유럽 사회의 변화를 살펴보면 이 시간 관념은 노동을 통제하는 가장 중요한 도구가 되었음을 알 수 있다. 벤자민 프랭클린이 말했다고 전해지는 금언, "시간은 돈이다"는 말은 어떤 관념을 재현하고 있는가. 산업혁명이나 또는 노동을 떠나서 또는 자본주의 체제를 떠나서 이 말을 이해하기란 거의 불가능하다.

엔데(M. Ende)의 소설 '모모'(Momo)에서는 시간을 도둑질해가는 자본시장의 회색신사들을 보여준다.[124] 존재와 삶의 가장 중요한 기반인

124 Michael Ende, *MOMO oder Die selsame Geschichte von den Zeit-Dieben und von dem*

시간을 노동과 자본으로 대신하는 현대 산업 자본주의 사회는 사람에게서 삶의 시간을 빼앗는다. 삶의 시간을 자본에 종속시키는 논리에서 벗어나지 않으면 시간에 종속된 인간이 된다. "시간은 돈이다." 일상적인 시간 개념조차도 자본주의 체제에 종속된다. 자본주의 논리는 우리의 모든 일상을 지배한다. 자본주의 체제는 모든 것을 상품화할 뿐 아니라 경제적 대상이 아닌 영역까지도 자본의 대상으로 삼는다. 필요하다면 반자본주의 혁명가였던 체 게바라조차도 자본주의는 상품화할 수 있다. 당연히 상품화할 수 없는 모든 것들, 인문주의적 가치는 물론, 심지어 우리의 인격과 존재, 생명까지도 상품화할 수 있고 자본화할 수 있다. 자본주의는 경제체제를 넘어 삶과 생명까지도 자본화한다.

### 2) 자본주의의 기원과 특성

아직까지 자본주의의 기원에 대해 합의된 정설은 없지만, 그 기원에 대한 네 가지 대표적인 이론을 살펴볼 수는 있다. 먼저 맑스(K. Marx)는 초기 산업사회가 대두되면서 이 체제가 경제와 정치에서 자본주의로 이행하는 과정을 지켜보면서 자본주의를 시대사적 관점에서 규정하려 했다. 이를 통해 그는 정치체제와 관련지어 자본주의 사회를 비판하고, 함께 그 이후의 사회로 사회주의를 희망했다. 그는 이러한 정치경제철학적 관점에 따라 경제체제를 넘어 정치체제로는 물론, 철학적 영역에 걸친 자본주의 기원과 함의를 밝히고 그 대안적 정치체제를 모색했다. 두번째 기원설에 의하면 자본주의는 중농주의와 중상주의로

*Kind, das den Menschen die gestohlene zurückbrachte*, Stuttgart 1973.

발전했던 유럽내부의 경제적 발전에 따른 필연적 결과였다. 대표적으로 아날학파, 특히 브로델은 물질문명과 자본주의라는 전 6권에 달하는 방대한 저서를 통해 14세기 이래 유럽의 경제발전이 마침내 자본주의를 초래했다고 말한다. 서구의 물질문명 발전이 자본주의를 가능하게 했다는 것이다. 그러나 이러한 해명은 자본주의가 유럽의 예외적인 발전 때문에 가능했다는 유럽우월주의로 연결된다.

세 번째 근대의 문화와 철학이 자본주의의 내적 기원이란 주장은 유럽 근대 철학과 자본주의가 사상사적으로 밀접히 연관되어 있다고 말한다. 이런 설명은 자본주의라는 현상이 어떻게 유럽의 철학에서 또는 유럽의 정신 체제에서부터 필연적으로 주어질 수밖에 없었는지 묻는다. 막스 베버의 주장이 대표적이다. 마지막으로 유럽 내부적 발전과 함께 유럽 외부적인 요소를 중심으로 자본주의 기원을 설명하는 견해가 있다. 이러한 세계체계론적 견해는 식민지를 개척하고, 제국주의가 확장되면서 전 세계적인 체계가 변화하고, 그 체계의 변화와 함께 유럽에서 자본주의가 가능하게 되었다고 설명한다. 분명한 것은 이들 모두가 자본주의는 어떤 특정한 요인에 의한 것이라기 보다 유럽 문화와 역사적 발전 과정에 따른 필연적 결과라고 주장한다는 사실이다. 그럼에도 어느 하나의 요인 만으로 현대의 자본주의 기원을 설명하기란 불가능하다.

자본주의는 단순히 하나의 경제체제를 넘어 정치체제로 작동한다. 맑스는 자본주의가 경제체제가 아니라 사실은 정치를 장악하고, 정치를 규정하는 경제체제라는 개념을 제시한다. 자본주의는 정치체제이며 심지어 후기 자본주의에 이르러서는 문화체제가 되고 또한 우리의 정신적 체계까지도 결정한다. 좀바르트나 베버(M. Weber) 등은 자본주의 정신을 통해서 근대 사회와 문화를 관통하는 철학적 원리를 찾았다.[125] 슘페터(J.A. Schumpeter)는 현대의 정치체제가 자본주의 없이는 결코 가능하지 않았다고까지 말한다.[126] 그는 자본주의가 지닌 '창조적 파괴의 과정'이 근대의 경제발전을 가능하게 했지만 그럼에도 자본주의의 내부적 문제로 인해 결국 해체될 것이라고 주장한다. 이런 주장의 진위와는 별개로 정치체제로서의 민주주의와 사회주의적 생산체제가 결국 자본주의 경제체제와 밀접히 연관되어 있다는 사실을 잘 보여준다. 결국 현대 사회의 문화 또는 현대 사회와 문화를 관통하는 철학적 원리가 바로 자본주의를 가능하게 했다는 말이다. 그 주장의 이면은 현대의 철학적 원리 역시 자본주의적 정신에 의해서 규정되었다는 뜻으로 받아들일 수 있다. 베블런(Th.B. Veblen)은 '영리적 활동이 사회와 공동체의 산업활동을 지배하게 된 결과 초래된 정치적 · 사회적 · 문화적 현상과 경로 전체'를 분석하는 개념으로 자본주의라는 말을 사용한다.[127] 그의 주장 역시 이러한 사실을 뒷받침한다.

자본주의를 가장 비판하고, 자본주의를 벗어나기 위한 실천철학 또는 공산주의의 이론적 토대를 마련했던 맑스(K. Marx)가 자본주의라는 용어를 규정했다는 사실은 상당히 역설적이다. 그는 1867년 그 유명한 〈Das Kapital〉 흔히 〈자본론〉으로 번역하는 저서를 쓰면서 자본

125 W. Sombart, *Der moderne Kapitalismus*(1902), DTV Deutscher Taschenbuch, 1991.
126 J. 슘페터, 『자본주의, 사회주의, 민주주의』, 이상구 옮김, 삼성출판사 1988.
127 Th.B. Veblen, *The Theory of Leisure Class*(1899); 『유한계급론』, 박홍규 옮김, 문예출판사 2019.

주의적 생산체제라는 개념을 처음으로 사용한다.[128] 이 책의 서문 첫 구절에서 맑스는 자본주의적 생산 수단이 지배하는 사회에서 부는 거대한 상품 덩어리로 드러난다고 말한다.[129] 자본주의적 생산 수단과 생산양식에 상응하는 교환 관계가 당시 사회의 모순을 양산했다는 맑스의 분석은 자본주의의 대안을 향한 사유와 실천을 지향했다.

맑스는 1847년 공산주의 동맹을 창설 했고, 그 이듬해 1848년 이른바 우리가 혁명의 해라고 부르는 그 때에 공산당 선언을 한다. '유럽에 공산주의라는 하나의 유령이 떠돌고 있다.' 라는 유명한 선언이 그것이다. 맑스는 〈포이어바흐 명제〉에서 '이제까지 철학자들은 다양하게 세계를 해석해 왔지만 이제 필요한 것은 세계를 변혁하는 일'이라고 말한다. 철학의 역할은 이제 더 이상 세계 해석이 아니라 '세계를 변혁하는 데' 있다. 이러한 생각에 따라 그는 자본주의를 비판하고 또는 자본주의에 의한 사회체제의 모순을 극복하기 위한 실천적 노력을 했다.

맑스에 따르면 자본주의는 이른바 본원적 축적을 거쳐서 가능하게 된다. 자본주의가 발흥하기 위해서는 그 토대가 되는 자본의 축적이 있어야 한다. 이 개념은 소위 말하는 울타리치기 운동(enclosure)이라는, 실제로 16세기 영국에 있었던 한 사건과 관련된다. 당시 양모산업이 발전하면서 영국의 지주들은 양모를 얻기 위해 거기서 농사를 짓고 살았던 소작농들을 내쫓고 그 자리에 울타리를 친 다음에 양을 방목했다. 이렇게 토지를 빼앗긴 사람들이 도시로 진출하면서 도시 노동자, 하급 노동자로 바뀌게 된다. 그래서 〈유토피아〉(Utopia)의 작가 토머스 모어

---

128 K. 맑스, 『자본론 1,2』, 김수행 옮김, 비봉출판사 2015.

129 K. 맑스/F. 엥겔스, 『독일 이데올로기』, 박재희 옮김, 청년사 1998 참조.

(Th. Moore)는 "양이 사람을 집어 삼킨다"라는 말로 그 당시의 시대를 풍자했다. 이런 불평등한 상황과는 별개로 양모산업을 통해서 자본이 쌓이고, 그와 함께 식민지에서 유입되었던 자원과 노동력이 축적되어 세계 시장이 형성된다. 이러한 울타리치기 운동이 1,2차로 진행되면서 18세기말과 19세기 초엽에 걸쳐 본격적으로 자본주의가 시작되었다는 설명이다.

자본주의의 기원과 내용에 대한 계보사적 해명은 서구 근대의 철학에서 그 근거를 확립하려 한다. 예를 들어 베버(M. Weber)는 1920년 출간한 〈프로테스탄트 윤리와 자본주의 정신〉을 통해 자본주의의 기원은 합리성의 철학으로 완성에 이른 서구 근대의 철학에 있다고 주장한다.[130] 이 책 서문에서 베버는 온갖 뛰어난 기술문명은 유럽 이외의 나라에서 시작했음을 인정한다. 예를 들어 박물관은 이집트에서, 종이와 화약과 나침반 또는 활자들은 중국에서 시작, 또는 수학의 발전은 인도와 이슬람 문명권에서 가능했다. 이런 문명의 발전에도 불구하고 베버는 "왜 유럽에서만 합리성의 문화가 가능했"는지 질문한다.

왜 유럽에서만 합리성의 문화가 가능했는가. 그것은 그들이 지닌 계몽주의적 휴머니즘의 결과인가? 이들이 지닌 유럽중심적 사고는 물론, 자신들의 경험과 사회에 철저히 종속되어서 서구 이외의 사회를 보지 못하는 무지와 편견이 휴머니즘의 결과는 아닐테지만, 그 한계를 보여주는 것만은 확실하다. 베버는 이 합리성의 문화는 프로테스탄트 윤리, 구체적으로 그의 신앙이었던 칼빈주의가 가지고 있는 예정설 또는

---

130 M. 베버, 『프로테스탄티즘의 윤리와 자본주의 정신』, 박성수 옮김, 문예출판사 1996.

이미 신앙에 의해 구원받았다는 소명의식에서 찾는다. 구원으로 예정되고 불림받은 프로테스탄트인의 윤리는 이 세상에서 소명의식에 의해 충실한 삶을 살아감으로써 이 구원과 소명을 증명하려는 동기를 지닌다. 이러한 프로테스탄트 윤리가 현대의 자본주의를 가능하게 했다는 설명이다. 이러한 정치적, 사회적 토대는 당연히 유럽의 근대성에서 비롯되었다. 그래서 베버는 유럽 근대성과 합리성의 철학과 문화에서 자본주의의 기원을 해명한다. 이런 해명은 전형적으로 상관관계를 인과관계로 혼동하는, 결과를 중심으로 원인을 역추적하는 원인론적 설명의 오류를 담고 있다.

이 오류는 역사의 궤적을 조금만 살펴봐도 금방 확인할 수 있다. 문화의 상호작용 또는 세계적인, 문화적인 교류에 대해서 너무나도 무지한 견해들이 유럽 예외주의를 가능하게 만든다. 몽골제국은 이미 12세기에 세계 교역망을 형성했고, 은(銀)본위 화폐체제를 만들었으며 세계 무역을 위한 제도와 체제, 법을 정비했다.[131] 이러한 근대세계를 준비했던 세계사적 배경을 무시한 채 오직 일면적인 유럽중심주의에 매몰된 단견이 이런 오만과 오류를 가능하게 만든다. 자본주의가 합리성, 유럽만이 지닌 합리성과 이성의 원리에서만 가능했다는 오만과 오류는 어떠한 형태로든지 철저히 비판되고 극복되어야 한다. 여하튼 근대 자본주의의 철학적 토대인 근대성을 명확히 살펴보는 것은 포스트휴먼 논의를 위해서는 매우 중요한 논의임에는 틀림이 없다. 자본주의를 가능하게 했던 근대성, 개체 의식과 합리성, 과학기술의 발전, 실체적 철

131 스기야마 마사아키(杉山正明) 『유목민이 본 세계사』, 이진복 옮김 학민사 1997; 잭 웨더포트, 『칭기스칸, 잠든 유럽을 깨우다』, 정영목 옮김, 사계절 2005 참조.

학 또는 진보 의식, 인간중심주의 등은 그 중요한 이론적 특성이기 때문이다.

폴라니(K. Polanyi)는 1944년 〈거대한 전환〉을 출판하면서 베버의 자본주의 예찬론을 철저히 비판한다.[132] 그는 시장 사회와 근대국가를 비판하면서 자본주의가 역사적으로 어떻게 전개되었는가를 해명한다. 그와 함께 왜 자본주의가 사회체제를 해체시켰고, 어떻게 공동체를 파괴시켰으며, 마침내 경제 자체도 붕괴시키게 되었는지 그 과정을 분석한다. 그의 분석처럼 과잉으로 치닫는 자본주의가 초래한 사회 체제의 해체와 경제적 붕괴가 결국은 1차, 2차 세계대전으로까지 이어졌다. 그래서 폴라니는 "자유로운 시장경제란 전혀 도달할 수 없는 환상이며, 적나라한 유토피아에 불과"하다고 지적한다. 그는 자유방임경제, 초기 자본주의의 한계를 비판하면서 인간과 자연, 생명을 상품화하는 시장경제. 그것을 화폐화하는 그러한 자본주의적 경제를 악마의 맷돌에 비유한다. 악마의 맷돌에 비유될 수 있는 이 자본주의는 "인간의 본성과 사회성, 인간이 지니고 있는 근본적인 사람과의 관계, 공동체를 철저히 파괴"한다. 이런 파국을 넘어 사회를 재건하고, 국가가 이러한 공동체를 재건해야 할 새로운 경제체제는 어떻게 가능할까. 폴라니는 거대한 전환을 통해 초기 자본주의의 한계를 비판하면서 인간을 위한 그러한 경제체제를 모색했다.

베블런 같은 경우도 자본주의의 과시적 소비에 대해 비판적으로

132 칼 폴라니, 『거대한 전환–우리 시대의 정치·경제적 기원』, 홍기빈 옮김, 도서출판 길 2009.

분석한다.[133] 자본주의 사회의 소비문화를 풍자한 유명한 명제 "나는 소비한다. 그러므로 존재한다.(I shop therefore I am)'는 사실 바바라 크루거가 베블린의 이 과시적 소비를 포토 몽타주로 만들면서 썼던 용어다. 오늘날 소비사회가 과잉으로 치닫는 것은 극단적인 개체로 나누어진 개인이 지닌 휴머니즘과 무관한 현상이 아니라면, 자본주의의 상품화 과정을 극복하기 위해 근대적 휴머니즘을 비판적으로 성찰해야할 것은 자명하다. 자본주의 극복 논의는 포스트휴먼을 위한 불가피한 과제 가운데 하나임에는 틀림이 없다.

마지막으로 자본주의를 설명하는 흥미로운 이론은 세계체계론에서 찾아볼 수 있다. 세계체계론자인 월러스틴(I. Wallerstein)은 "자본주의적 세계 경제가 언제, 어떻게 처음으로 탄생했는지? 자본주의로의 이행이 왜 다른 곳이 아닌 봉건시대 유럽에서 발생했으며, 그 이전에 자본주의로의 이행은 왜 실패했는가?" 라고 질문한다.[134] 자본주의를 생산과 노동과정에서만이 아니라 전 사회적이고, 세계적 관점에서 고찰해야한다는 것이 이 이론의 강점이다. 자본주의의 기원과 의미를 설명하는 앞 선 세 가지 이론은 모두 유럽 내부에서 그 근거를 찾는다. 그에 비해 세계체계론자들은 다만 유럽 일국적인 기원을 지니는 것이 아니라 전 사회적이고, 전 세계적인 관점에서 고찰할 때만이 자본주의를 설명할 수 있다고 말한다. 세계체계론은 생산 수단을 중요하게 여기는

133 소스타인 베블런,『유한계급론』, 박홍규 옮김, 문예출판사 2019.

134 I. 월러스틴,『근대세계체제 I–III』, 나종일 외 옮김, 까치글방 1999. 여기서 그는 근대의 세계체제와 그 기원을 자본주의 경제체제에서 찾는다. 자본주의 경제체제가 전 세계를 장악한 뒤에는 자유주의(liberalism)이 철학적 토대로 작용하고 있다. I. 월러스틴,『근대세계체제 4 – 중도적 자유주의의 승리』, 박구병 옮김, 까치2017 참조.

맑스주의적 관점이나 시장에서 상품 순환을 중요하게 여기는 시장경제적 측면에서의 아담 스미스적 이론의 한계를 넘어선다. 이러한 이론적 해명과는 별개로 자본주의 경제체제가 전 지구화하고, 세계적 보편성을 갖는 것은 유럽 근대성의 결과이며, 이를 통해 구미세계는 세계적 지배권을 장악한다.[135]

### 3) 자본주의를 넘어서

자본주의는 노동과 자본, 자원을 투입해서 상품을 생산하는 체제다. 그와 함께 이 상품을 유통시키는 과정을 통해 이윤을 창출하는 경제체제가 자본주의라고 단순하게 설명할 수 있다. 맑스적으로 표현한다면 노동과 자본이 결합되어서 상품을 생산하고, 이 상품에 포함된 교환가치를 잉여가치로 획득하는 것이 자본주의 체제다. '생산과 생산 수단, 노동과 자본이 분리되는 것 또는 고전적인 용어로 사용 가치와 교환가치의 분리가 일어나는 과정'이 바로 자본주의 경제체제인 셈이다. 자본주의 이전의 경제체제는 물건을 만들거나 교환할 때는 그 물건을 쓰기 위한 사용가치에 치중한다. 그러나 자본주의 경제체제는 상품화를 통한 교환가치에 더 많은 값어치를 둔다. 이처럼 사용가치와 교환가치가 분리되는 과정이 자본주의 생산체제의 본질적인 특성인 셈이다. 교환가치를 통해서 일어나는 잉여가치를 획득하는 과정과 이러한 과정에 의한 정치, 경제체제의 변화. 그에 따른 사회체제의 변화는 자본주의의 내적 논리에 따른 결과다.

135 I. 월러스틴, 『유럽적 보편주의-권력의 레토릭』, 김재오 옮김, 창비 2008.

하라리(Y. Harari)의 지적처럼 인간이 지닌 형이상학적 상상력과 그러한 특성 없이 자본주의는 애초에 불가능했다.[136] 자본주의는 다만 정치, 경제체제에 머무는 것이 아니라 우리의 의식과 문화 또는 우리의 철학에까지도 밀접한 영향을 미친다. 자본주의는 현재 우리의 의식과 문화를, 현재 우리의 삶을 또는 현재 우리의 존재를 지배하는 체제이기도 하다. 현대 세계에서 자본주의는 하나의 세계관이며 속물적 철학이기도 하다. 자본주의 체제는 생산과 상품화, 자본을 획득과 상품 소비 과정에서는 물론, 오늘날 금융자본주의에서 보듯이 세계시장 제국주의와 밀접히 연관되어있다. 노동력과 자원을 수입하고, 상품을 소비하는 과정, 그리고 전 세계를 단일한 시장으로 묶고 가는 것. 이것이 자본주의 체제라면 이 자본주의는 당연히 전 지구화되는 과정을 밟게 된다.

자본주의적 생산의 총 과정. 생산, 가격, 이윤, 이자, 자본, 토지 등 불변 자본과 잉여가치의 분배 과정 등등이 움직이는 전체 과정이 자본주의 체제를 구성한다. 그 체제는 생산과 상품화, 그리고 유통과정을 통 진행된다. 자본주의는 노동력과 자원을 수입하고, 이 노동력과 자원을 통해서 상품을 생산하는 과정과 함께 이 상품을 소비하는 유통 과정을 지닌다. 그래서 맑스는 〈자본론〉에서 분석 수단을 세 가지 주제로 요약한다. 자본의 생산 과정에는 상품과 화폐, 자본, 잉여가치 축적이 관계된다. 그 다음 자본의 유통과정에는 상품을 유통시키고 재생산하는 과정이 포함된다. 세 번째 생산가격과 이윤, 이자, 토지 등 불변 자본. 그리고 잉여가치 분배과정 등이 관여하는 자본주의 총 과정이 그것

136 Y. 하라리, 『호모 데우스-미래의 역사』, 김명주 옮김, 김영사 2017, 204, 214, 233 등 참조.

이다.

자본주의를 이해하는 두 특성은 자본의 내부적인, 생산과정과 함께 자본의 전체 과정을 위한 사회, 정치체제에 있다. 그에 따라 국가나 은행, 금융, 기업, 시장체제 등등이 자본주의를 유지하는 중요한 현상으로 자리한다. 이러한 특성이 결국은 우리의 일상적 삶과 우리의 문화, 심지어 학문과 예술조차도 자본주의적 체제에 따라서 재편되거나 또는 자본의 논리에 종속되게 만든다. 이에 따라 마침내 우리의 의식과 규범은 물론, 다른 사람이나 사물과 맺는 관계 조차도 자본주의적 논리에 종속되기에 이른다. 모든 존재자를 화폐와 상품으로 환원시키는 자본주의의 논리는 이제 체제를 넘어 세계관이 되었다.

자본주의가 우리의 운명이 되고 일상적 문화가 된 상황에서 자본주의 비판은 낯설게 다가올 수밖에 없다. 그럼에도 불구하고 현실적 자본주의 체제를 극복하지 않고서는 인간다운 삶을 위한 경제체제는 불가능하다. 그래서 인간다움을 훼손하고 그것을 상품화하는 자본주의 체제를 넘어서는 "그 이후의 경제적 삶이 어떻게 가능"할지 물어야 한다. 여기에 자본주의를 비판하는 핵심적인 문제의식이 자리한다. 인간의 얼굴을 한 자본 또는 인간을 상품화하거나 대상화 하지 않는 그러한 인간을 존중하는, 인간을 위한 자본. 그러한 경제체제는 어떻게 가능할 것인가?

이 논의는 자연스럽게 '자본주의를 넘어서는 그 이후의 경제체제에 대한 질문으로 이어진다. 자본주의를 대체한 이후의 경제적 삶은 어떻게 가능할 것인가? 자본주의가 전지구화된 지금의 세계를 보면 서구 근대가 만들었던 과학기술체제와 자본주의체제가 가장 극명하게, 가장

과잉으로 작동하고 있는 곳이 지금 이곳임을 누가 부정할 것인가. 서구 근대의 쌍생아였던 이 두 체제의 한계와 그에 따른 따른 모순이 가장 극명하게 드러나는 곳, 그것이 한국이라면 그 모두를 극복할 수 있는 곳, 그 체제를 감내하면서 그것을 넘어설 수 있는 터전은 당연히 이 땅일 수밖에 없다. 여기에 비판적 포스트휴머니즘 담론은 중요한 논의의 단초를 제공할 것이다. 자본주의 비판은 이중적이다. 자본주의는 물질적 결핍을 벗어나려는 인간의 욕구를 최대화한다. 이를 통해 가능하게 된 경제적 풍요는 결핍과 가난을 벗어나게 할 뿐 아니라, 민주주의 사회를 가능하게 하는 물적 토대를 마련한다. 이것은 분명 자본주의 체제가 가진 긍정적 측면이다.

문제는 자본의 논리를 극대화하는 체제를 사회전반에 확대하는 데 있다. 이로써 부의 불평등은 물론, 상품화할 수 없는 존재조차 상품화하는 현상이 확대된다. 신자유주의의 전세계화로 초래된 극단적 양극화는 너무도 익숙하다. 마침내 인간의 삶과 존재, 생명조차 자본의 논리에 굴복한다. 문제는 반드시 필요한 경제적 삶이 아니라 이를 절대화하는 자본주의 체제에 있다. 탈근대적 철학은 삶과 존재, 생명의 본래적 의미를 회복하는 새로운 사유체계를 지향한다. 포스트휴먼적 인간이해는 여기에 중요한 계기가 될 것이다.

자본주의가 우리에게 기여한 수많은 긍정적인 면들을 수용하면서, 그럼에도 불구하고 자본주의가 초래하는 한계와 모순을 극복하는 그러한 새로운 경제체제를 모색해야 한다. 자본주의가 가능하게 하는 우리 삶의 불가피한 경제적인 삶을 수용하면서도, 다른 한편 그 한계를 넘어서는 새로운 경제체제에 대한 모색, 이것이 전 지구화된 자본주의를 비판하고 극복하는 논의의 주제이다. 이 문제를 세 가지 주제로 요약할 수 있다. 첫번째 문제는 자본주의가 물질적 욕구에 대한 인간의 본성에 가장 충실한 체제라는 데 있다. 누구나 사유재산과 더 풍요로운 삶을 원한다. 그럼에도 무한한 욕구, 절제되지 않은 욕망은 결국 인간을 파멸로 몰아갈 것이다. 어떻게 우리는 인간의 경제적 욕구와 욕망의 절제를 조화시킬 수 있는 윤리 규범을 찾아낼 수 있을까. 어쩌면 이 양 극 사이에서 불가능한 길을 찾아 영원히 헤매는 존재가 인간이 아닐까. 포스트휴먼은 그 길을 찾을 수 있을까.

두 번째는 자본주의가 초래하는 사회적 모순을 극복하는 길. 어떻게 경제적 불평등을 벗어날 것인가의 문제다. 경제적 평등이란 현실에서는 가능하지 않은 말일테지만, 그럼에도 넘치는 부와 죽음으로 내모는 궁핍 사이의 양극단은 어떤 형태로든 극복되어야 한다. 자본주의 체제의 모순에 의한 사회적 격차는 물론, 국제적 격차 문제는 해결해야할 중요한 문제임에는 틀림이 없다. 이것은 이미 최근 피케티(Th. Piketty)가 21세기 자본에서 논의했던 바와 같다.[137] 자본주의가 초래하는 양극화, 불평등 또는 노동 소외, 사회적인 약자의 문제를 어떻게 극복할 것인가[138] 세 번째 자본주의는 오늘날 상품화할 수 없는 것조차도 상품화함으로써 수많은 문제를 초래하고 있다. 인간의 존재와 생명은 물론,

137 토마 피케티, 『21세기 자본』, 장경덕 옮김, 글항아리 2014

138 이 문제는 거론하기 힘들 정도로 수없이 지적되었다. 그럼에도 여전히 남아있는, 어쩌면 극복가능하지 않은 문제일지도 모른다. 그럼에도 경제체제에 의한 불평등을 극복해 가는 과정이 인간이라면 가야할 길임에는 틀림이 없다. J. 스티글리츠, 『거대한 불평등-우리는 무엇을 할 수 있는가』, 이순희 옮김, 열린책들 2017 참조, 한국의 경제적 불평등 문제 역시 구조적이며 체제적 모순에 따른 면이 강하다. 이 문제를 분석하고 대안을 찾는 것은 한국 지성인의 본질적 과제 가운데 하나임에는 틀림이 없다.

인간이 추구하는 본질적인 가치들, 규범과 의미 등은 결코 자본화하거나 상품화할 수 없는 것들이다. 이를 추동하는 자본주의를 극복하는 새로운 정치경제체제는 어떠한 사유체계에서 가능할까. 자본화할 수 없는 것을 자본의 논리에서 해방시키는 사유를 모색하는 것이 포스트휴먼을 말하는 철학의 중요한 과제 가운데 하나임에는 틀림이 없다.

# 제3장

# 포스트휴머니즘에 대한 고찰

## 제3장

# 포스트휴머니즘에 대한 고찰

## 1. 트랜스휴머니즘과 포스트휴머니즘

### 1) 트랜스휴머니즘의 등장

17세기 이래 시작된 유럽의 과학혁명은 현대를 과학기술주의의 세계로 변화시켰다. 이런 현상은 농경시대와 산업화 시대에 기반을 둔 전통적 인간 이해를 포기하고, 변화된 사회와 기술체제에 따른 새로운 인간이해에 대한 담론으로까지 확대되기에 이르렀다. 그 이전 시대의 인간이해를 휴머니즘이라 이름 한다면, 이제 그런 인간이해를 넘어서는 그 이후의 인간 이해 논의가 시작된 것이다. 지금 이른바 4차 산업혁명 담론과 함께 트랜스휴머니즘(trans-humanism)은 〈특이점이 온다〉고 주장하는 레이 커즈와일(R. Kurzweil)이나, 인간과 초지능(superintelligence) 기술의 결합에 따른 미래 인간을 말하는 닉 보스트롬(N. Bostrom)의 주장에 기대고 있다.[139] 트랜스휴머니즘은 처음 1980년대 로스앤젤레스에서 모임을 선언했으며 이후 1990년대를 거치면서 점차 확대되어 철학적 사조로 발전했다. 1998년 보스트롬과 피어스(D. Pierce)가 〈세계 트랜스휴머니스트 연합〉(WTA)을 설립하여, 2002년 "트랜스휴머니스트 선언"(The Transhumanist Declaration)을 수정 채택했다. 그것은 정보공학기술과 생명공학기술을 결합하여 현재의 인간보다 월등히 향상된 능력을 지닌(human enhancement) 트랜스휴먼에 대한 선언이다. 이 선언은 현대의 과학기술을 이용하여 인지적 결함은 물론, 노화와 수명의 한계까지 극복할 수 있다고 주장한다.

이들은 인공지능을 비롯한 정보통신기술에 의해 급격히 강화된 능력을 지닌 인간을 주장하면서 대체로 포스트휴먼 개념을 이런 맥락에서 사용한다. 트랜스휴먼을 강조하는 이들은 이 개념이 현대의 인간을 전적으로 변화시킬 것이기에 이 존재는 포스트휴먼이라고 강변한다. 보스트롬의 저서『슈퍼 인텔리전스』에서 다가올 인간 유형에 대해 규정한 것이 이런 주장을 대변한다. 또한 이를 위해 개설한 트랜스휴머니즘 홈페이지에서도 그는 현대의 과학기술에 의해 현저히 증강된 육체적 능력을 지닌 초인간을 강조한다.[140] 심지어 커즈와일은 2040년이라는 구체적 시간을 제시하면서 이때에 이르러 인공지능(AI)의 발전이 가속화되어 인류의 지성적 능력을 훨씬 뛰어넘는 초인공지능의 출현을 단

139 트랜스휴머니즘의 이해에 대해, 닉 보스트롬,『슈퍼인텔리전스 - 경로, 위험, 전략』, 조성진 옮김, 까치 2017; 또한 레이 커즈와일,『특이점이 온다—기술이 인간을 초월하는 순간』, 장시형/김명나 옮김, 김영사 2007 참조.

140 http://www.transhumanism.org/resources/faq.html

언한다. 인공지능과 최첨단 정보공학기술과 결합한 인간은 "superman"이 되고, 현재와는 다른 이후의 인간(post-human)이 될 것이다. 대중영화에서 보듯이 "Iron Man"과 같은 초능력자의 출현이 현실로 다가왔다는 것이다.[141]

트랜스휴먼주의가 가능했던 것은 이른바 4차 산업혁명으로 대변되는 현대 과학기술의 혁명적 전환이 있었기 때문이다. 이 용어는 인공지능(artificial intelligence), 로봇공학, 사물 인터넷(Internet of Things), 무인 운송 수단(항공기, 자동차), 3D 프린팅, 나노(Nano) 기술과 같은 여섯 가지로 대표되는 산업 기술적 혁신과 이로 인해 초래된 사회적 문화적 변화를 일컫는 말이다. 4차 산업혁명은 2016년 다보스포럼(Davos forum)에서 슈밥회장이 언급하면서 우리 시대와 다가올 시대를 규정하는 대표적 개념으로 자리잡았다.[142] 이로 인한 사회체제와 경제 환경 변화, 예를 들어 자율주행 자동차, 센서, 나노기술을 응용한 여러 혁신들, 구글과 페이스북, 유튜브를 비롯한 SNS, 스마트폰, 드론, 일상 삶에 침투한 로봇 공학의 변화와 함께 증강, 가상현실은 우리의 일상에 막강한 변화와 영향을 미치고 트랜스휴머니즘은 이렇게 촉발된 과학기술혁명의 혁신적 전환을 인간에게 적용한 개념이다.

141 〈The Avengers〉 시리즈는 미국 〈Marvel Studio〉 제작, 〈Walt Disney Pictures〉가 배급하여 2012년 이래 개봉한 "super hero"로 영화다. 이 영화에 등장하는 여러 영웅들 중, 최첨단 컴퓨터를 장착한 "Iron Man" 미국 갑부로 최첨단 정보공학기술을 활용한 슈트를 입은 〈Marvel Comics〉의 동명의 super hero다.

142 K. Schwab, "The Fourth Industrial Revolution: what it means, how to respond". 《World Economic Forum》.

## 2) 트랜스휴머니즘의 특징

보스트롬은 포스트휴머니즘과 트랜스휴머니즘 개념을 구별하여 인간이 변화하는 단계상의 차이로 설명한다. 그에 의하면, 트랜스휴머니즘이란 "노화를 제거하고 인간의 지적, 육체적, 심리적 능력을 향상시키는 기술을 개발하고 확대함으로써 인간조건을 근본적으로 향상시킬 가능성과 그 바람직함을 긍정하는 지적, 문화적 운동"이다.[143] 이를 통해 인간의 근본적 한계를 극복하기 위한 기술의 잠재적 위험과 영향을 연구하고 그런 기술의 개발, 사용과 관련된 윤리적 문제를 해명하는 두 가지 목표를 지닌다고 선언한다.

이런 맥락에서 이상헌은 포스트휴먼을 "기술적 수단을 통해 향상된(enhanced) 인간으로 현재의 인간종과 뚜렷하게 구별될 만큼 현저하게 진보된 새로운 인간 종"이라고 정의한다. 그에 따르면 포스트휴먼은 기술적 진화를 거친 새로운 인간종이며, 트랜스휴먼은 그 사이의 중간적 형태의 인간을 지칭하는 말이다. 그런 까닭에 이 개념을 트랜스휴먼 개념과 혼용하여 사용하는 이들은 포스트휴먼이란 용어를 선호한다.[144] "포스트휴먼은 오늘날 천재라고 불리는 이들보다 월등한 지적 능력, 질병에 걸리지 않고 늙지 않는 우월성, 무한한 젊음과 활력, 자신의 욕망, 정서, 심적 상태에 대한 압도적인 통제력, 오늘날 인간이 경험할 수 없는 전혀 새로운 의식 상태에 대한 경험, 쾌락의 감정을 강화하고 불쾌의 감정을 제거하는 탁월한 능력 등을 소유하고 있는 존재이다." 트랜스휴

143 Nick Bostrom, *Superintelligence*, Oxford, Oxford Univ. Press 2014 참조.

144 이상헌, 「포스트휴먼과 행복」, 『철학논집』 제51집, 서강대학교철학연구회편 2017, 131-151.

머니즘이나 포스트모더니즘과 연결된 이러한 담론은 결코 휴머니즘 이후의 인간 이해를 다루는 탈근대적 포스트휴먼 논의일 수는 없다.[145] 용어에 따른 개념적 분류가 중요해지는 까닭이 여기에 있다.

포스트휴머니즘은 매우 논란이 많은 개념이다. 주장하는 이에 따라 워낙 다양한 측면이 있기에 최소한으로라도 합의된 관점에서 이 개념을 논의하기도 쉽지 않다. 다만 개념의 용례를 중심으로 최소한으로라도 정리한다면, 트랜스휴머니즘(transhumanism)은 현대의 디지털 기술과 결합함으로써 신체적이며 생리적 차원에서 인간의 능력을 획기적으로 향상시키려는 주의주장을 가리킨다. 이로써 인지 능력의 향상은 당연한 결과지만, 급진적 주장이 말하듯이 심지어 생명체의 한계까지도 극복할 수 있다는 이론까지도 포괄한다. 그러기에 트랜스휴먼이 되리란 주장을 비판적으로 바라보는 이들은 자신의 철학을 보다 명료하게 포스트휴머니즘과 구분되는 비판적 포스트휴머니즘으로 개념화한다. 현대 사회의 혁명적 변화가 일차적으로 자본주의와 과학기술주의의 결합에 따른 생산과 산업, 경제 체제의 변화를 가리킨다면 포스트휴머니즘은 인간의 사회적이며 문화적 변화와 함께, 인간 내면의 제반 영역까지 포함하는 변화의 논의로까지 이어진다. 이런 논의는 필연적으로 실존적이며 인식론적일 뿐 아니라 윤리적이며 존재론적 영역에 걸친 변화는 물론, 전통적 인간 이해 자체를 전환시키는 휴머니즘 이후의 휴머니즘 담론으로 확산되기에 이른다. 포스트휴머니즘은 18세기 이래 지속된 산업 혁명이 마침내 인간의 존재론적 변화까지 불러왔다는 철

145 트랜스휴머니즘 비판에 대해 이종관, 앞의 책 28-34; 김재희, 『시몽동의 기술철학』, 아카넷 2017, 206-210 참조.

학적 선언이다. 그 혁명은 이전까지의 경제와 사회체제를 결정적으로 변화시켰다.

분명한 것은 개별 주장의 타당성이 아니라, 이 담론이 하나의 계기가 되어 현대 문명의 전환과 그에 따른 인간 이해의 철학을 성찰하고 새로운 인간이해를 모색하게 되었다는 사실이다. 지금 우리가 지닌 인간 이해의 철학은 철저히 서구 근대적인 것이며, 그런 관점에서 통시적으로나 공시적으로도 전시대적인 것임에는 틀림이 없기 때문이다. 포스트휴머니즘 논의가 이렇게 짧은 시간에 담론의 중심에 들어선 까닭은 이 담론이 서구 근대의 문화와 철학 전체를 문제시할 뿐 아니라, 급격히 변화된 후기 산업사회 이후의 문명전환이란 문제의식과 함께 하기 때문이다. 한국에서도 이 담론은 중요한 주제로 나타나고 있다.[146] 포스트휴먼적 문화 상황을 진지하게 수용하여 이를 철학적 담론으로 확대시켜야 한다고 주장하는 〈한국포스트휴먼학회〉가 창립되기도 했다. 이 학술 담론의 목적은 발기문에서 밝힌 대로, "현대의 과학기술은 사회적 존재로서 인간의 삶 전반을 변혁하는 것을 넘어 이제 자연생명체로서 '인간' 개념 자체의 변경까지를 종용하고 있"는 상황을 성찰하는 데 있다. "인간의 의사소통방식을 근본적으로 변화시키고 있는 정보통신 기술은 전통적인 정보 및 지식개념을 흔들고 있으며, 생명과학기술

146 한국 사회에서 포스트휴먼이란 주제를 철학적 담론으로 이끌어낸 것은 그 이전 이화여자대학교 HK 연구단이었다. 이화인문과학원편, 『인간과 포스트휴머니즘』, 이화여자대학교출판부 2013; 신상규, 『호모사피엔스의 미래-포스트휴먼과 트랜스휴머니즘』, 아카넷 2014; 이화인문과학원편, 『포스트휴먼의 무대』 2015; 앤디 클락, 『네추럴-본 사이보그: 마음, 기술, 그리고 인간 지능의 미래』, 신상규 옮김, 아카넷 2015; 김재희, 『시몽동의 기술철학 - 포스트휴먼 사회를 위한 청사진』, 아카넷 2017; 이화인문과학원편, 『분열된 신체와 텍스트』, 아카넷 2017 등 참조.

은 생명의 탄생과 유지 및 종결 방식에 지속적으로 개입하면서 '생명이란 무엇인가?'에 대한 근본적 성찰을 재삼 요구하고 있"기에 이에 대한 철학적 해명이 필요하다는 것이다.[147]

4차 산업혁명 논의가 1차적으로 자본주의와 과학기술주의의 결합에 따른 생산과 산업계의 혁명적 변화를 가리키는 말이라면 포스트 휴머니즘은 그 이후의 어떤 철학적 사조에 대한 내용의 변화를 가리키는 용어다. 4차 산업혁명에 의해서 초래된 새로운 외적인 환경 또는 인간이 살아가는 생활 세계의 변화가 인간의 사회적이고, 문화적인 변화와 함께 인간의 내면, 인간의 정신적인 영역, 인간이 지닌 실존과 존재적인 제반 영역에까지도 변화를 초래했다는 인식이 이제 새로운 철학적 사유를 필요로 하게 만든다. 이런 논의는 필연적으로 실존적이고, 인식론적인 변화를 초래할 뿐 아니라 인간이 대상과 관계를 맺는, 인간과 인간이 관계를 맺는 또는 인간 행위에 관계되는 윤리적인 영역과, 나아가 인간의 존재론적 영역에까지도 변화를 초래하게된다.

중요한 것은 지금 4차 산업혁명과 포스트 산업시대를 논의하는 터전이 우리 사회에서 보듯이 다만 산업기술이나 또는 그런 것에서 생겨나는 일상적 삶의 변화, 사회적 체제의 변화 또는 고용시장의 변화에 그쳐서는 안 된다는 사실이다. 4차 산업혁명을 다만 자본주의 논의 안에서 또는 생산기술의 변화에서만 살펴본다면 우리가 포스트 휴머니즘을 논의해야 될 아무런 철학적 정당함과 당위성을 찾을 수 없을 것이기 때문이다.

147 백두환, 「한국포스트휴먼학회 콜로키움 참관기」, 『철학과현실』 113호, 2017.06, 255-265; 한국포스트휴먼학회 편, 『포스트휴먼시대의 휴먼』, 아카넷 2016 참조.

이 논의는 산업혁명과 기술혁명의 발전에 따라서 체제 전체의 변화를 경제적 관점에서만 바라보지 않고 그 단편적인 주장을 넘어서는 보다 심층적이고, 포괄적이며, 전체적인 관점에서 인간 변화에 대한 논의로 확대되야 한다. 이러한 변화와 함께 인간을 새롭게 이해하려는 철학적 조류, 그래서 전통적인 인간 이해를 넘어서는 휴머니즘 이후의 휴머니즘에 대한 논의가 포스트 휴머니즘에 담긴 가장 중요한 의미일 것이다. 그런 맥락에서 이 담론은 탈형이상학의 토대 없이는 결코 가능하지 않다.

근대적 휴머니즘이 형성된 서구 사회의 이 변화는 그 당시 유럽에서 일어난 일련의 혁명적 사건에서부터 비롯되었다. 15세기경 유럽은 그 이전과는 비교할 수도 없는 격동적 시기를 맞이한다. 1492년 콜롬버스(Ch. Columbus)에 의한 신대륙 침탈은 유럽사회의 질서를 근본에서부터 뒤흔드는 하나의 계기가 되었다. 이로부터 중세의 세계질서, 봉건체제가 붕괴하고 상업이 발전하면서 시민계급이 형성되기에 이른다. 두 번째 변화는 1517년 루터(M. Luther)에 의해서 일어났던 종교개혁이었다. 종교개혁은 단순히 그리스도교회의 개혁에 그치지 않는다. 이 개혁은 유럽 중세사회 전체를 문화적인 측면에서, 사회적인 측면에서, 철학적인 측면에서 바꿔놓은 혁명적 사건으로 작동하게 된다. 그와 함께 플라톤적인 철학을 가졌던 일단의 자연 철학자들이 세계를 바라보는 관점을 변화시키게 된다. 플라톤 철학의 수학적 세계관으로써 세계를 바라보던 이 일단의 사람들이 이른바 과학이라고 이름 하는 새로운 학문 조류를 만들어가게된다. 케플러와 코페르니쿠스, 또는 갈릴레오 갈릴레이 등에 의해서 이루어진 과학혁명은 이후 이루어진 계몽주의 혁명과 함께유럽사회를 뒤바꿔놓은 세 가지 혁명이라 말할 수 있다.

한편 르네상스 시기에 벌어진 휴머니즘은 이러한 혁명적 변화와 함께 1453년 콘스탄티노플이 이슬람문화에 의해 함락된 것을 계기로 전 유럽으로 확산되었다. 이제 휴머니즘은 유럽 사회의 새로운 조류로 등장하게 되고, 1,000년 이상 이어져오던 중세의 질서 또는 그리스도교에 의한 중세적 문화와 철학을 변화시키는 계기로 작동한다. 물론 이 르네상스 문화 또는 이 시기에 시작되었던 휴머니즘은 1527년 신성로마제국에 의한 로마 대약탈과 함께 끝나게 되지만 그 영향력은 이후 새로운 시대, 유럽 역사가들이 새로운 시대라 부르는 근대(mdern)를 준비하는 데까지 미친다. 근대세계의 시작은 인간 이해의 새로움, 르네상스 시기의 휴머니즘에 있다고 말해도 틀림이 없다.

포스트 휴머니즘은 18세기 이후의 산업혁명시대에 형성된 인간이해가 현대의 새로운 과학기술과 그에 따른 문화적 혁명으로 그 유효성이 다했다는 선언이다. 우리 시대에 휴머니즘은 더 이상 통용되지 않는다. 이 선언이 휴머니즘을 반대하든, 그 휴머니즘 이후의 휴머니즘이든 또는 그 휴머니즘을 극복하는 휴머니즘이든 여하튼 포스트 휴머니즘은 계몽주의 시대와 르네상스 시대를 거쳐서 형성되었던 인간 이해가 더 이상 유효하지 않음을 남김없이 보여준다. 4차 산업혁명과 같은 포스트 산업시대를 거론할 때 우리는 농경시대의 철학과 산업시대의 휴머니즘을 넘어설 수밖에 없게 된다. 그런 사실에도 불구하고 그러한 인간 이해가 과학기술적 측면에 머물러 있을 수는 없다는 사실 역시 분명하다. 이런 철학을 받아들이지 못하는 트랜스휴머니즘은 부족하고 일면적인 인간 이해일 수밖에 없다. 18세기 이래 시작된 산업혁명은 이제까지의 경제와 사회 체계를 결정적으로 변화시켰다. 산업혁명을 통한 급진적 변화는 우리의 생활 세계 자체를 바꿔놓았으며 마침내 인간의 인식과 행위 규범까지도 전환시켰다. 이런 현상은 산업혁명이 단순히 외적이며 객관적인 변화를 통한 사회, 경제, 정치체제의 변화뿐 아니라 인간의 내면까지도 전환시키는 계기로 작동하게 되었음을 잘 보여준다.

산업혁명 뒤에는 그것을 가능하게 하는 사회 문화적 체계가 있고, 시스템이 있으며. 그 시스템 뒤에는 역시 그러한 체제를 근거 짓는 문화적이고 정신적인 태도와 관점이 자리한다. 한 사회와 시대를 결정하는 사람들의 문화적이고 사회적인 태도와 관점은 결국 철학에 의해서 결정된다. 그와 함께 이러한 태도와 관점을 성찰하는 작업 역시 그 시대의 철학에 의해 이뤄진다는 사실도 명확하다. 그래서 헤겔은 철학을 그 시대의 아들이라고 명명하는지도 모른다. 시대의 아들이란 말은 시대정신을 성찰하는 것이 그 시대의 철학이라는 뜻이다. 사회적이며 문화적인 태도와 관점은 물론 그 철학적 체계에 대한 성찰없이 산업혁명에 대해 논의하는 것은 무의미하다. 왜냐하면 1차 산업혁명에서 3차 산업혁명까지 이어지는 일련의 변화는 사실 기술적인 도약과 기술적인 혁명이 급격하게 이루어졌기보다는 그것을 개념화함으로써 현실화되었기 때문이다. 흩어진 사건을 모아 사유를 통해 시대정신으로 만드는 것이 철학이다.

단계적으로 볼 때 몇 십 년에 걸친 기술적인 변화 또는 심지어 한 세기에 걸친 점진적인 산업기술의 변화는 그 변화 자체가 아니라 그것을 어떻게 수용하고, 어떻게 개념화하느냐에 따라 기술변화를 넘어 문화와 정신적 변화로 이어지게된다. 4차 산업혁명이라는 용어도 사실은 이렇게 흩어진 일련의 기술적인 변화들을 수용하고, 그것을 혁명이라는 이름으로 개념화한 것에 지나지 않는다. 바꿔 말해서 단일한 기술적 변화에 의해서 기술과 문화의 시스템과 사회체제가 변화하는 것이 아니라 그 변화를 개념화함으로써 그 변화가 인간에게 혁명으로 다가오는 것이다. 이 과정에서 인간의 생각과 생각의 체제, 보편적이고 총체적인 문화, 나아가 그 철학적 해명이 체제와 상호작용하면서 일어나는 변화. 그것을 우리가 혁명이라 부른다. 오늘날 새로운 과학기술의 혁명적 변화에 대한 철학적 성찰이 바로 포스트 휴머니즘 담론에 담긴 배경이다.

### 3) 포스트휴머니즘의 갈래와 내용

인간의 지성적 능력과는 비교할 수 없을 초지능의 등장은 가능할까.(*Superintelligence: Paths, Dangers, Strategies,* 2014). 이런 가능성과는 별개로 이 초지능이 인간을 멸종으로 이끌어갈지도 모른다는 디스토피아적 두려움은 아마도 망상에 그칠 것이다. 문제는 초지능 자체가 아니라, 이를 이용하는 인간의 탐욕과 정치적 권력에 있다. 설사 초지능이 그런 맥락에서 작동하더라도 그것은 초지능 자체의 문제라기보다 명백히 이를 개발하거나 활용하는 인간의 문제임에는 틀림이 없다.[148] 근거 없는 두려움은 이 문제가 인간에 의한 것임을 보지 않으려는 데서 비롯

148 김재인, 『인공지능의 시대, 인간을 다시 묻다』, 동아시아 2017: "현재 인간의 기술수준을 보면 이 전망(기계가 인간을 지배하는 일)은 현실화될 수 없다는 게 나의 판단이다. 인공지능은 인간이 부여한 과제를 최적으로 해결하는 심부름꾼에 불과하다. 인공지능이 알고리즘을 짜는 알고리즘인 것은 맞지만, 알고리즘을 짜는 알고리즘은 정작 인간이 짠다."

된다. 문제는 거듭 포스트휴먼적 인간 이해의 당위성과 정당함을 어떻게 설정하느냐에 달려있다. 인공지능(AI)의 발달에 따른 인간의 변화는 차치하고라도, 그에 따른 사회적 변화와 인간의 미래에 대한 논의 역시 여기서는 결코 빼 놓을 수 없는 주제가 된다. 정보과학 기술의 혁명적 변화는 의미론적 세계는 물론, 실존적 인간의 생활세계를 결정적으로 바꿔놓기에 이르렀다. 이러한 문화적 현재는 우리에게 수많은 기대와 함께 또한 그만큼이나 어두운 전망, "dystopia"적 미래를 암울하게 상상하게 만들기도 한다. 이에 대한 수많은 우려와 때로는 낙관은 대중문화에서 흘러넘칠 정도이다. 그만큼 현대문화에서 포스트휴머니즘 논의는 이미 무척 가까운 일상적 담론으로 다가온다. 이런 현상은 이 논의가 이미 우리의 삶과 존재 한 가운데에서 실재하는 힘으로 작동하고 있다는 반증이기도 하다.

이런 논의를 담은 포스트휴먼 개념을 안지현은 "인간이 됨을 넘어선 상태에서 존재하는 사람 혹은 실체"를 의미한다고 말한다.[149] 그 개념은 "윤리와 정의, 언어와 트랜스-종(trans-species)를 초월한 소통, 사회체계와 학제 간 연구의 지적 열망" 등에 물음을 제기한다. 그러나 이는 나노 생명기술적 강화를 추구하는 트랜스휴머니즘과는 구별된다고 강조한다. 이런 맥락에서 그는 포스트휴먼을 인간을 재현하거나 재구성하려는 추론적 존재로 이해한다. 포스트휴먼은 정보공학기술적으로 강화된 트랜스휴먼에 비해 훨씬 더 기술적 변화에 따라 가능해진 "다른 정체성을 통해 스스로를 나타내는 능력"을 가진 존재다. 이 존재는 특정한 개인을 가리킨다기보다 오히려 혁신적으로 변화된 과학기술 세계

149 안지현 외, 『트랜스휴머니즘과 포스트휴머니즘』, 한국학술정보 2018, 109-141.

에서 "복합적이고 이질적 관점에서 세상을 이해할 수 있는 인간"상을 가리킨다. 그래서 포스트휴머니즘이란 용어를 트랜스휴머니즘과 비판적 포스트휴머니즘 등 이와 관계된 이후의 인간상을 주장하는 모든 개념을 총괄하는 넓은 범위에서 사용한다.

이렇게 포괄적으로 사용하는 까닭에 이 이론가 가운데 한 사람인 페르란도(F. Fernando)는 이 용어에 방법론적이며 이론적인 혼란이 있음을 인정한다. 그에 따라 안지현은 포스트휴머니즘의 유형을 7가지로 분류해 정리한다.[150] 먼저 전통적 휴머니즘과 그 관념을 비판하는 안티휴머니즘(antihumanism), 인간본성에 대한 전(前) 시대적 관념을 넘어서면서 현 시대의 기술과학지식에 적응하려는 문화적 포스트휴머니즘과 함께, 여기서 파생한 문제를 전통적 철학의 영역에서 논의하는 철학적 포스트휴머니즘이 그것이다. 또한 현재 이후의 모든 인간상을 위해 인간조건의 해체를 말하는 포스트휴먼 조건 이론가들과 함께 트랜스휴머니즘을 여기에 포함시킨다. 또한 이론적 영역에서 인공지능의 대체 능력을 수용하는 주장과 마지막으로 자발적 인간 멸종을 주장하는 이론 등 7가지 유형이 그것이다.

트랜스휴머니즘이 현대 과학기술의 업적 전반을 인간의 몸과 결합함으로써 자연상태에서는 생각할 수 없는 뛰어난 능력을 갖춘 인간을 지향하는 한 이들은 철학적 사조에 있어서는 여전히 근대 휴머니즘에 종속되어 있다. 근대의 인간이해를 결정한 휴머니즘이 강조하는 이

150 F. Fernando, "Posthumanism, Transhumanism, Antihumanism, Metahumanism and New Materialisms: Differnces and Relations", Existenz 8/2, Columbia Univ. Press 2013, 26-32: 안지현 같은 책 112에서 재인용. 또한 7가지 분류에 대해서는 안지현, 같은 책 114-116 참조.

성과 물질주의적 과학기술에의 존중, 진보에의 확신, 주체와 인간중심주의 등의 특성은 그대로 트랜스휴머니즘의 인간 이해에서 반복된다. 이때 인간은 로봇과 인공지능기술의 융합에 따른 사이보그 등장으로 새로운 인간상과 대면할 지도 모르며, 그에 따라 새로운 유사인간 종(posthomo-sapiens)까지 가능해진다면, 우리는 '인간다움', '인간의 존엄성', '인격' 등 전통적인 인간 본질과 실존에 대한 철학을 되돌아보고 새롭게 규정할 수밖에 없게 된다. 이런 변화에 따라 포스트휴먼 담론은 인문학은 물론 사회과학 전반은 물론 인공지능 및 정보통신을 비롯한 IT 분야의 제반 분야에서 이 문제에 대해 존재론적인 성찰을 이끌어가야 한다. 나아가 사회과학적 측면에서 포스트휴먼 사회가 초래하는 온갖 사회문제에 대해 논의할 필요를 어떻게 부정할 것인가.

이처럼 포스트휴머니즘 담론은 무척 다양한 형태로 나타난다. 그럼에도 이들은 이러한 문화적, 사회적 변화와 함께 그 존재론적 변화에 따른 인간 이해의 전환을 진지하게 사유하고자 하는 공통점을 지니고 있다. 금세기 들어 급격하게 발달하기 시작한 진화생물학과 진화심리학에 따른 인간의 의식과 마음 문제는 물론 생명공학의 연구결과를 인간에게 적용함으로써 일어나는 수많은 변화는 의학적 차원에 그치지 않는다. 그것은 단순히 노화와 불치병 치료 문제를 넘어 복제와 육체적, 지적, 심리적 변화까지도 포함하는 논의로 발전한다. 또 다른 철학자들은 생명과학에 따른 인간의 통제 가능성과 윤리적 문제로 인간성에 대한 논의와 함께 그에 대한 다양한 전망을 제시하기도 한다.

포스트휴머니즘은 인간을 규정했던 정의에서 빠져있었던 어떤 것, 그 비휴먼적인 것을 휴머니즘에 대한 비판의 출발점으로 삼는다. 문제는 이 비휴머니즘적인 인간 이해에 대한 것이다. 이런 비판은 당연히 전통적 철학은 물론, 철학적 인간학의 토대인 서구 전통형이상학과의 대결을 포함할 수밖에 없다. 그래서 포스트휴먼적이란 말은 인간을 인간으로 규정했던 인간화과정에서 배제되었던 모든 정신적인 것, 생명적인 것을 포함한다. 이를 헤어브레흐터는 인간과 다른 모든 것, 예를 들어 동물, 신, 악마, 반인간 등을 포함하는 것이라고 생각한다.[151] 이 말은 전통적 철학의 규정과 정의가 더 이상 지속될 수 없다는 선언이다. 그럼에도 이런 포스트휴머니즘은 정당한가. 주체의 해체와 인간성의 해체가 과연 인간에 대한 정당한 이해일 수 있는가. 또한 이런 과정에서 현대기술과의 접목을 통해 이를 가능하게 한다면, 그것이야 말로 인간의 죽음이 아니고 무엇일까. 휴머니즘은 신화적, 보편적, 인간적 본성이라는 위대한 문화적, 철학적 성취를 달성했지만, 그들이 만들어놓은 현대 문명의 위기를 포스트휴머니즘은 비판하고 해체하려 한다. 이 과정에서 관건이 되는 것은 휴머니즘의 이념을 비판하는 과정에서 배제하는, 그럼에도 결코 배제할 수 없는 인간다움과 생명다움을 어떻게 정립할 수 있을지의 문제다.

비판적 포스트휴머니즘의 철학은 전통적 인간 이해 감내와 극복과정을 담지한다. 이것을 헤어브레흐터는 휴머니즘 비판 과정에서 가능한 "현재의 유일한 철학적, 이론적 결과물"이라고 말한다.[152] 비판적 포스트휴머니즘은 이미 시작된 포스트휴먼으로의 진화적 이행을 성찰할 것이다. 그래서 전통적 휴머니즘과 이를 틀짓는 형이상학을 해체하고

151 S. Herbrechter, *Posthumanismus, Eine kritische Einführung*, Darmstadt 2009. 12–13.
152 S. Herbrecher, op. cit., 15–16.

새롭게 개념화함으로써 다른 생명체는 물론, 타자와 새롭게 관계맺는 인간이해를 성찰한다. 이런 까닭에 이 흐름은 철학을 문제삼을뿐 아니라 문화적 전환을 말하면서, 또한 새로운 인문학을 주장하기도 한다.

그럼에도 작금의 포스트휴머니즘 논의는 이렇게 변화된 문화적 환경에서의 인간 이해를 타당하게 제시하지는 못하고 있다. 이 용어는 사용하는 사람에 따라 트랜스휴먼과 같은 의미를 지니기도 하며, 다른 의미로 사용할 때조차도 기술적으로 향상된 인간의 문화적 상황이나 그 철학적 내용을 조명하는 데 그치기 때문이다. 이들은 인간에 대한 명확한 형이상학적 토대를 제시하지 않거나, 또는 단지 혁명적으로 변화된 문화 환경을 일면적으로 수용하는 인간 이해에 대해서만 논의하고 있다. 혁신적으로 변화된 사회와 문화 속에서 인간은 그에 종속된 존재일까, 아니면 이 변화를 수용하고 자신의 존재에 타당하게 이끌어가는 새로운 인간일까. 어떤 경우에도 우리는 인간의 본질적 가치와 존엄성은 물론, 인간의 본성에 대한 형이상학적 이해를 포기할 수는 없다. 그 길은 무엇이며, 그를 위한 새로운 사유는 어떤 것일까. 여기에 포스트휴머니즘을 탈근대적으로 사유하려는 이유가 자리한다.

## 2. 비판적 포스트휴머니즘

### 1) 비판적 포스트휴머니즘은 무엇인가

포스트휴먼에 대한 낙관적 견해와는 달리 비판적 포스트휴머니즘

(critical post-humanism)은 이런 주장의 과도함을 일정 부분 비판하면서 급격히 변화된 문화적 과학기술적 상황에서 필요한 서구 전통 인간 이해(humanism) 이후의 인간이해가 필요하다는 사실을 강조한다. 포스트휴먼에 대한 정의는 매우 다양하며, 아직까지 어떤 합의된 정의가 있는 것도 아니다. 그러기에 이런 다양함은 개념의 모호함 때문이기도 하지만 미래 문화에 대한 낙관적이거나 비관적 전망과 기대에 따라 그 정의가 달라지는 것도 사실이다. 이런 맥락에서 포스트휴머니즘이란 용어를 넘어 현대문화의 포스트휴먼적 상황을 휴머니즘 자체와 대결을 통해 새로운 인간 이해를 모색하는 철학이 비판적(critical) 포스트휴머니즘의 핵심 주장이다.

이미 헤어브레이히터가 타당하게 지적했듯이 포스트휴먼 담론은 어떤 경우라도 단순히 물질적으로 증강된 초인간에 대한 것일 수 없다. 그런 관점에서 그는 포스트휴먼 담론을 명확히 비판적 포스트휴머니즘으로 이끌어가려 한다. 과학기술의 지적 결과를 활용한 인간 능력의 증진이 극한에 이르더라도 인간이 지닌 생물학적이며 물리적인 조건과 한계를 극복할 수는 없을 것이다. 기술철학적 포스트휴머니즘이 아무리 발달하더라도 "'인간 지성'의 사명을 단순히 기계보철로 전이"하여 어떤 "'모기'와 같은 곤충과 대화할 수 있"거나 또는 "휴머니즘의 자기도치적인 '열정'을 근본적으로 파괴하는 "초인의 등장을 가능하게 하지는 않"을 것이기 때문이다.[153] 그에 비해 철학적으로 정당하게 정초된 포스트휴머니즘이라면 인간 본성의 한계를 극복하고, 인간중심의 이데올로기를 비판하는 휴머니즘 이후의 인간이해를 제시해야 한다. 그런

153 S. Herbrechter, op. cit., 13.

측면에서 포스트휴머니즘의 개념을 명확히 비판적 휴머니즘으로 규정되어야 한다.

포스트휴머니즘 담론이 여전히 불투명하고 정립된 개념이 아닌 까닭은 포스트휴먼을 논의하는 터전에서의 다양한 이해의 차이 때문이다. 과연 초능력을 지닌 인간은 초인격을 갖춘 새로운 인간이 될 수 있을까. 그 안에서 정보공학기술은 어떤 기능을 수행하는 것일까. 또한 이런 기술이 생명공학기술과 결합하여 전적으로 변화된 인간을 가능하게 한다면, 그 결과는 어떤 모습일까. 그때도 여전히 인간은 인간으로 남아있을 것인가. 그럴 때 인간은 자신의 실존적 불안과 존재적 한계, 그 유한성을 어떻게 수용하고 있을까. 그에 따른 사회적 변화는 과연 인간공동체를 낙원으로 만들어갈 수 있을까.

하라리(Y. Harari)는 이런 포스트휴먼적 세계에서 빅데이터(big data)를 소유하는 자와 여기서 낙오된 자들 사이의 결코 침범할 수 없는 두 세계가 다가올 것이라고 경고한다.[154] 컴퓨터 알고리즘이 새로운 초인간의 지배를 받는 열등한 계급을 양산할 것이며, 이에 따라 인류가 수세기 동안 지켜왔던 휴머니즘과 자유주의 이념은 파괴될 것이다. 기술인본주의와 데이터교(dataism)의 등장은 공동체 전체를 전혀 다른 세계로 바꾸어 놓을 것이 확실하다.[155] 그 때 인간의 본성은 어떻게 될 것이며, 인간이 타자와 맺는 관계는 또 어떻게 변할 것인가? 세계의 체제

154 유발 하라리, 『호모 데우스』, 김명주 옮김, 김영사 2017, 474-482.

155 하라리는, "데이터교는 우주가 데이터의 흐름으로 이루어져있고, 어떤 현상이나 실체의 가치는 데이터 처리에 기여하는 바에 따라 결정"된다고 확신한다. 정보공학기술이 일궈낸 그 빅데이터를 소유한 자가 신을 대신하는 존재가 될 것이다. 같은 책 503.

일반의 변화는 어디까지 이뤄질 것인가. 2,500년을 이어온 철학적 사유는 어떤 범위에서 그 정당성을 유지할 수 있을까. 질문은 여전히 남는다.

잠정적으로 이 문제와는 별개로 이를 추동한 철학적 사유는 혁명적으로 변화된 과학기술 및 자본주의의 전세계화에 따른 과학기술과 문화, 인간 이해의 자본주의화에 대한 관계맺음의 양상에 따라 매우 다양한 모습으로 드러난다. 그래서 헤어브레이히터는 이 사조를 "계시적인 신화나 새로운 정신성"이라는 허구에 빠지지 않으면서도 "인류의 종말 이후의 인간을 생각하는" 흐름으로 규정한다. 그것은 "휴머니즘에 대한 비판적" 사조이면서 다른 한편 휴머니즘 전통과의 벗어날 수 없는 연속성을 수용한다.[156] 포스트모던 논의의 다양함에도 불구하고 이 논의는 현대의 과학혁명에 의해 비롯되었음은 분명하다. 이 계기를 브라이도티는 포스트휴먼 조건의 공통분모로 자연-문화연속체에서 찾고 있다.

이 개념은 곧 포스트-자연주의적 가정의 결과로 인간의 몸에 대한 연속성이나 경계의 해체 및 그에 따른 철학적 변형이란 문제와 유전공학 및 신경 자본의 결합에 따른 자본주의적 논리와 관계된다는 사실은 명확하다.[157] 포스트휴먼을 논의하는 것은 전통적인 인간과 타자와의 경계를 허물고 새롭게 경계를 설정해야하는 문제로 확장된다. 끊임없는 경계허물기와 경계짓기는 포스트휴먼의 숙명일 수밖에 없다. 트랜스휴먼의 낙관이 아니라, 포스트휴먼적 상황에서 인간의 인간다움을

156 S. Herbrechter, op. cit., 슈테판 헤어브레히터, 같은 책 14.

157 로지 브라이도티, 『포스트휴먼』, 이경란 옮김, 아카넷 2015, 9.

말하기 위해서는 끊임없이 이 과정을 이끌어가야 한다. 비판적 포스트휴머니즘의 경계짓기는 "인간을 넘어서는(super-human) 영역"과 함께 "인간에 내재한(infra-human) 영역"에서의 경계넘어서기로 이어지기 때문이다.[158]

그것은 근대철학의 주체성 개념의 해체와 타자성에 대한 새로운 이해를 포함하며, 이 휴머니즘이 초래한 각종 중심주의 해체와 함께 현대철학의 중요한 담론인 생성 개념과 연결지어 포스트휴먼 철학의 특성을 논의한다. 이런 까닭에 헤어브레히터는 포스트휴먼은 전통적인 서구 근대적 인간 이해를 비판적으로 해체하는 비판적 포스트휴머니즘을 지향한다고 강조하는 것이다. 같은 맥락에서 브라이도티 역시 포스트휴먼 담론을 명확히 보편적 휴머니즘과 유럽중심주의적 철학비판에서 시작한다.[159] 그것은 트랜스휴머니즘과 달리 과학기술의 업적이나 그에 따른 "비(非)휴먼적인 것"은 다만 수단일 뿐, 그것이 곧 인간의 본질적 이해를 변화시키는 합목적성을 가진 것이 아니란 의미이다. 그래서 그는 이 철학을 휴먼 이후가 아니라 휴먼에 대한 "포스트(post)"라고 강조한다.[160] 포스트휴머니즘은 현대의 과학기술적 변화를 시도하는 기술과학적 유토피아이다. 이 시도는 분자생물학과 생명의 유전학적 코드화이며, 또한 생명의 책을 통제하는 생명과학과 정보학이 결합해 생명을 사이버네틱스로 정보화해서 변화시키려한다. 이것을 헤어브레흐트는 라폰태인(C. Lafontain)을 따라 휴머니즘이 주체의 철회할 수 없는

158 S. Herbrechter, op. cit., 154.

159 로지 브라이도티, 같은 책 25-27.

160 S. Herbrechter, op. cit., 19.

자율성에 대한 인식에 기반한다면, 포스트휴머니즘은 인간을 "복잡성의 이질적인 것 아래 자리하게" 만든다고 간략히 정의한다.[161]

## 2) 비판적 포스트휴머니즘의 전개

헤일스(N.K. Hayles)에 의하면, 디지털 시대가 도래함으로써 정보화된 사회에서 인간은 그 신체화가 말소된다. 이에 따라 인간의 본질적 특성인 이성과 정서는 "실제 세계에서 일어나는 행위가 아니라" 정보 세계의 "상징을 조작하는 특성"에 따라 이해된다.[162] 정보화된 사회에서 "인간의 실체는 본질적으로 신체화된 행동이 아니라 정보패턴"이라고 주장하는 모라벡(Hans Moravec)의 명제를 원용하여 헤일스는 인간의 사이보그성(cyborg)에 대해 질문한다. 인간이 자신의 신체화에 대해 질문하는 것은 결코 단순히 인간과 기계를 구분하는 문제가 아니다. 오히려 이 질문은 신체화의 형태에 따라 사고에 미치는 광범위한 인지 작용의 문제이며, 궁극적으로는 이로 인해 야기되는 "계몽주의 이후의 인간 모형인 자유주의적 주체를 포스트휴먼으로 바꾸는 데" 관련된다. "컴퓨터 스크린을 스크롤해 내려가면서 명멸하는 기표들을 응시할 때 당신은 이미 포스트휴먼이 되었다. 당신이 보이지 않는 신체화된 개체들에게 어떤 정체성을 부여하느냐 와는 전혀 상관이 없다." 그래서 그는 포

161 S. Herbrechter, op. cit., 151. 그가 인용하는 책 C. Lafontain, *L'Empire cybenétique–Des machines à la pensée machine*, Paris 2004, 219 참조.

162 N.K. Halyles, *How We Became Posthuman, Virtual Bodies in Cybernetics, Literature, and Informatics*, Chicago/London, Univ. of Chicago Press1999; 우리말 번역 『우리는 어떻게 포스트휴먼이 되었는가』, 허진 옮김, 플래닛 2013, 14.

스트모던주의 철학자 이합 하산의 말을 인용하여 포스트휴먼적 상황에 대해 역설한다.[163]

질문은 이러하다. "어떻게 해서 인간이라 불리는 역사적으로 특수한 구성체가 포스트휴먼이라고 불리는 다른 구성체로 대체 되었는가." 그는 그 질문의 핵심은 인간과 지능을 가진 기계의 결합에 있다고 본다. 그 문제는 먼저 정보패턴에 관한 질문, 둘째 인간 정체성의 터전으로서의 의식에 대한 질문과 함께 마지막으로 인간 신체에 대한 질문으로 요약된다. 그래서 문제는 포스트휴먼적 신체와 기계의 목적론적 차이와 절대적 경계가 존재하지 않는 현상에 대한 물음으로 이어진다.[164] 이 문제는 곧 인간의 신체에 어떤 비생물적 요소가 첨가되느냐의 질문이 아니라, 이로 인해 인간이 자신의 주체성을 구성하는 방식에 대한 물음이 된다. 포스트휴먼담론은 인간 신체의 보철성이나 인간의 능력이 향상된 트랜스휴먼(transhuman)이 될 것인가의 물음이 아니라, 정보화로 인한 전혀 새로운 인지체제와 사물관련성은 물론, 세계 안에서의 인간의 위치와 정체성이 어떻게 형성 되느냐의 문제로 나아간다.

포스트모더니즘의 계보사적 계기는 흔히 1990년대 중반 트랜스휴먼 논의의 시작에서 찾는다. 기계와 인간이 결합한 트랜스휴먼 논의의 연장으로 이해하는 흐름은 해러웨이(D. Haraway)의 사이보그 선언

---

163 N.K. 헤일스, 같은 책 18: 또한 같은 책 21: "우리는 휴머니즘이 포스트휴머니즘이라고 부를 수밖에 없는 무언가로 변화함에 따라 500년 동안 계속되어 온 휴머니즘이 종말을 맞이하고 있을지도 모른다는 사실을 이해할 필요가 있다."(「행위자로서의 프로메테우스: 포스트휴머니즘 문화를 향하여?」)

164 N.K. 헤일스 23-24. 이 기계를 그는 컴퓨터 시뮬레이션, 사이버네틱스 메커니즘, 로봇과 함께 생물학적 유기체까지도 포함해서 거론한다; 또한 같은 책 26.

(A Cyborg Manifesto, 1985)이 상징적 계기를 보여준다.[165] 포스트휴머니즘은 여전히 논란이 많은 개념임에도 불구하고 이들이 공유하는 지점은 디지털 공학기술에 의한 정보문화와 생명공학기술의 혁신적 발달로 초래된 인간 이후의 상황(conditio posthumana)을 진지하게 수용하면서 이에 상응하는 인간이해를 모색하려는 데 있다. 일반적으로 이런 경향을 세 가지 조류로 대별할 수 있다. 우선 인간의 사이보그화와 관련하여 인공지능을 탑재하거나 보철화된 인간에 대한 환상을 담은 트랜스휴머니즘과 이에 비해 포스트휴머니즘은 훨씬 더 포스트휴먼화된 문화적 상황에서 요구되는 인간이해를 논의한다. 나아가 트랜스휴머니즘의 맹목성을 비판할 뿐 아니라, 일반적 포스트휴머니즘을 넘어 전통적 서구 휴머니즘 이후의 인간이해와 연결짓는 비판적(critical) 포스트휴머니즘이 그것이다.[166]

철학적 인간학의 관점에서 계몽주의 이래의 전통적 휴머니즘과 트랜스휴머니즘의 한계를 비판적으로 고찰하면서 "이후의 인간 이해"를 논의하는 비판적 포스트휴머니즘은 일면적 포스트모더니즘(postmodernism) 담론을 넘어 탈형이상학(postmeaphysics)적 관점과 밀접

165 Cary Wolfe, *What is Posthumanism?*, University of Minnesota Press, Mineapolis/London 2010, xii–xiv.

166 이런 경향을 종합적으로 논의한 책으로 Janina Loh, *Tans- und Posthumanismus, zur Einführung*, Junius, Hamburg 2018; 로지 브라이도티, 『포스트휴먼』, 이경란 옮김, 아카넷 2015; 이혜영 외, 『트랜스휴머니즘과 포스트휴머니즘』, 한국학술정보 2018; 기술문명의 변화에 따라 포스트휴머니즘을 논의한 책으로는 Pramod K. Nayar, *Posthuamnism*, Polity Press, Cambridge/Malden 2014; 철학적 관점에서 이 논의와 대결을 펼친 한국포스트휴먼연구소 편, 『포스트휴먼시대의 휴먼』, 아카넷 2016; 이종관, 『포스트휴먼이 온다』, 사월의 책 2017; 김환석, 서보명 외, 『포스트휴머니즘과 문명의 전환–새로운 인간은 가능한가?』, 광주과학기술원 2017.

히 연결된다.[167] 이 담론은 철학사적 맥락에서 서구 근대성은 물론 근대 세계 체제와 대결하면서 그 이후의 철학을 성찰하고 있기 때문이다.

헤일스에 의하면 이런 문화적 전환에서 문제는 포스트휴먼이 될 것인가가 아니라, 어떤 포스트휴먼이 될 것인가의 질문이라고 말한다. 포스트휴먼은 이미 다가왔기 때문이다. 그는 포스트휴먼의 특성을 한 마디로 인간이 다른 종류의 정보처리 기계, 디지털 알고리즘의 정보처리기계로 생각한다는 뜻이라고 말한다. 정보를 가공하고 수용하고 처리하는 방식의 혁명적 변화는 철학적 체계 전체를 변화시킬 수밖에 없기에 포스트휴먼에 대해 논의하는 것은 필연적이다. 헤일스는 포스트휴먼이 인간성의 종말을 뜻하는 것은 아니라고 말한다. 오히려 이 개념은 특정한 인간 개념의 종말이며, 부와 권력을 지닌 극히 소수의 인간에게만 적용될 수 있는 개념의 종말이라고 말한다.

치명적 위험은 포스트휴먼이 아니라 이 개념을 자아에 대한 자유주의적 휴머니즘과 결합하는 데 있다. 그것은 정보기계와 결합하여 주체의 특권을 포스트휴먼적으로 확장시키는 탈신체화된 정보화의 문제가 아니라, “신체화된 실재에 바탕을 두는 포스트휴먼”에 대한 논의의 문제다. 포스트휴먼은 반인간적이지도 종말론적일 필요도 없다. 이미 정보화와 사이버네틱스의 축적된 역사는 우리 존재를 포스트휴먼으로 인도한다. 그래서 그는 이 담론을 “생물학적이든 인공적이든 지구와 우리 자신을 공유하는 다른 생명 형태와 우리 인간의 장기적인 생존에 도

167 비판적 휴머니즘의 일반적 논의에 대해, Stefan Herbrechter, *Posthumanismus-Eine kritische Einfühung*, Darmstadt 2009;, 5–30; J. Loh, op. cit., 137–162 참조.

움이 되는 또 다른 포스트휴먼"을 만들어내는 논의로 이해한다.[168]

## 3. 탈근대성 담론과 포스트휴먼

### 1) 포스트휴먼적 상황

포스트휴먼적 상황은 무엇보다 먼저 과학기술의 발전에 따른 인간의 이해체계 변화와 연관된다. 현생 인류의 탄생이래, 인간이란 종은 자신의 지적 능력에 따라 세계와 자연, 자신과 타자, 사회와 인간 전반에 걸친 "자기이해"를 지니게 되었다. 생명체의 종(種)으로서 인간(human)의 특성은 그가 자기이해 안에 자리하는 존재이며, 또한 이러한 이해에 따라 형성되고 변화하는 존재라는 데 있다. 따라서 인류의 역사는 인간이 존재일반과 맺는 관계의 변화와 의사소통방식의 변화에 따라 그가 지닌 실재 이해의 체계가 변화하며 그로 인해 역사는 다른 형태로 형성되었다. 인간 역사에서 이러한 이해의 체계는 가장 먼저 고대 이래의 우주론적이며 신화적인 세계관이 철학적 세계관으로 변화되면서 이성과 인간 중심의 역사를 형성했다. 인간의 문화를 형성하는 과정은 그 시작에서부터 지식과 이해의 체계가 결정적인 요인으로 작동한다. 현대문화를 체계화시킨 근대는 산업혁명과 계몽주의 혁명을 통해 인간을 실재의 주인으로 자리매김했다. 지난 300여 년에 걸쳐 일어난 문화사적인 전환으로서의 근대의 혁명은 그 두 적자인 과학기술주의와

168 N.K. 헤일스, 433-434, 502-505, 510 참조.

자본주의에 힘입어 마침내 후기산업사회를 형성하였다. 이 후기산업사회를 주도하는 문화는 디지털 혁명으로 대변되는 정보전달 내지 의사소통수단의 전환과 생명과학이 불러일으킨 변화의 결과다.

후기 산업사회에 이르러 인간은 자기 존재를 형성했던 토대인 근대의 체계를 문제시하면서 새로운 사유체계를 만들어야할 전환의 시점에 자리하게 되었다. 그 계기와 진지하게 마주할 때 포스트휴먼 논의는 당연한 귀결이 된다. 이렇게 일어난 문명사와 사상사의 전환을 근대 체계의 완성으로 이해하던지 아니면 근대성의 패러다임 전환으로 해석할지는 우리의 철학적 성찰에 따라 달라질 것이다. 정보전달 체계의 변화와 생명학은 이러한 패러다임 전환의 논의에 따라 인류에게 재앙이 될 수도 있고, 축복으로 작용할 수도 있다. 인간의 철학적 결단에 따라 미래 세계의 인류의 모습이 결정될 것이다. 본질주의 철학에서는 이 세계는 다만 존재자의 영역이지만, 포스트휴먼적 세계는 그 영역을 벗어난다. 포스트휴먼이 살아가는 세계는 실체론적 세계가 아님은 분명하지만 그 세계는 메트릭스(Matrix)의 세계일 수도 있으며 또는 가상의 세계, 실체론의 철학이 존재의 영역에서 배제한 시바(Siva)의 신천지일 수도 있다.

### 2) 포스트휴먼 담론의 탈근대성

포스트휴먼 질문은 포스트모던 논의를 넘어 곧장 탈근대성 담론으로 이어진다. 이 담론은 결코 포스트모던 논의가 아니라 우리에게 이중으로 문제가 되는 근대성에 대한 초월적 극복의 문제와 관련된다. 하이데거는 〈휴머니즘에 대한 편지〉에서 자신의 철학을 실존주의로 분류한 사르트르(J.P. Sartre)를 겨냥하면서 휴머니즘에 대해 논박한다.[169] 그는 휴머니즘은 근원적인 사유를 펼치지 않는 학문, 다만 강단철학이라 불리는 전통적 형이상학이 극대화된 학문에 지나지 않는다고 생각한다. 휴머니즘은 사유의 본래적 요소에서 벗어나 있다. 이 본래적 요소를 하이데거는 존재의 소리에 귀 기울이는 존재 사유라고 말한다.(BH 313) 휴머니즘으로 귀결된 철학은 결국 "최고의 원인에 입각해서" 철학적 설명을 이어가는 기술로 변모한다. 그러기에 하이데거는 휴머니즘이 지배하는 철학에서 인간은 "더 이상 사유하지 않고, 오직 철학에만 몰두" 한다고 비판한다.(BH 314)

이때의 철학은 당연히 존재 사유를 전개하는 자신의 철학이 아니라, 존재망각의 전통 철학이거나 또는 사물을 기술하는 과학적 철학을 가리킨다. 이런 흐름 안에서는 철학은 다만 무엇을 설명하는 "주의주장(-ism)"에 그치게 되는 것이다.(BH 315) 철학은 존재자를 실증적으로 설명하는 학문의 철학이 되고, 인문학은 스스로 과학이 되고자 한다. 하이데거에 의하면 계몽주의적 휴머니즘은 물론, 맑스적 휴머니즘과 그리스도교적 휴머니즘도 이런 사유를 근원적으로 수행하지는 못한다. 이런 모든 휴머니즘은 인간의 인간다움(humanitas)을 자연과 역사, 세계와 세계 근거에 대한 전통적인 해석에 묶어 놓는다. 그래서 휴머니즘은 인간 본성의 탈존적 성격을 보지 못함으로써 존재자의 존재 의미를 드러내지 못하는 한계를 지닌다.(BH 318-319) 이런 휴머니즘은 인간의 인

169 M. Heidegger, "Brief über den Humanismus", in *Wegmarken*, 2. Aufl. Frankfurt/M 1978, 311-360. 이하 BH로 약칭하여 쪽수와 함께 본문에 인용함.

간다움을 드러내려 하지만 인간의 본질과 존재의 관련을 보지 못할 뿐 아니라, 이런 질문을 제기조차 하지 못하는 무능함으로 나타난다. 그 이유를 하이데거는 휴머니즘이 궁극적으로 서구 전통 형이상학의 굴레에 사로잡혀 있기 때문이라고 진단한다. 지금 이러한 전통적 서구 휴머니즘의 한계를 벗어나 새로운 인간 이해를 정립하는 것이 철학의 과제임에는 틀림이 없다. 이것을 하이데거는 (전통) 철학을 벗어나는 다가올 사유, 존재의 언어를 듣는 근원적 사유라고 말한다.(BH 360)

그가 비판하는 지점은 인간을 보편적으로 이성적 존재로 규정하는 전통적 휴머니즘의 인간 이해에 있다. 인간을 '로고스'(이성/언어)적 존재(zoon logon exon)로 규정하는 서구 전통 형이상학은 존재자의 존재 진리를 드러내는 인간의 탈존(Ek-sistenz)적 특성을 보지 못한다. 인간 존재의 특성이 탈존성에 있다는 말은 인간이 존재의 진리를 드러내기 위해 거듭 '벗어나 존재'하며, 존재 드러냄(Lichtung) 안으로 나아가 있다는 뜻이다. 이것은 인간의 고유함이며, 이 고유한 특성에 근거해서야 비로소 휴머니즘이 규정하는 이성적 존재란 말이 의미를 지니게 된다.(BH 321) 결코 그 반대가 아니다. 인간과 동물의 종차를 인정하더라도 휴머니즘은 인간과 동물의 동일성과 차이를 올바르게 이해하지 못한다. 이러한 전통 휴머니즘의 한계를 해체하고, 새롭게 인간과 동물의 경계를 설정하는 길은 어디에 있을까. 하이데거는 분명 휴머니즘의 한계를 비판하지만, 그럼에도 그것이 인간의 동물성을 포스트휴먼적으로 구분하는 사안과는 전혀 무관한 것도 사실이다.[170]

170 BH 322-323 참조. 사실 이런 비판은 무의미하다. 하이데거 철학의 탈형이상학적 특성을 충분히 고려하더라도, 그의 시대에 포스트휴먼적 상황은 전혀 고려의 대상이 아니다. 그런 까닭에 그가 존재드러냄이란 탈자적 성격을 동물과 구분

이와 관련하여 포스트휴머니즘의 초기 주창자 가운데 한 사람인 브라이도티(R. Braidotti)는 그 핵심적 주제를 다음의 네 가지로 요약하여 제시한다.[171] 첫 번째 주제는 현대인을 포스트휴먼으로 이끌어가는 지적이며 역사적인 여정을 어떻게 설명할 수 있을지 그 가능성에 대한 질문이다. 둘째, 포스트휴먼 조건이 인류를 어떠한 존재적 상황에 처하게 할지를 묻는다. 그것은 세계와의 관계에서 인간이 형성할 새로운 주체성의 형식에 대한 질문이다. 세 번째 주제는 포스트휴먼의 인간성 내지 도덕성에 대한 질문이다. 이 문제는 트랜스휴머니즘의 주장에서 보듯이 육체적으로 증강된 인간이 비인간적 내지 비도덕적 존재가 되지 않도록 하는 윤리적 과제에 대한 질문을 포함한다. 마지막 주제는 포스트휴먼 시대의 인간과 관계된 학문, 포스트휴먼적 인문학에 대한 질문이다.

브라이도티에 의하면 포스트휴먼의 주체성은 먼저 유목적 주체로 이해할 수 있다. 그것은 "유물론적이고 생기적이며, 체현되고 환경에 속해" 있는 주체성이다. 이러한 주체성은 페미니즘과 포스트식민 이론이 더해진 주체이며, 그 삶의 상황은 "관계적 생기론과 본질적 복잡성에 의해 현실화된 주체"를 가리킨다. 여기서 말하는 삶의 상황은 자본과 정치가 결합하여 생활세계를 장악하는 상황을 문제시하는 생명정치 철학의 주제이기도 하다. 그는 이 시대의 체제를 생명정치적 본질로 파

되는 인간의 특성으로 보고 있지만 그럼에도 이는 휴머니즘 이후의 인간 이해란 맥락에서 주어진 것이 아님은 두 말할 나위가 없다. 이성을 중심으로 인간을 이해하는 전통적 인간중심주의의 휴머니즘을 비판하고 있지만, 그럼에도 하이데거의 이런 비판이 포스트휴먼적 인간과 동물의 새로운 경계 설정으로 이어질 수는 없는 까닭이 여기에 있다.

171 로지 브라이도티, 『포스트휴먼』, 이경란 옮김, 아카넷 2015, 63–68, 240–251 참조.

악하고 있다.(브라이도티 240-241) 이것은 명백히 19세기 이래의 유럽 사회를 생명관리정치로 분석했던 푸코(M. Foucault)를 이어 아감벤(G. Agamben)의 현대 세계의 삶의 자리를 생명정치로 개념화한 담론을 포스트휴먼적 상황으로 수용한 것이다.[172] 그래서 브라이도티를 이를 긍정의 정치학이란 표제어로 사유하려 한다. 이를 통해 이 시대의 주체들은 그 주체형성 과정에서의 목적론을 제시하고, 변화하는 세계에 상응하는 "긍정적 차이를 만들어" 내려한다. 포스트휴먼적 주체성의 문제는 이를 실천하는 데서 생겨난다.

### 3) 포스트휴먼적 인간의 현재

포스트휴머니즘 연구는 무엇보다 휴머니즘적 인간 이해의 한계 극복문제를 논의한다. 그와 함께 변화된 시대적, 문화적 상황은 물론, "포스트휴먼적 인간 상황"(conditio post-humana)에서의 인간 이해를 목표로 한다. 이 연구는 근대에 와서 완성에 이른 서구 철학의 인간 이해를 넘어서기 위한 계보사적 이해와 함께 보편적 인간 이해와 구별되는 서구 철학적 인간학의 특징을 고찰해야 한다. 그 이해를 찾기 위한 계보사적 고찰이 이 연구의 토대가 된다. 그럼에도 불구하고 포스트휴머니즘 연구는 전통적 인간이해를 넘어서는 새로운 인간이해를 모색한다는 측면에서 이를 근거짓는 형이상학과 존재론이 가장 중요한 지평이

172 미셸 푸코, 『성의 역사-제1권 지식의 의지』(1980), 이규현 옮김, 나남출판 2010; 조르조 아감벤, 『호모 사케르』(*Homo Sacer*, 1995), 박진우 옮김, 새물결 208; 신승환, 「생명정치학의 철학적 지평」, 『철학논집』 51집, 2017.11, 서강대학교철학연구소, 155-181 참조.

된다. 그러므로 이 논의는 결국 존재론적 해석학을 위한 지평으로 작용할 것이기에 이런 맥락에서 거론된 철학 텍스트에 대한 분석과 이해, 철학사적 맥락에서의 문제의식에 대한 공통의 해석작업을 수행해야 한다. 그와 함께 현대 생명공학(BT)과 정보통신공학(ICT)에 대한 문화철학적 관점에서 이뤄지는 현상적 해석학도 중요한 과제가 된다.

사회과학과 달리 철학적 인문학은 그 어떤 방법론보다 더 중요하게 자신의 존재론적 사유와 해석학적 방향에 따라 결정된다. 이를 위해 비판적 포스트휴머니즘 논의는 M. 하이데거 이후 거론되는 존재론적 해석학의 존재역사적 관점과 초월론적이며 실존론적인 해석학에서 자신의 근거를 찾으려 한다. 그 토대가 존재론적 의미 추구의 해석학임은 명백하다. 왜냐하면 탈근대적 포스트휴머니즘은 현상의 문제가 아니라 존재의 문제이기 때문이다.

이에 비해 로(Janina Loh)는 트랜스휴머니즘과 기술적 포스트휴머니즘, 비판적 포스트휴머니즘을 다양한 관점에서 구분한다.[173] 그에 따르면 트랜스휴머니즘이 단순히 기술적 증진에 따른 변화를 말한다면 기술적 포스트휴머니즘은 기술창출을 통한 인간성 극복을, 비판적 포스트휴머니즘은 기술비판을 통한 극복을 주장한다. 또한 기술이 수단과 매개체라면 기술적 포스트휴머니즘에서는 목적이 되며, 비판적 포스트휴머니즘은 훨씬 더 기술비판 내지 기술과 인간이 맺는 관계를 새롭게 설정하려 한다. 여기서 비판적 포스트휴머니즘은 전통 철학적 관점에서 형성된 인간 이해 전부를 새롭게 설정하려는 사조라고 생각한

173 Janina Loh, *Trans- und Posthumanismus zur Einführung*, Junius, Hamburg 2018, 12–15.

다. 그런 관점에서 이 조류는 전통적 휴머니즘의 인간 이해를 극복하려 하기에 이성중심과 본질주의적 형이상학은 물론, 인간중심주의에 따른 거의 대부분의 철학체계를 논의의 대상으로 제시한다.[174] 이 논의가 자연스럽게 문명전환과 지식 사회학 및 인문학의 패러다임 변화로 이어지는 까닭이 여기에 있다. 비판적 포스트휴머니즘 담론을 통해 존재론적 전환과 탈형이상학을 논의하는 배경에는 이런 인식이 자리한다. 다만 로는 이 논의를 철학사적 맥락에서 탈구조주의 비판과 연결 짓는다.

우주 안에서의 인간의 독특한 위상은 물론, 이성과 도덕성, 인간이 이룩한 철학적이며 문화적인 업적까지 문제시하는 것은 사실 인간중심주의 해체 담론에서는 익숙한 주제다. 이를 넘어 비판적 포스트휴머니즘은 이런 철학적 체계를 근거짓는 형이상학과 인식론, 지식사회학과 사회 담론을 새롭게 설정하려 한다. 나아가 이러한 해체 담론은 인간과 생명, 인간과 기계의 경계를 허물기와 짓기를 통해 끊임없이 생명되기(zoe-becoming), 타자되기 담론으로 이끌어간다. 여기에 생성철학은 중요한 탈형이상학적 토대로 자리한다.

## 4. 생명과학 문화와 포스트휴머니즘

### 1) 현대의 생명과학과 인간 생명

현대의 자연과학은 생명에 대한 놀라운 연구업적을 보여주고 있다.

174 비판적 포스트휴머니즘의 철학적 논의는 J. Loh, op. cit., 137-162에서 인용함.

1859년 다윈의 진화론과 1900년대 유전학이 접목하면서 생명학의 신종합주의는 인간에 대한 이해 자체를 변화시키기에 충분했다. 그에 못지않게 발생생물학 분야에서 이룩한 연구업적은 현대의 유전공학기술의 토대가 되었다. 이로써 이제는 신의 영역에 속해있다고 믿었던 생명현상을 생명공학은 유전자적 층위에서 조정하는 엄청난 과정을 밟고 있다.

분명 진화생물학은 인간에 대한 이해를 전적으로 전환시켰다. 진화생물학자 굴드(S. Gould)의 말처럼, 다윈 이후 우리는 모든 학문과 종교, 윤리와 미학, 심지어 문화와 사회적인 것까지 새롭게 규정하고 정의해가야만 한다.[175] 진화생물학자 도브잔스키는 "생물학에서 진화라는 관점을 제외하면 그 어떤 것도 의미를 부여하지 못할 것"이라고 주장한다. 진화는 사실 오늘날 생명을 이해하는 기초이며 근본이 되는 이론이다. 진화론을 떠나 현재의 생명체를 이해할 수는 없다. 진화론적 발견과 생물학적 조건에 대한 지적인 발견을 마치 존재하지 않는 듯이 다룰 때 우리는 생명에 관해 어떠한 정당한 진리나 지식을 말할 수 없을 것이다. 그와 함께 그 지식이 다만 실증적 차원에 머물지 않기 위해서는 어떤 경우라도 의미해석의 학문, 존재해석학적 해명을 거쳐야만 한다.

브라이도티가 말하는 포스트휴먼-되기는 "공유된 세계, 영토적 공간에 대한 우리의 애착과 연계의식을 재정의하는 과정"이며, 하나의 공동체에 묶여있는 것이 아니라 "인간-아닌 관계들의 관계망에 완전히 잠겨있고 내재되어 있는 횡단적 존재"가 되는 것이다. 이는 생명중심으

175 스티븐 J. 굴드, 『다윈 이후: 생물학사상의 현대적 해석』, 홍욱희/홍동선 옮김, 사이언스북스 2009.

로 체현된 주체이며, 다양한 형태의 타자와 맺는 상호적 관계를 가로지르는 주체성을 의미한다. 그가 생명(zoe)을 말하는 것은 인간중심의 생명(bios)이 아니라 인간 아닌 다른 생명과의 관계를 새롭게 설정하는 주제어를 제시한 것이며, 이를 통해 삶과 생명을 넘어서는 비인간적 힘에 대한 생기론적 접근, "삶/생명에 중심을 둔 과정 존재론"을 포스트휴먼적 주체로 설정하는 것이다. 이런 주장으로 그는 오늘날 "기술적으로 매개된 세계 안"에서 인간의 "역사적 위치"를 새롭게 열어줄 가능성을 보고자 한다. 그것은 인간중심적 세계나 의인화된 세계를 넘어 "지정학적이고 생태지혜적이며 조에(zoe)중심적인 세계"의 복잡성을 이해할 길이기도 하다.(브라이도티 245-247)

현재의 정보공학과 생명과학공학은 인간을 괴롭히는 유전 질환과 난치병을 치료하는 데 기여함으로써 인간의 수명을 획기적으로 개선하려 한다. 크리스퍼/카스 유전자 가위 9을 비롯한 유전자 치료기술, 복제와 인공장기를 통한 장기이식 기술 등이 대표적인 생명과학기술의 결과다. 크리스퍼/카스 유전자가위(CRISPR/Cas nuclease)는 2013년 개발되어 농작물이나 가축의 품종개량, 질병 치료 등 분야에서 유전자교정(genome editing)기술로 현재 놀라운 속도로 발전하고 있다. 유전자 가위(programmable nuclease)는 DNA 중 특정 염기서열(sequence)을 인식해 표적유전자를 자르고 붙여 원하는 유전자 복제를 가능하게 하는 기법이다. 크리스퍼/카스9 유전자 가위는 제3세대 기법으로 염색체 상의 20여개의 염기로 구성된 염기서열 가운데 표적 염기서열을 선택해 여기에 상보적으로 결합함으로써 이를 인지하는 가이드RNA와 이 유전자 부분을 자르는 카스9 분해효소(nuclease) 단백질로 구성되어 있다. 기존 기법을 개선하여 유전자 교정 기술의 효율성과 정확성을 획기적으로 높인 새로운 기법이다. 또한 생명과 관련하여 포스트휴먼 논의는 생태계 문제를 포함해야 할 것이다. 기후변화와 온난화, 초미세먼지 등의 문제는 생태계와 자연에 대한 개념을 전적으로 바꿔야 한다고 말하고 있다. 이러한 상황은 인간으로 하여금 근대적 주체성을 생명중심의 주체로 변화시키도록 요구하기 때문이다.

사실 포스트휴먼 주체성을 말하는 브라이도티의 주장은 매우 혼합주의적이며, 근대성의 휴머니즘을 넘어서기 위한 사유의 실험을 다양한 형태와 주제로 던져놓는다는 인상을 지울 수 없다. 과연 이러한 주체성이 어떻게 가능할까. 포스트휴먼 주체를 주장하는 사유의 정당성에도 불구하고 이처럼 전혀 체계적이지 않으며, 해석학적 지평을 공유하지 않는 주제를 다양하게 드러내는 것은 정당성을 얻기 힘들다. 이 모든 주장을 연결짓고 지평융합을 가능하게 할 해석학적 원리에 대해 브라이도티는 아무런 언급도 하지 않는다. 포스트휴머니즘의 시대적 정당성과 절박함에도 불구하고 이러한 존재 해석학적 사유의 결핍은 그의 주장에 담긴 심각한 한계임에는 틀림이 없다.

이런 한계에도 불구하고 그가 포스트휴먼 담론을 제시하는 까닭은 인간의 "집단적이고 개인적인 강도를 틀 지우는 인간적인 너무나 인간적인 자원과 한계에 대한 좌절감" 때문이다. 그것은 휴머니즘의 인간중심주의에 대한 환멸과 함께 "조에(zoe)의 생기론적 평등주의"에 대한 매력에서 촉발되었으며, 또한 19세기 이래의 생명주권 정치가 초래한 "죽음정치학적" 소비 문화 때문이기도 하다. 그래서 브라이도티는 이를 통해 어떤 "초월적 모델, 낭만화된 주변, 어떤 전체론적 이상의 재발명"

이 아니라 삶/생명이 주는 놀라운 "생성적인 방식"에서 새롭게 생각해 보려 한다. 그것은 인간이 만들어낸 "모든 형식의 지식과 자기재현의 척도"로 가정된 인간을 넘어 그런 문화를 틀지운 유럽적 휴머니즘의 역사적 쇠퇴 이후의 존재론적 상황을 진지하게 수용하려는 철학이라고 말한다.(브라이도티 248)

그는 "인간의 체현과 주체성"이 빚어내는 한계를 넘어 새로운 사유 체계를 실험하려 한다. 그럼에도 그 길은 결코 트랜스휴머니즘이 주장하듯이 복제기술이나 정보공학 기술에 힘입은 신체적으로 확장되고 향상된 존재를 지향하는 것이 아니다. 오히려 이렇게 혁명적으로 변화하는 생활세계와 삶의 자리에 담긴 새로운 상황을 수용하여, 우리 자신이 만들어가야 할 가능한 세계를 성찰해야 한다. 그것은 인간의 "공동 노력과 집단적 상상의 결과"로 가능해질 "포스트휴먼 세계들 가운데 최선의 것"에 대한 상상이다.(브라이도티 250-251) 질문은 다시금 포스트휴먼 세계를 향한다. 그 길은 여전히 과정에 있다. 어쩌면 지금 우리가 비판하고 상상하는 것이 다가올 사유로서 인간과 존재에 대한 새로운 사유일지도 모른다. 질문은 여전히 남는다.

### 2) 포스트휴먼 인간 생명의 형이상학

포스트휴머니즘과 함께 논의되는 인간에 대한 새로운 이해는 형이상학적 토대를 필요로 한다. 그 계기는 전통적 형이상학 이후의 형이상학을 말하는 탈형이상학적 관점에 근거하여 현대의 과학기술과 문화적 변화를 비판적으로 고찰할 때 주어질 것이다. 그것은 인간을 이해할 본질적 원리가 무엇인지에 대한 성찰이면서 다른 한편 근대 이후의 문화적 상황에서 다가올 시대를 존재론적으로 수용할 수 있는 인간 이해의 새로움에 대한 해명이다. 그 논의를 여전히 포스트휴머니즘으로 명명해야할지는 아직은 결정되어 있지 않지만, 분명한 것은 어떤 형태로든 서구 근대와 현대의 과학기술만능주의를 넘어서는 인간에 대한 새로운 이해임에는 틀림이 없다. 여기에 탈근대 담론은 중요한 의미를 지닌다. 그것은 포스트모던(postmodern)적 상황을 말하는 것이 아니라, 서구의 근대와 그에 의한 문화를 이중으로 극복하는 탈근대를 말한다. 이를 위한 주제어를 잠정적으로 생명성과 초월성으로 설정한 뒤 이를 토대로 인간 이해의 새로움에 대해 철학적으로 성찰하는 작업이 필요하다.

따라서 포스트휴머니즘 논의는 우리에게 강박감으로 다가온다. 그럼에도 불가피하게 수용해야할 과제였던 서구 현대문화를 넘어 이 땅의 문화와 인간 상황(conditio humana)에서 성찰하고 모색해야할 인간이해를 정초하는 일은 필요불가결한 과제임에는 틀림이 없다. 그것은 숙명처럼 다가왔던 서구 근대를 극복하려는 시도이면서, 우리의 존재지평에서 일궈내는 인간 이해이기도 하다. 이런 논의가 어느 정도 성공한다면 이를 토대로 새롭게 모색해야할 인문학의 지평에 대해서도 성찰해 볼 수 있을 것이다.

슬로터다이크는 현대 문명은 정보사회와 글로벌 네트워크 사회를 위한 정보통신 기술로의 변동과 강화를 토대로 한다고 생각한다. 사람들은 "현재 전개되는 야수화"에 불안해하고 있다. 그래서 그는 현재의 포스트휴먼의 비인간적 인간에 대한 전망을 막아야 한다고 주장한다. 이를 위해 철학은 새로운 길들이기 원칙을 찾아야 한다. 그는 하이데거

이후의 철학은 전반적으로 "트랜스휴머니즘이나 포스트휴머니즘적 사유공간"을 기술하고 있다고 생각한다. 그래서 "이후의 인간에 관한 철학적 숙고"는 이러한 사유공간에서 진행된다.[176] 여전히 문제는 인간에 대한 사유다. 그것이 하이데거에서 보듯이 "휴머니즘에 대한 비판"이든, 또는 그 이후의 인간에 대한 새로운 사유이든, 여하튼 인간이 인간이 된 과정을 다시금 해명하고, 이를 토대로 인간은 "자기 자신으로 존재"할 수 있도록 해야 한다. 인간은 동물로 존재하거나 또는 그것을 벗어난 존재로 자리하거나, 여하튼 "세계로 나오기"와 "언어로 나아가기"를 통해 인간이 되었다.

문제는 어떻게 포스트휴먼적 상황에서 새로운 인간이해를 통해 인간의 인간다움을 지킬 것인지에 달려있다. 인간은 지금까지 이어져온 휴머니즘의 인간중심적 철학과 단절할 것인지, 또는 도약할 것인지의 갈림길에 서 있다. 포스트휴먼적 주장의 일면성을 넘어서면서도, 그 안에서 인간다움을 지키는 길이 비판적 포스트휴머니즘의 지향이다. 그는 이 과제는 "인간의 길들이기를 휴머니즘에 의해 사유되지 않은 거대한 대상"에 관한 것이며, 이를 위해 "인간농장을 위한 규칙인 전통"을 해체하는 작업에서 시작해야 한다고 말한다.[177] 이런 작업은 자신의 언어와 경험에 따라 자신의 사유로 성찰해가는 인문학적 과제로 다가온다.

생명과학의 발전에 따라 생명이해의 전환을 바탕으로 "생명의 의미"가 새롭게 철학적 주제가 된다. 비판적 포스트휴머니즘의 학문이 상

176 P. Sloterdiik, *Regeln für den Menschenpark: Ein Antwortschreiben zu Heideggers Brief über den Humanismus*, Frankfurt/M 1999, 19, 22.

177 P. Sloterdijk, op. cit., 42–43.

호학문성에 기반한다면, 여기에는 "문화, 인간, 기술, 정체성, 과학, 생명"이란 주제어가 핵심이 된다.[178] 그럼에도 이런 주제가 현재의 휴머니즘적 철학 층위에 머물러 있다면 이는 퇴행에 지나지 않는다. 그래서 그는 상호학문성이나 초학문성이 현재의 생명과학이 제시하는 것과 같은 형식으로, 즉 사유의 학문을 배제하는 형식이어서는 안될 것이라고 경고한다. 이는 다른 말로 생명에 대한 철학적 성찰의 중요성을 함축한다. 헤어브레흐터는 하버마스와 같은 관점에서 포스트휴머니즘화하는 생명과학은 인간을 더 이상 "윤리적으로 자유롭고 도덕적으로 동등하게 하거나, 규범과 근거를 지향하는 생명체로 이해하지 못하도록" 만들 것이라고 경고한다. 그는 명백히 이런 주장을 통해 현재의 트랜스휴먼적 포스트휴먼 논의를 비판한다.[179]

## 5. 정보기술 문화와 포스트휴머니즘

### 1) 정보기술 문화 - 디지털 시대

18세기 산업혁명이래 기술문명의 발전은 오늘날 우리가 보듯이 후기 산업사회라는 새로운 문화를 이룩하였다. 이 사회의 매우 중요한 특징 가운데 하나라면 무엇보다도 의사소통 수단과 정보전달 체계의 변화를 들 수 있겠다. 그것은 "디지털화"라는 기술 변화에 따라 가능해진

178 S. Herbrechter, op. cit., 131–133.

179 S. Herbrechter, 145; J. Habermas, *Die Zukunft der menschlichen Natur: Auf dem Weg zu einer libralen Eugenik?* Frankfurt/M 2002, 29–30.

전혀 새로운 문화 체계다. 이 체계는 일상의 삶과 개인의 문화 영역은 물론이고 인간의 관계, 삶의 양식과 사회적 양상 등 인류 역사의 그 어느 시대와도 비교할 수 없는 새로움을 창출한다. 인류는 마침내 18세기 이래 시작된 산업혁명은 물론, 그로 인한 계몽주의 혁명의 범위를 벗어나 새로운 도약의 순간을 마주하고 있다. 디지털 시대의 변화가 문화혁명으로까지 불리는 근거는 바로 여기에 있다. 그럼에도 문제는 디지털 문화 변화가 주로 자본주의, 즉 경제의 영역과 상업주의의 틀과 나아가 과학기술의 영역에서 벌어지고 있다는 사실이다.

신호처리 체계는 정보를 전달하기 위해 이를 추출하고 가공하는 정보 시스템에 포함된다. 아날로그 신호(analog signal)는 자연에서 일상적으로 벌어지는 대부분의 연속적 신호전달체계인데 비해, 디지털 신호(digital signal)는 신호처리 형식을 '0과 1', '있음과 없음', '켜짐과 꺼짐' 등 2진법 방식에 따라 단속적으로 가공하여 전달, 보존한다. 디지털신호 체계(digital projection system)는 이런 신호처리 방식을 이용한 모든 정보 체계를 일컫는 말이다. 이 시스템을 이용하여 우리가 일상으로 접하는 모든 정보를 디지털 방식으로 전환함으로써 생겨난 새로운 정보 및 의사소통 방식이 혁명적으로 변화된 시대를 가리켜 디지털 시대로 이름한다. 일상적으로 컴퓨터 시스템과 그에 따른 사회, 문화적 체계 변화가 여기에 속한다. 이로 인한 인터넷 시스템, 통신 위성, 광섬유, 인공지능 등은 물론 우리가 일상적으로 접하는 스마트폰을 비롯한 정보통신기기의 변화, 개인컴퓨터, 영상신호처리 등의 영역에서 생겨난 변화가 개인의 일상적 삶과 사회, 문화 전반에 그 이전 어떤 시대와도 비교할 수 없을 정도로 혁명적인 변화를 초래한다. 이른바 4차 산업혁명으로 일컫는 변화 역시 근본적으로는 디지털 신호처리 방식에 기반한 변화다.

그와 함께 디지털 시대는 생명공학 기술의 혁신적 발전과 만나고 융합하면서 새로운 시대를 열어 놓았다. 이른바 정보공학기술(IT)과 생명공학기술(BT)의 발전과 융합은 우리 시대를 규정하는 결정적인 개념으로 자리 잡았다. 오늘날 이러한 변화가 근대 기술의 발달과 결합하여 인간 삶의 전 영역에 근본적 변화를 일으키는 것이 바로 정보화 사회의 도래다. 디지털 시대가 문제가 되는 것은 이러한 정보 체계의 변화에 따른 것이다. 4차 산업혁명 담론에서 제시한 정보전달체계의 변화가 이 시대의 변화를 대변한다. 디지털 시대적 변화란 일차적으로 의사소통체계에서의 기술 변화를 의미하며, 이차적으로는 이에 따른 모든 의사소통, 정보교환방식에서의 체계와 구조변화를 의미한다.

문제는 이 디지털 시대의 혁명적 변화가 단순한 기술적 변화 내지 의사소통체계의 변화만을 의미하지 않는다는 데 있다. 정보화와 영상문화 전반에 걸친 이러한 변화가 혁명으로까지 이해되는 배경에는 디지털 방식에 의한 총체적인 문화사적이며 존재론적 전환이 자리한다. 이런 의미에서 디지털 혁명은 단순히 기술적 변화 내지는 의사소통체계의 구조 문제를 훨씬 능가한다. 따라서 디지털 혁명은 넓은 의미로 규정하여 의사소통체계 변화와 정보통신혁명 전체를 포괄하는 개념으로 이해해야 할 것이다.

현재의 논의는 디지털 혁명이 단순히 기술적이며 의사소통체계의 변화, 또는 그 외연을 최대한 확대하여 혁명으로까지 받아들이지만, 그럼에도 이 변화를 인문학적 패러다임 전환의 논의로까지 확대하지는 못하고 있다. 그러나 그 변화의 깊이와 총체성 때문에 인간의 근본적 사유의 변화를 수반하기에 이에 대한 인문학적 성찰은 중요한 철학적 과제 가운데 하나임에는 틀림이 없다. 이러한 변화가 인간의 전 실재 이해와 인식체계, 문화세계의 전환을 초래하며, 나아가 궁극적으로 인간의 자기 이해 전체에 걸쳐 새로운 사유틀의 변화를 불러일으키고 있기에 이에 대한 철학적 성찰이 불가피해지는 것이다. 그만큼 디지털화는 인류가 이제껏 접해본 그 어떤 변화와도 비교할 수 없을 정도로 급속하고 총체적으로 이루어지고 있다.

멕루한/피오르(M. McLuhan/Q. Fiere)의 이론을 원용하여 논의한다면 디지털 시대는 인간의 외적 인지체계를 급격히 전환시킨다. 그 주장에 따르면 디지털 기술과 그에 따른 문화적 환경이 인간의 "시간과 공간 체계를 급격히 허물어뜨"린다. 이에 따라 인간의 존재자 인식은 물론, 타자와의 관계맺음 양상 역시 급격히 변할 것은 자명하다. 멕루한/피오르는 새로운 디지털 환경이 우리에게 "다른 사람의 관심사"에 끊임없이 접속하게 만든다고 지적한다. 이 새로운 매체는 인간 사이의 의사소통을 "하나의 지구 규모로 재구성"한다. 이렇게 "전달하는 메시지는 심리적, 사회적, 경제적, 정치적 구획제도를 종식시키는 총체적인 변화"를 초래한다.[180] 멕루한에 따르면 미디어 매체는 인간이 지닌 인지체계를 확장한다. "모든 미디어는 인간이 지닌 재능의 심리적 또는 물리적 확장"이다. 예를 들어 자동차는 인간의 행동반경과 공간과 맺는 관계 자체를 결정적으로 바꾸어 놓는다. "바퀴는 발의 확장"이다. "책은

180 마샬 멕루한/쾡땡 피오르, 『미디어는 맛사지다』, 김진홍 옮김, 열화당 1988, 16.

눈의 확장"이며, "전자회로는 중추 신경계의 확장"이다.[181]

미디어에 의한 인지능력과 그에 따른 인간의 존재론적 환경 변화는 인간의 인지체계 자체를 자극하여 생활세계를 다른 형태로 지각하게 만든다. 인지체제와 감각의 확장은 당연히 인간의 "사고와 행동유형을 변화"시키며, 이런 변화에 따라 인간이 변화할 것이란 사실은 자명하다. 이런 인지체제의 확장과 변화에 대한 이해 없이 현대인의 문화적, 사회적 환경을 정당하게 해명할 수 없으리란 사실을 어떻게 부정할 수 있을까. 유전학과 생리학을 연구한 그린필드(S. Greenfield)는 미디어 환경 변화를 비롯한 매체 변화가 인간의 인지체제는 물론 궁극적으로는 뇌의 생리적 현상까지 변화시킨다고 주장한다. 미디어와 그로 인한 인지환경의 변화는 인간의 마음을 바꿔놓는 것은 물론 심지어 뇌가 작동하는 방식과 뇌의 구조 및 기능까지도 변화시킨다는 것이다.[182] 신경과학을 비롯한 진화생물학의 주장에 담긴 한계에도 불구하고 분명히 말할 수 있는 것은 인간의 지능과 정서, 지각과 행동 모두가 뇌에서 이루어지는 종합적 판단에 따른 것임은 자명한 사실이다. 신경과학의 주장처럼 뇌 자체가 지성이나 마음과 동일시될 수는 없지만, 뇌라는 매개체 없이 이 모두가 불가능한 것도 분명한 사실이다.[183]

---

181 멕루한/피오르, 『미디어는 맛사지다』, 40-41.

182 수전 그린필드, 『마인드 체인지』, 이한음 옮김, 북라이프 2015: 이 책에서 그린필드는 "소셜 네트워크"(social network)의 변화가 사회적으로는 물론이지만, 인간의 인지와 마음체계까지도 변화시킨다는 사실을 여러 가지 사례 연구를 통해 집중적으로 해명한다. 심지어 구글(Google)은 우리의 학습과 기억을 변화시킴으로써 우리 뇌를 바꿔 놓기까지 한다.

183 신경생리학의 연구업적을 원용한 철학은 인간의 의식과 자아정체성을 뇌에서 찾기도 한다. 그럼에도 이런 논의는 인간의 존재론적 자아를 보지 못하는 생물학주의의 오류에 빠져있다. 인간은 뇌를 지니지만, 뇌가 인간은 아니다. 인간의 자

멕루한/피오르는 이 미디어와 디지털 매체 영향력의 엄청난 힘에 주목하면서 인간은 “미디어로부터 아무런 간섭을 받지 않거나, 아무런 영향을 받지 않을 수” 없다고 말한다. 이것을 그는 “미디어는 맛사지(massage)”라는 말로 표현한다. 인문학의 토대가 되는 사회적, 문화적 환경의 변화를 올바르게 이해하려면 그 토대가 되는 매개체의 기능 방식과 영향력에 대한 이해가 필요할 수밖에 없다. 그와 함께 다시금 멕루한은 미디어 자체가 메시지라고도 주장한다: “미디어는 메시지다(message).”[184] 여기에는 다양한 형태의 디지털 매체와 그를 활용한 소셜 네트워크가 포함된다. 거듭 이 모든 매체와 네트워크는 그 자체로 “인간 능력의 확장”이다. 인간 능력을 확장시킨 매체와 네트워크는 그 자체로 메시지를 갖는다. 이들은 단순히 매개물이 아니라, 메시지를 규정하고 내용을 결정할 뿐 아니라 그 자체로 인간에게 메시지로 자리한다. 생활세계와의 관계를 떠나 존재할 수 없는 인간에게 매체는 인간을 인간이게 하는, 결코 배제할 수 없는 요소 가운데 하나임에는 틀림이 없다. 이 요소는 내면적이거나 실존적인 층위를 벗어나 있지만, 이에 대해 성찰하지 못한다면 그때의 인간 존재 해명은 일면적일 수밖에 없을 것이다.

아는 뇌의 매개 없이 이뤄지지 않지만, 그럼에도 뇌의 층위를 초월한다. 신경생리학의 철학을 비판하면서 이런 한계를 넘어서는 존재론적 마음의 철학을 잘 해명하고 있는 책으로, 마르쿠스 가브리엘, 『나는 뇌가 아니다-칸트, 다윈, 프로이트, 신경과학을 횡단하는 21세기를 위한 정신 철학』, 전대호 옮김, 열린책들 2018.

184 마셜 멕루한, 『미디어의 이해: 인간의 확장』, 박정규 옮김, 커뮤니케이션북스 1997.

## 2) 디지털 시대의 문화 변화

디지털 문화의 혁명적 변화를 진정한 인간이해의 변화 내지는 세계관과 인지체계의 변화에 따라 논의하는 담론의 의미는 결국 그것이 근대에 머물러 있는가 아니면 근대를 벗어나는 새로운 문화 패러다임으로 작용하는가 하는 철학적 의미 판단에 따라 결정될 것이다. 따라서 디지털화로 인한 문화의 변화를 새로운 패러다임 변화로 규정하기 위해서는 무엇보다도 이것이 지니는 정보전달 체계의 변화를 근대성과 포스트휴먼성의 논의 지평에서 성찰하는 작업이 요구된다. 이를 위해서는 먼저 인간의 이해와 인지체계의 역사라는 맥락에서 디지털화에 따른 정보전달 체계의 변화를 살펴봐야 한다. 그것은 디지털화의 의미와 내용, 그로 인한 문화적 변화의 모습에 대한 고찰에 근거할 것이다. 과연 어떠한 관점에서 디지털 혁명이 근대성을 넘어서는 새로운 문화적 변화, 즉 근대를 벗어나는 문화와 그 문화를 근거짓는 사유틀, 패러다임 변화(paradigm shift)로 이어질 것인가.

디지털 시대의 매체는 인터넷체계를 기반으로 하는 수많은 뉴미디어 매체는 물론 전통적 매체인 신문, TV, 영화, 드라마까지도 그 시스템으로 전환시킨다. 미디어 담론은 이런 미디어 매체가 수행하는 담론의 기능과 역할, 사회적 영향에 대해 논의하지만, 이런 논의는 인간의 외적 층위에 그치지 않는다.[185] 인쇄술의 발명이 유럽 사회에 미친 영향을 생각해보면 매체의 중요성이 얼마나 막대한지는 명백하다. 종교개혁과 근대의 탄생, 근대적 개인의 주체성은 물론 시민으로서의 권

185 앨런 벨, 『미디어 담론』, 백선기 옮김, 커뮤니케이션북스 2004 참조.

리와 자유, 자율성의 확산 등은 인쇄술로 인한 사회적 담론 체계의 변화 없이는 결코 가능하지 않았다. 이 변화가 결국 인간의 실존적, 존재론적 토대까지 변화시키기에 이른 것이다. 인간의 존재적 상황(conditio humana)을 성찰하는 철학을 비롯한 인문학은 이런 혁명적 변화를 도외시한 채 성립될 수 없기에 이에 대한 해명 작업은 반드시 필요할 수밖에 없다.

디지털 시대는 불연속성, 비선형성, 쌍방향성(interactivity)이란 형태로 드러난다. 이것은, 해석학적 측면에서 고찰한다면 텍스트가 고정되어 있지 않다는 뜻이다. 작용과 반작용, 쌍방향으로 전개되는 역동성에 따른 새로운 형태의 이야기는 글쓰기의 형식을 단순히 디지털화하는 것 이상을 의미한다. 문제는 이로써 텍스트의 존재가 드러나는 양식이 달라진다는 데 있다. 다양한 이야기의 층으로 구성된 하이퍼 문학이 이런 사실을 잘 보여준다. 여기에는 언어적 요소는 물론 영상과 음향이 혼합된 멀티미디어적 요소를 담을 수 있다. 하이퍼(hyper)란 과장 혹은 과대를 의미하는 접두어와 함께, 혹은 '넘어서다'는 의미를 지닌다. 즉 기존의 텍스트를 넘어서고 그 한계를 극복한 것으로 결정되어 주어지지 않는 개방성과 서로의 되먹임 작용, 다원성이란 특성을 지닌다. 그것은 명백히 근대의 특성을 벗어나는 것이다.

이러한 측면에서 이미지에 의한 정보전달 체계의 변화가 문제가 된다. 여기에는 활자매체의 해석과 이미지 매체의 가공된 지식의 전달 문제가 담겨있다. 그 문제는 정보생산과 전달 사이의 직접적 관계성, 즉 자연과 자아, 타자에 대한 관계성이 정보화 안에서 간접성 내지 모사되어 구현된 것으로서 나타난다. 일상의 삶에서 기술의 양식이 디지털인가, 아날로그인가의 차이는 진정한 새로운 문화일 수 없다. 둘 다 현대 기술의 다른 형태일 뿐이다. 디지털은 기술의 발전임에는 분명하다. 그럼에도 그 기술이 즉시 문화의 발달이나 변화를 의미하는 것은 아니다. 문화란 기술적 변화에 따른 형태의 변화만을 의미하지 않는다. 디지털적 사고방식이 아니라면 그것은 단지 기술의 변화에 머무를 뿐이다.

경제적인 측면에서 보면 디지털 체계는 사이버경제 – 가상공간의 경제화와 정보화 및 지식경제화로 드러난다. 그것은 물류(Atom)경제의 체제 변화, 기업의 생산, 물류, 유통, 판매와 구매, 서비스, 마케팅 등의 변화로 영향을 끼칠 것이다. 디지털경영, 인터넷서점, 전자 상거래, 통합 미디어 등의 변화는 디지털세계로 이루어지는 '사이버 커뮤니케이션', '사이버 키드', '사이버 머니', '사이버 공간과 시간' 등 헤아릴 수 없이 많은 변화를 낳고 있다. 이와 연결된 네트워크 경제 등은 이미 근대적인 물건 중심의 경제 패러다임 변화를 재촉하고 있다. 이제 "권력은 총구에서 나오는 것"이 아니라 '지식과 정보에서' 나온다고 말하게 된다. 사실 사회학적으로 고찰할 때 디지털 혁명에 의한 가장 큰 변화는 정보소통체계에 따른 경제구조의 변화에서 찾을 수 있을 듯하다. 21세기의 경제체계는 18세기 이래의 경제구조로는 도저히 예상할 수 없을 정도로 엄청나게 변화된 모습을 보여줄 것이다.

그럼에도 오늘날 사람들은 디지털 혁명을 더 나은 자본의 창출 내지는 세계 시장에서의 경쟁의 논리라는 차원에서만 바라보고 있다. 이는 명백히 후기 산업사회적 관점이 갖는 한계임에는 틀림이 없다. 근대성의 성격이 구현된 오늘날의 가장 강력한 체계 가운데 하나를 자본중심주의로 규정한다면, 이러한 수준에서의 변화는 여전히 근대성의 맥락에 갇혀있다. 디지털 혁명 자체가 근대의 과학주의의 산물, 기술공학의 결과물이지 않은가. 이러한 변화가 포스트휴먼의 논의로 확대되기 위해서는 문화 전반과 이에 따른 인간 이해와 철학적 사유틀 자체의 변화로 해석할 수 있어야 할 것이다.

### 3) 의사소통 체계의 디지털화

의사소통 체계에서 미디어의 폭발적 발전은 컴퓨터 매개 커뮤니케이션(CMC)이라는 새로운 의사소통 패러다임을 형성한다. 이러한 발전에는 마이크로프로세스 향상과 디지털화, 그에 따른 데이터 관련 변화는 물론 미디어에서의 통신기술의 통합적 발달과 컴퓨터 네트워크의 발달 등이 포함된다. 미디어에 의해 변화된 후기 근대의 문화 양상은 정보화시대, 영상 매체의 시대, 이미지 문화로 규정할 수 있다. 이러한 변화는 아톰(aton)에서 비트(bit)로의 변화로 규정된다(N. Negroponte). 대부분의 정보가 아날로그 세계에서는 아톰의 형식(신문, 잡지, 책 등)으로 전해졌다면 디지털 세계에서는 비트로 전해진다. 비트는 눈앞에 놓인 물질이 아니란 측면에서 객체가 아니지만, 분명 실재하는 어떤 현상이다. 기술적으로는 아톰체계를 디지털화함으로써 많은 이점을 얻을 수 있다.(데이터 압축, 기술적 오류의 정정, 재현의 완벽성, 물류의 간편성–속도, 무게 등). 이렇게 해서 모든 미디어를 연결한 소위 다중매체(Multi-Media)가 가능하게 된다.

이러한 체계가 기술이 아닌 지식, 정보의 생산과 전달, 활용에 적

용됨으로 디지털 세계의 본래적 의미가 드러나게 되었다. 이제 교육, 여행, 유통 등 지식과 정보를 중개하는 산업 상당수가 디지털 세계로 흡수될 것이다. 디지털 혁명은 자체의 논리에 따라 급속히 발전하고, 우리가 가늠할 수 없을 정도로 변화해가고 있다. 현재로서는 이러한 발전이 어떻게 변화해 갈지 예상하기란 거의 불가능하다. 4차 산업혁명을 거론하는 정보화 시대는 디지털 기술과 결합할 때 그 진정한 의미가 드러날 것이다. 디지털시대는 기술변화를 넘어 정보 전달체계 자체를 바꾸어간다. 아날로그 기술의 한계에 따라 정보전달에 있어서의 연속성이 아닌 동시성, 수많은 채널의 다중성, 쌍방향 의사소통체계, 여러 다른 매체에 가능한 통시성 등의 변화는 또한 새로운 형태의 정치 체계 변화를 수반한다. 여기에는 새로운 매체에 의해 '풀뿌리 네트워크'가 가능하리란 전망에 대해 '빅브라더(Big Brother) 네트워크'가 대두하리란 우려도 뒤따른다. '근거없는 낙관론'과 '대책없는 비관론'이 교차하지만 그것이 미칠 영향에 대한 진지한 성찰을 찾아보기란 쉽지 않다. 존재론적인 성찰 없이 이루어지는 논의는 이 두 예측에 담긴 숨은 의미를 드러내지 못한다.[186]

디지털문화의 형식적인 측면에 따른 변화는 인간존재의 디지털개인화와, "탈중심화, 지구화, 조화력, 권한부여"라는 비트 문화의 철학적 특성으로 규정할 수 있다.[187] 이러한 기술과 매체의 변화는 그에 따른 세계관과 문화, 사회체계를 재구성하고 새롭게 해석하게 만든다. 인

186 백욱인, 『디지털이 세상을 바꾼다』, 문학과 지성사 1998, 46, 107 참조.

187 N. 네그로폰테, 『디지털이다』, 백욱인 옮김, 커뮤니케이션북스 1999, 59, 156, 215 등 참조.

간의 인식이 일정한 인간 사회의 문자 코드, 우리 안에서 통용되는 인지체계 안에서 의미를 지닌다고 볼 때, 이러한 총체적인 미디어 변화는 단순한 의사소통의 변화에 그치지 않는다. 디지털 세계는 더 이상 기술공학만의 세계가 아닌 새로운 문화이며 거역할 수 없는 일상이 되고 있다. '하이퍼 리얼리티', 디지털 세계가 창조되고 있다. 이미 맥루한이 바퀴, 책, 옷, 전자회로 등의 미디어 환경변화가 몰고 오는 감각의 확장을 인간의 사고, 행동유형 나아가 인식체계의 변화로 규정하고 이에 따른 인간의 변화까지 거론하였지만,[188] 오늘날 디지털 혁명에 의한 변화는 맥루한의 사유범위를 훨씬 더 넘어서 있다.

디지털 시대의 변화는 기술과 정보전달 체계는 물론이고 이제 문화영역에까지 확대된다. 문화의 변화를 한마디로 요약한다면 무엇보다도 문자문화 체계에서 영상문화, 이미지 문화로의 전환일 것이다. 르네상스 시기 원근법을 창시한 알베르티(L.B. Alberti)는 그의 저서『회화에 대하여』에서, 주체에 의한 바라봄이란 일정한 거리에 있는 표면질감을 지닌 대상들을 "그 위치에 따라 각기 드러나 있는 대상들을 눈에 보이는 그대로" 떠올려 보는 것이라고 정의한다. 즉 주체가 바라보는 시각의 위치에 따라 사물이 달리 드러나기에, 순수 객체적 실재란 중요한 것이 아니라는 말이다. 이렇게 인식이란 인식주체에 따라 변형되며, 그에 따라 사물은 인식된 형태로 존재한다. 이미지 시대에서의 존재자 문제는 객관적 실재가 아닌 인식된 사물성의 문제로 관점이 바뀌게 된다. 그것은 모사과정이 만들어낸 모사가 실재의 준거점이 된다는 뜻이다. 그들이 실제의 그것, 전문기관이나 공증기관이 아님에도 가상현실

188 마샬 맥루한,『미디어는 맛사지다』, 김진홍옮김, 열화당 1988, 특히 41쪽 참조.

의 기호나 이미지를 창조하며, 이것은 사실적인 그것보다 더 실재적이 된다. 이미지 시대에 영상 대중매체는 끊임없이 이미지와 모사의 세계(Simulacra)를 생산한다. 보드리야르는 이미지와 모사야말로 참된 것이며, "더 이상 존재와 그 외양을 나누던, 실재와 그 개념을 나누던 거울"이 존재하지 않는다고 말한다.[189] 그것은 모사과정이 만들어낸 모사이다. 또한 보드리야르는 후기 근대의 사회를 기호를 중심으로 하는 문화 논리로 설명한다. 그는 기호의 세계가 우리의 모든 생활영역에 침투되어 있어, 이 기호의 세계가 "실재 세계"를 압도하거나 대체하는 것으로 이해한다. 결국 현전하는 모든 사물은 의미론적으로 해석된 기호로만 남는다. 기호로 만들어진 모사품이 실체나 현실보다 더 현실적이 된다는 인식이다. 그것은 마치 하이퍼텍스트처럼 가상의 영역이 실재로 이해되는 세계의 현실이다.

이러한 이미지 문화의 현실은 단순히 이미지가 범람한다는 문제를 넘어선다. 오히려 이미지에 의해 창조되는 세계가 실재현실을 대치하며, 이미지의 문화가 문자문화를 대신하고 이러한 언어, 문화, 인식체계의 변화가 전혀 다른 세계의 실재를 창출하고 있기 때문에 야기되는 문제이다. 인공두뇌학(Cybernetics)과 가상의 현실은 컴퓨터로 구현된 세계다. 디지털 정보체계와 생명체의 게놈 정보전달체계는 그 외연만 제거하고 보자면 놀랍도록 동일한 원리에 따라 움직이고 있다. 여기에 BT문화가 결합하여 초래하는 혁명은 산업기술의 수준을 넘어 거듭 인식론적, 사회적 체계와 함께 형이상학 이후의 형이상학 담론으로 이어진다. 포스트휴먼은 마침내 실재하는 현실이 되었다.

189 장 보드리야르, 『시뮬라시옹』, 하태환 옮김, 민음사 1996 참조.

몇 년 전 상영된 영화 〈Her〉(스파이크 존즈 감독, 2013)와 〈Ex machina〉(알렉스 가랜드 감독, 2015)는 인공지능이 얼마나 인간의 본질적 이해와 관계맺음 자체를 변화시키는지 남김없이 보여준다. 문자중심의 문화, 로고스중심주의의 문화가 폐기되면서 생기는 변화는 실재의 의미를 전도시킨다. 그에 따라 관계맺음의 양상 변화는 윤리학적 규범과 존재론적 생성의 문제까지 변화시킬 것이다. 서구 철학의 존재론은 이미지 문화 형성에 따른 실재 이해의 변화와 함께 근본에서부터 새롭게 이해될 수밖에 없게 된다. 그것은 존재에서 생성으로의 변화, 본질보다 현상에 치중하는 새로운 문화사적, 지성사적 변화를 내포하고 있다.

### 4) 디지털 시대 인문학의 변화

디지털 혁명으로 대변되는 정보사회의 도래는 후기 근대가 아니라 근대를 넘어서는 포스트휴먼적 맥락에서 논의되어야 한다. 사실 커뮤니케이션 사회의 도래는 근대적 역사관과 근대 체계의 해체를 가져다 준 결정적인 요인이 되었다. 즉, '포스트모던' 사회란 이러한 의사소통 수단이 보편화된 사회, 정보사회를 의미하기 때문이다. 그럼에도 정보화에 대해서는 이제껏 단순히 윤리학적 측면에서만 거론해 왔다. 해킹의 윤리적 문제, 채팅에서의 언어 사용이나 윤리성, 또는 가상게임에서의 자기 정체성의 범위, 글쓰기 문제 등의 차원에서 이루어지는 논의의 수준을 벗어나지 못하였다. 디지털 시대를 성찰하는 철학의 핵심 과제는 근대 세계의 체제 극복과 이를 위한 새로운 사유체계 논의에 자리한다.

디지털 혁명에 따른 인식론적 전환, 근대적 '구조'체계에서 탈구조론적 사유로의 전환, 사물에 대한 사물(atom)적 이해에서 관계적 이해(bit)로의 전환은 근대성과는 확연히 구별되는 사유틀을 필요로 한다. 이것은 근대성의 구조와 사물에 대한 객체적 인식, 선형적 세계관과 중심성, 합리성에서 벗어나는 세계이다. 비선형적인 세계, 관계론적 인식론, 탈중심성의 그물망, 쌍방향성의 상호작용, 탈영토화, 가상공간에 의한 언어체계의 변화와 그에 따른 이론 체계의 변화 등은 명백히 근대적 사유체계 전체를 근본에서부터 변화시키는 논의들이다. 이에 따라 인간 이해에 있어서도 본질과 개체로서의 이해에서 형성되고 실현되어 가는 존재로의 이해, 즉 인간 존재(human being)가 디지털 존재(being digital)로 변하고 있다는 인식이 제기된다.[190] 또한 비트의 공간은 구조에 대한 근대적 방법론을 벗어난 담론 공간이며, 마침내 존재는 생성이란 관점에서 받아들여지게 된다. 따라서 디지털 혁명에 따른 포스트휴먼의 존재론적 원리는 탈중심성, 비선형성, 다원성, 동일성의 원리에 대한 해체, 차이성의 사유구조, 탈이성중심주의에 따라 이해될 수밖에 없게된다.

디지털화에 의한 인문학적 반성은 인지체계의 변화와 문화적 영역, 사회적 영역에서 이루어진다. 디지털 기술에 따른 재현(representation)의 위기는 의미의 변화와 위기를 초래한다. 재현과 모방은 디지털과 아날로그 시대의 중요한 차이점 가운데 하나이다. 이미지 문화, 가상세계의 재현은 실재 세계의 재현과는 존재론적 차이를 지닌다. 플라톤 시대 이전까지의 정보전달체계는 음성에 의한 구전중심이었다. 라마교 승려들

190 N. 네그로폰테, 『디지털이다』(being digital), 156, 215쪽.

의 구전 전승이나, 구약에서의 신앙 전승 등 인류 초기의 정보전달 체계는 음성에 의한 전승이 주류를 형성하고 있었다. 새롭게 등장한 전승의 형태인 글쓰기에 대해 플라톤은 이중적 태도를 보인다. 글쓰기란 약(Φάρμακον)이지만, 독이 되기도 한다. 그것은 원형을 재현하는 한 방법이지만 한편으로 원형에의 회상을 제한하기도 한다. 디지털 시대의 글과 글쓰기는 원형의 재현과 전승이란 의미지평에서 거듭 새롭게 성찰되어야 한다. E-문학이나 전자 신문이 활자매체를 대신할 것이란 논쟁에는 이러한 근본적 성찰이 결여되어 있다.

구한말의 강제적 개항이래 한국의 근대화 논의는 철저히 서구를 추종하고 모방함으로써 이루어진다. 그럼에도 한국의 근대화는 일면적으로 자본의 논리에 편승하는 과정으로만 이해되었다. 근대성(modernity)에 의한 세계의 변화를 "과학주의와 자본주의, 민주주의"로 대별해 본다면, 오늘날 우리 사회는 분명 근대성의 한 가운데를 향해하고 있다. 사실 오늘날의 디지털과 정보화의 시대는 근대성에 의한 결과, 기술과학의 발전이란 맥락에서 생겨난 결과이기 때문이다. 디지털 혁명과 정보화 역시 같은 맥락에서 거론됨으로써 그것이 지닌 탈중심, 상호영향성이라는 포스트휴먼적 의미에도 불구하고 이들이 다시금 자본의 논리로 귀착될 위험을 지니고 있다. 이점이 정보화로 대변되는 오늘날의 변화가 지닌 칼날의 양면이다. 위기와 기회가 동시에 존재하고 있다. 이러한 존재론적 지평에서 어느 길을 택할 것인가는 전적으로 지금 이곳을 사는 우리들의 몫이다.

오늘날 한국의 인문학적 상황에서 형이상학적인 것의 본래적 의미와 인간성, 의미추구 등 그 어느 것보다도 선행하는 것은 세계화, 경쟁의 논리, 성장논리다. 이러한 논의는 철저히 근대성의 끝자락에서 주어진 논리이며 그러기에 여전히 서구의 문화와 철학적 사유틀, 과학주의와 자본주의로 대변되는 근대성으로 한 가운데에서 이루어지고 있다. 이러한 갈림길의 시기에 존재론적 초월을 말하는 우리의 태도는 무엇일까? 포스트휴먼의 변화에 따른 패러다임 창출은 이미 시작되었다. 그것이 근대성의 완성으로 대변되는 후기 근대가 될지 아니면 새로운 존재론적 틀을 지니는 포스트휴먼의 사유틀이 될지는 지금 여기에서 다만 우리가 결단해야할 과제다.

## 6. 생태위기와 인간 존재의 가능성

### 1) 현재의 생태위기

오늘날 세계는 생태계 파괴라는 그 어느 시대에서도 마주해본 적이 없었던 엄청난 위기 한 가운데 놓여있다. 인간을 포함한 모든 생명체의 생존터전인 지구 생태계가 점차 파괴되면서 가까운 시기에 생명의 대멸종이 닥칠지도 모른다는 경고는 더이상 낯선 주장이 아니게 되었다. 또한 그러한 대멸종이 현실화된다면 이를 초래한 생명과 그 대상은 인간일 것이란 주장도 수차례 제기되어온 바와 같다.[191] 그럼에도 이런 경고와 위기 극복의 대안을 통합적으로 고찰하기란 쉽지 않은 일이다. 각기의 전문분야에 따른 분석은 생명이 통합적 터전인 생태계 위기

191 R. 리키/R. 뤼윈, 『제6의 멸종』, 황현숙 옮김, 세종서적, 1996, 319~320쪽.

를 다루는 데는 일면적일 수밖에 없다.

생태계 위기 문제를 통합생태론의 관점에서 논의하는 프란치스코 교황의 회칙 「찬미받으소서」(*Laudato Si'*)는 신학적 관점과 별개로 포스트휴먼적 생태 담론과 밀접히 연관된다. 생태위기를 극복하기 위해서는 생태를 바라보는 통합적인 관점과 이를 극복할 전 세계의 총체적 노력이 함께 있어야 한다. 환경 위기에 대항하려는 국제정치적 대화는 대체적으로 실패했지만 "공동의 계획을 가진 하나의 세상"을 생각하는 태도는 이 문제를 근본적으로 해결할 세계적인 합의가 필요함을 강력히 역설한다. 환경위기 극복을 위한 가장 중요한 사안 가운데 하나는 에너지 사용에 있다.[192] 에너지 사용에는 언제나 첨예한 국제적 이해관계가 대립된다. 1992년 개최된 리우 데 자네이로에서의 〈지구환경정상회담〉은 환경운동에서 국제적 협력에 호소한 거의 기념비적 선언을 채택했다. 그 선언은 "모든 이들의 이익을 존중하고 국제적인 환경과 개발 체계를 보전하는 국제적 협약 체결을 위해 노력하고 [···] 우리의 집인 지구의 온전하고도 상호의존적인 성격을 인식한다"는 목표를 천명했다. 이 회담이 참으로 혁신적이고 선구적이었지만 실패할 수밖에 없었음은 참으로 안타까운 일이다. 그런 까닭에 이 회칙은 이후 수많은 국제 환경회의와 협약에 담긴 문제(167항~170항)와 함께 실행 가능한 국제협약과 강력한 국제적 규제의 틀이 필요함을 역설한다.(173항).

이 주장은 안토니오 네그리의 제국 담론에 담긴 논의와 연결된다.(174~175항). 그것은 새로운 국가적 지경적 정책을 위한 대화와 밀접

192 교황 프란치스코, 『찬미받으소서』, 서울 2015, 이하 인용문은 본문의 괄호 안에 문헌의 항 번호로 제시한다. 여기서는 회칙 제5장 164-165항.

히 연관된다. 그럼에도 여기에는 한 사회의 목표 및 가치관과 함께 "인본주의적이고 깊은 의미가 있는 이해"(181항)가 반드시 포함되어야 한다. 그렇지 않을 때 그 노력들은 실패로 끝날 수밖에 없을 것이다. 회칙은 명확히 통합적 관점에서 생태위기를 극복할 인간성취를 위한 정치와 경제의 대화(189~198항)를 강조하며 나아가 과학과 종교의 대화를 촉구한다. 17세기 이래 서구에서 이루어진 과학혁명에 따른 현대문화는 결코 "생명, 모든 피조물의 상호작용과 실재 전체"를 완벽하게 해명하지 못한다. 그래서 우리의 문제는 경험과학을 넘어 그 "근원으로 돌아가야"(199~200항)한다. 그를 위한 핵심적 행위는 생태교육과 영성에 있다.

### 2) 생태위기와 삶의 전환

생태위기 극복을 위해서는 새로운 생활양식을 향한 삶의 전환이 필요하다. 그 모두는 궁극적으로 소비의 자유가 아닌 "참된 자유와 진선미를 향한 우리의 열린 마음"과 생명의 존엄함을 지키는 데 있다(205항). 그것은 궁극적으로 "생명에 대한 새로운 경외"와 "자기초월의 근본자세"(207~208항)에 달려있다. 이런 삶의 태도는 생태학적 전환이며, "도구적 이성에 근거한 근대성의 신화"를 넘어설 때 가능하다(210항). 이런 논의는 도구적 합리성과 이성중심주의의 극복, 근대성 극복의 철학적 전환, 자본주의와 시장중심주의 경제체제에 대한 비판으로 이어진다. 이 점이 회칙 「찬미받으소서」를 탈근대와 포스트휴먼 철학적 맥락에서 읽어낼 여지를 보여준다. 그래서 그 논의는 생태영성을 말하지만 그 궁극적 내용은 근대를 이중으로 극복하는 포스트휴먼 철학과 함께 생명영성을 지향할 수밖에 없는 것이다. 생태적 회개를 요구하는 회칙은 모든 창조된 생명과 맺는 관계의 새로움, 삶의 근본적 의미를 성찰하는 존재론과 함께 공동체적 회개(217~219항)는 물론 다른 존재와 맺는 보편적 친교와 유대(220항)를 강조한다.

생태영성은 인간 삶과 존재의 터전에 닥친 위기를 극복하는 영성이며, 삶을 이해하는 방식의 전환(222항)은 곧 포스트휴먼 철학의 새로운 사유에서 가능할 것이다. 이 새로운 사유는 근대철학이 배제했던 절제(kenosis)와 내적 평화, 존재론적 현존을 드러내는 지향점을 지닌다. 그것은 타인과 세상에 대한 책임과 사회적이며 정치적 목표를 외면하지 않은 새로운 형태의 문화이며(228~229항), 생명을 죽음으로 몰아가고 착취하는 자본주의적 문화를 넘어 사랑과 돌봄의 문화, 더불어 살아가는 영적 체험(230~232)을 가능하게 하는 생명영성을 지향한다. 그것은 포스트휴먼 철학이 지향하는 새로운 사유와 같은 맥락에서 그로 인한 "새로운 길"(245항)에 대한 주장과 일치한다.

생태위기를 극복하기 위해서는 물질과 에너지를 획득하는 방식의 변화가 반드시 필요하다. 이런 변화는 산업화 시대의 가치관과 철학적 체제를 극복하지 않고서는 결코 가능하지 않다. 현대 사회의 경제체제를 변화시키는 작업은 궁극적으로 철학적 사유, 형이상학적 체계 변화와 함께 한다. 모리스는 인류의 에너지 획득 방식이 그의 가치관에 결정적인 영향을 미친다고 주장한다.[193] 그는 인간 가치관이 변화한 세 단계를 수렵채집 사회, 농경사회, 화석연료 사회 시대로 규정한 뒤, 각 시

193 I. 모리스, 『가치관의 탄생』, 이재경 옮김, 반니, 2016.

대의 가치관은 그 생산단계에서의 에너지 획득방식에 따라 변화 한다고 역설한다. 수렵채취시대와 농경시대는 물질과 생산물을 획득하는 방식에서 비교할 수 없을 정도로 차이를 지닌다. 더욱이 농경시대와 산업화시대는 이런 생산물 획득 방식을 넘어 에너지를 얻는 방식이 삶과 생활양식을 결정했으며, 이에 따라 특정한 가치관과 세계관에 비교우위를 부여하였다고 말한다. 이렇게 형성된 가치관과 세계관은 결국 인간의 세계 이해와 관계맺음 일반의 양상 자체를 바꾸어 놓게 된다. 같은 맥락에서 영국의 역사학자 겔너 역시 인류의 역사를 움직이는 가장 중요한 세 가지 주제어를 생산과 통치, 인식으로 규정한 뒤 생산 양식이 통치체제는 물론, 그 당시의 인식체제, 즉 철학과 문화적 체제를 확정하는 결정적 요인임을 강조한다.[194] 농경시대의 철학적 토대가 플라톤주의로 완성에 이르렀다면 산업사회를 틀 짓는 철학적 토대는 관념론과 경험론적 철학을 필요로 하며 이는 실용주의 철학과 함께 전통적 철학의 해체를 촉구하는 계기로 작동한다. 포스트휴먼 시대의 철학은 탈산업사회의 맥락에 따라 그와는 다른 형태로 모습을 드러낼 것이다.

인류의 역사와 문화, 사회체제는 그가 수행하는 서사(epic)작업에 따라 결정된다. 서사를 만드는 본성은 인간을 인간이게 하는 특성이며, 이것은 결국 철학적 본성을 의미한다. 철학은 세계와 자연, 인간과 인간은 물론, 인간과 초월성을 이해하고 해석하는 인간만의 지성적 작업을 의미한다. 인간은 생물학적이나 문화적으로 결정되어 있지도 않지만, 이런 영역을 떠나 존재하지도 않는다. 생태계 파괴에 따른 급격한 변화는 인간을 이 세상에서 지금과는 다른 존재로 전환시킬 계기로 작

194 어니스트 겔너, 『쟁기, 칼, 책 – 인류 역사의 구조』, 이수영 옮김, 삼천리, 2013.

동할 것이다. 그럼에도 인간이 지닌 본성은 여전히 중요한 상수로 자리한다. 거기에는 존재론적 의미 추구와 초월성을 내재화하는 본성이 결정적인 요인이 된다.

근대와 근대이후의 세계는 오늘날 생태위기에서 보듯이 생산물과 에너지 습득방식에서 결정적으로 차이질 수밖에 없는 체계다. 근대 시대가 화석연료에 의지해서 에너지를 습득했다면 이런 방식은 근대 이후 더 이상 유효하지 않으리란 사실은 명백하다. 이런 관점에서 모리스는 근대이래의 인간 문명을 붕괴시킬 수 있는 다섯 가지 충격으로 "통제불능의 인구 이동, 국가 기능마비, 식량부족, 전염병 확산, 기후변화"를 거론한다.[195] 이 모든 위기의 핵심에는 생태계 파괴에 따른 변화가 자리하고 있다. 생태계 위기를 극복하기 위해 가장 핵심적인 전환이 에너지 획득 방식의 변화에 있음은 불문가지의 사실이다. 그래서 그는 "에너지 획득량 상승이 사회체제의 진화에 선택적 압력으로 작용했고, 사회체제의 진화는 생물학적으로 진화한 핵심가치의 해석에 선택적 압력으로 작용"했다고 말한다.[196] 위의 주장에 근거할 때 근대 이후의 문화와 사회체제가 근대와는 획기적으로 변할 것이란 사실은 자명하지 않을까. 자본주의적 생산양식과 문화는 결국 우리의 실존적 선택과 결단, 생활세계 전체를 변화시킴으로써 현대 생태위기를 초래하는 가장 핵심적인 원인이 된다. 이런 맥락에서 기후변화의 정치 문화적 체계 변화를 통합적으로 논의하는 클라인의 관점이 설득력있게 다가온다.[197]

195 I. 모리스, 같은 책, 31~41쪽

196 I. 모리스, 같은 책, 242쪽.

197 나오미 클라인, 『이것이 모든 것을 바꾼다 - 자본주의 대 기후』, 이순희 옮김, 열린책들, 2016.

모리스와 겔너의 논의에서 보듯이 에너지 습득방식을 비롯한 생산양식의 변화는 새로운 인식체계를 요구한다. 이 논의는 자연스럽게 생태위기 극복을 통한 철학적 사유의 변화 논의로 이어질 것이다. 또는 삶의 태도와 철학적 사유의 상호성을 생각한다면 다가올 사유를 성찰하는 철학적 노력이 또한 생태위기를 극복하는 새로운 삶의 태도를 불러올 수도 있을 것이다. 이 모든 논의는 새로운 삶의 태도와 생태적 회개 및 생태영성을 말하는 회칙 「찬미받으소서」와 포스트휴먼 철학이 추구하는 근대 이후의 새로운 사유체제와 같은 맥락에서 이루어진다. 현대 사회의 생태위기는 한편으로 근대의 사회와 문화가 초래한 위기이지만, 인간의 지성적 영성적 태도 변화에 따라 새로운 사유의 논의로 이어질 수도 있다. 그런 관점에서 이 논의는 새로운 문화와 사유를 위한 귀중한 계기를 열어준다.

### 3) 통합생태론

회칙 〈찬미받으소서〉는 지금 우리의 삶의 터전인 지구라는 공동의 집이 인간의 무책임한 행동으로 죽어가면서 울리는 소리를 경고하면서 시작한다.(1~2장). 그 울부짖음은 곧 지구의 성분으로 이루어졌으며, 그 공기와 물, 그 지구에 의해서만 존재할 수 있는 우리의 생명이 죽어간다는 소리다. 이런 현상은 자연을 파괴하는 비극적인 결과를 초래하는 "산업문명의 역효과에 따른 생태적 재난" 때문이다. 그러기에 바로 지금 이런 잘못된 "인간 행위의 근본적인 변화"를 불러오는 생태적 회개와 '참다운 인간생태론'이 시급히 필요하다(4~5항). 그 변화는 생활양식, 생산과 소비양식 등 우리 사회의 권력구조를 변화시키는 것이며(5항), 세계경제를 지배하는 성장모델의 수정(6항)을 요구한다. 그래서 회칙은 "자연이라는 책은 하나이며 나눌 수 없는 것"이며, 거기에는 "환경과 생명, 성, 가정 사회관계" 등 모든 것이 포함되어 있다고 말한다(6항). 이런 논의가 바로 이 회칙의 의미를 드높이는 통합생태론(11항)의 철학적 토대이다. 여기서 중요한 것은 9항에서 언급한 환경문제에 대한 영적 근원에 대한 강조이다. 통합 생태론은 현재의 생태위기를 초래한 모든 원인을 총체적으로 고찰하게 만들며, 그 위기를 극복하기 위한 통합적 관점을 거론한다. 이러한 관점은 산업화 시대와 자연이해의 변화, 인간이 자연과 환경, 다른 생명과 맺는 관계맺음의 형태는 물론, 국제정치와도 밀접히 연관된다(15항). 그래서 회칙은 "가난한 이들과 지구의 취약함"이 연결된 관계를 언급하면서 "세상의 모든 것이 서로 연결"되어 있다는 철학을 제시한다(16항).[198]

구체적으로 회칙은 환경오염의 실태를 오염과 기후변화, 쓰레기와 버리는 문화에 대한 지적으로 언급한다(20~22항). 여기에는 공공재인 기후와 에너지 사용방식이 포함되며(23~26항), 또한 심각한 물의 문제(27~31항), 생물다양성 감소(32~42항)의 문제와 함께 인간 삶의 질이 저하되고 사회가 붕괴되며(43~47항), 세계적 불평등 현상이 필연적으로 생겨날 수밖에 없다. 자연이 파괴될 때 인간의 삶과 그 존재론적 터전 역시 파괴될 것이다. 그래서 회칙은 강하게 "참된 생태론적 접근은 언제나 사회적 접근"이란 사실을 강조하면서 "지구의 부르짖음과 가난한

198 회칙은 16항에서 기술패러다임과 정치적 힘, 경제성장에 대한 다른 이해방식을 요청한다. 또한 피조된 자연과 생명의 의미는 물론, 정치적 책임과 자본주의와 소비생활을 벗어나는 새로운 생활방식이 필요하다고 말한다.

이들의 부르짖음 모두에 귀를 기울어야"한다고 말한다(48-49항). 지금 생태론적 전환과 변화를 이끌어내지 못하면 "기술-경제패러다임을 바탕으로 하는 새로운 힘의 구조"가 정치는 물론 인간의 존재 양식을 지배하게 될 것이라고 경고한다.

문제는 바로 여기에 있다. 그것은 경제와 기술의 동맹(54항)이며 "신격화된 시장의 이익"에 굴복하는 결과를 초래한다. 그래서 현대문화의 가장 무서운 적은 "강력한 경제 세력"이며 여기에 굴복한 정치라는 사실을 끊임없이 강조한다(53-57항). 현대문화에서는 이런 경제 논리에 굴복한 거짓되고 피상적인 생태론이 증가하고 있다. 이 위기는 결코 새로운 기술의 적용으로 저절로 해결되지 않는다(59-60항). 이런 지적에는 과학기술의 발달에 따라 생태위기를 극복 가능한 것으로 파악하는 기술낙관주의에 대한 분명한 비판의 태도가 담겨있다.

이와 반대로 진화생물학 저술가인 리들리(Matt Ridley)는 수많은 경제적, 기술적 위기와 한계에도 불구하고 인간이 지닌 지성적 능력과 과학기술은 결국 이 모든 위기를 극복하고 이상적 세계를 만들어갈 수 있다는 낙관주의적 전망을 펼치기도 한다. 그는 지난 수천 년 간의 인류문명의 발달사를 고찰하면서 그 안에 담긴 인간의 이성과 합리성에 무한한 신뢰를 보낸다. 그리하여 지금은 너무도 강력하게 우리를 겁박하는 온갖 "경제붕괴, 인구폭발, 기후변화, 테러리즘, 빈곤" 등에도 불구하고 인간은 이상적 번영을 이룩할 수 있으리라고 확신한다. 그에 따르면 인간이 지닌 이성은 "기질이나 본능"의 문제가 아니라, 그 이성이 발휘되어왔던 역사의 문제이며, 그 "증거를 살펴본 결과 낙관주의에 도달"할 수밖에 없다고 주장한다. 그는 기후변화와 관련하여 극단적 기후변화는 불가능하며 그와 다른 생태계 변화, 예를 들어 지구 온난화에 따른 생태계 변화에도 인류의 지성과 과학기술은 현명하게 대처할 수 있으리란 낙관론을 전개한다. 언론은 지나치게 비관주의를 옹호하고 있으며, 지성인들 역시 인간의 본성에 깃든 갈등과 투쟁, 욕망을 강조하는 경향이 강하다. 비록 인간의 본성은 결코 변하지 않겠지만, 그럼에도 이 모든 비관적 전망에도 불구하고, 아니 바로 그런 비관적 전망 때문에라도 리들리는 그가 지닌 이성과 합리성, 인간의 교역과 연대의 능력은 결국 이 모든 비관적 전망을 이기고 이상적 세계를 향한 발걸음을 멈추지 않을 것이라고 거듭 확신한다.[199]

"현대세계 체제는 여러 관점에서" 볼 때 결코 "지속될 수 없을 것"이 분명하다(61항). 그러기에 현대의 이 총체적인 위기를 넘어서기 위해서는 이 문제를 초래한 자연해석학과 그에 근거한 문화와 사회체제의 변화는 물론, 그 토대가 되는 존재론적 변화와 영성적 전환이 시급히 필요해진다. 그래서 회칙은 생태위기의 원인이 복합적이고 다양하기에 "다양한 문화적 풍요", 즉 "각 문화의 예술과 시, 내적 삶과 영성"은 물론 철학적 이해와 새로운 사회교리를 필요로 한다고 말한다(63항). 그 까닭은 생태문제를 거론하는 회칙의 근본 관심이 바로 가난한 이들을 포함한 인간의 삶과 존재의미, 영적 삶에 있기 때문이다(64항). 이런 관점에서 생태위기를 거론하는 이 회칙의 가장 중요한 요소라면 생태계 위기 극복과 인류 공동의 집을 위한 노력, 통합 생태론과 생명영성으로 이어지는 생태학적 전환과 생태영성을 거론한 네 가지 요소라고 말해야 할 것이다.

199 매트 리들리, 『이성적 낙관주의자』, 조현욱 옮김, 김영사 2010.

회칙 「찬미받으소서」 제2장은 피조물에 관한 복음에 대해 언급한다. 생태계 위기의 가장 큰 요인은 인간이 자연과 다른 생명, 인간은 물론 하느님과 맺는 관계맺음의 왜곡에 있다. 이점을 지적하는 이 대목은 생태윤리학의 논의로 연결되어 생태학적 회개와 생태영성을 거론하는 해석학적 토대가 된다. 이어지는 3장에서 회칙은 "인간이 초래한 생태위기의 근원"을 상세히 분석한다. 여기에는 현대 사회에서 일반화된 근대세계 이래의 기술문화와 그에 따라 정초된 기술관료적 패러다임을 전 지구화의 원인으로 거론한다. 기술관료적 패러다임은 현대 사회의 경제와 정치를 지배함으로써 현대 세계의 가장 복잡한 문제들, "환경과 가난한 이들에 관한 문제"를 초래한다. 이 문제를 해결하려는 학적 노력은 여러 학문과 함께 반드시 "철학과 사회윤리를 포함"해야 한다. 왜냐하면 생태문제의 기술적 영역 역시 "삶의 의미해석에 근원이 되는 것"이며, 또한 기술관료적 패러다임에 대항하는 "다른 시각, 사고방식, 정책, 교육 계획, 생활양식, 영성"(109-111항)을 필요로 하기 때문이다.

이 회칙이 생태위기 문제에 미치는 중요한 의미 가운데 하나인 통합생태론은 제4장에서 거론된다. 여기에는 환경과 경제, 사회의 생태론(138~142항)과 함께 문화생태론(143~146항), 일상생활의 생태론(147~155항)이란 다섯 가지 형태를 제시한다. 이 모두는 결국 공동선의 원리에 바탕하고 있기에 그 원리를 상세히 논의하며(156~ 158항), 생태철학자 요나스(H. Jonas)가 언급했던 세대 간 정의 문제(159~162항)를 함께 거론한다. 이 대목은 이 회칙이 얼마나 생태문제에 대한 폭넓은 이해를 포함하고 있는지를 잘 보여주는 예일 것이다. 경제적 불평등이 가장 심각한 지역에서 생태문제를 접근하는 라틴아메리카의 해방신학자

보프(L. Boff) 역시 사회생태학을 거론한다.[200]

생태계 파괴의 원인이 사회적 맥락과 밀접히 연관되어 있듯이 그 극복 역시 사회적 맥락과 분리된 채 이루어질 수 없다. 이 문제는 자본주의의 전 지구화에 따른 국제적 불평등이 현실화된 지역에서 생태계 파괴가 가장 강력하게 이루어지는 현상을 이해하게 한다. 경제적 약자야 말로 경제적 불평등에 따른 피해자이면서 생태계를 파괴하는 가장 큰 원인제공자이기도 하다. 그러나 그들의 행위의 책임은 결코 그들이 아니라, 그런 체제를 만들어낸 그 뒤의 더 큰 원인에 탓을 돌려야할 것이다. 생태계 위기를 세대 간 정의나 경제불평등과 연결하여 논의하는 이 회칙의 관점도 이런 이해에 바탕하고 있다.

200 레오나르도 보프, 『생태신학』, 김항섭 옮김, 가톨릭출판사, 1996, 32~40쪽.

# 제4장
# 탈근대적 인간이해

## 제4장
# 탈근대적 인간이해

## 1. 탈근대적 문화 상황과 해체 담론

### 1) 탈근대적 철학 담론

1980년대를 거치면서 이루어진 자본주의의 과잉과 그 이후 1990년대 맑시즘(marxism)의 정치적 시도가 실패함에 따라 철학의 계보사에 새로운 전기가 마련되었다. 이를 통해 관념주의 철학이나 언어분석 철학 등의 흐름이 급격하게 포스트모던 철학(postmodernism)으로 전환되었다. 맑시즘의 정치적 실패와 자본주의의 전지구화는 과학기술과 산업기술과 결합하여 이런 경향이 일면적으로 지배하는 문화적 상황을 마련하였다. 자본주의의 전지구화는 포스트휴먼 논의에 결정적인 의미를 지니지만, 4차 산업혁명과 관련된 기술공학적 측면에서 이 논의는 배경적 주제로 작용할 수밖에 없다. 여하튼 포스트모던 및 포스트휴먼 담론은 개념사적으로는 그 이전의 짧지 않은 전(前) 역사를 안고 있지만 지금에 이르러서야 비로소 체계적으로 논의되면서 철학적 함의를 지니게 되었다. 1980년대 근대성에 대한 대결을 목표로 설정되었던 포스트모던 철학은 그 내용 없음과 진리를 향한 인간의 본성적 요구를 충족시키지 못하는 한계 때문에 퇴조했다. 해체주의 담론은 철학적 진지함으로 철학사적 의미를 지니고 있지만 여전히 탈근대의 요구를 채워줄 사유의 체계를 제시하는 데는 성공적이지 못하다.

정보공학과 생명공학의 혁명적 발전에 따른 문화사적 변화를 포스트휴먼 논의와 연결짓는 논의에도 강조점의 차이에 따른 다양한 경향이 나타난다. 정보공학적 측면을 강조하는 흐름이 트랜스휴머니즘 논의와 밀접히 연관된다면, 이에 비해 생명과학과 그에 따른 생체적 변화에 강조점을 두는 사조는 분명 차이가 있다. 예를 들어 후쿠야마(F. Fukuyama)의 〈우리의 포스트휴먼 미래〉는 정보혁명보다 훨씬 더 유전공학적(genetic engineering) 연구 결과에 따른 인간의 변화될 모습과 그에 따른 미래적 존재의 권리와 본성, 그 인간적 지위를 중심으로 포스트휴먼 개념을 해명한다. 여기서 그는 자연적 인간의 능력을 벗어나는 포스트휴먼이 되고자 하는 욕망의 위험성을 경고한다.[201]

4차 산업혁명 논의는 산업기술과 경제, 사회 영역이나 생활세계의 영역을 넘어 포스트모던주의 철학이 추동했던 문제의식과 함께 철학의 주제를 포스트휴먼 담론으로 각성시키는 계기가 되었으며, 나아

201 Francis Fukuyama, *Our Posthuman Future: Consequences of the Biotechnology Revolution*, London: Profile Books 2002.

가 이런 계기를 통해 시대사와 철학적 해명의 본질적 전환을 열어가고 있다.[202] 4차 산업혁명 논의는 포스트휴먼 담론을 통해 17세기 이래 서구 근대가 이룩했던 근대성과 근대 철학을 전환시키는 계기로 작동한다. 그 전환은 두 가지 형태로 나타난다. 하나는 근대성에 의해 체계화된 현대 사회의 체제 전체를 변화시키는 문화사적 변화이며, 다른 하나는 이를 통해 불가피하게 나타나는 철학적 전환이다. 이 전환을 우리는 탈형이상학 담론으로 이해한다. 이 논의는 그럼에도 우리의 일상을 지배하며, 철학적 현재를 근거 짓는 근대성의 불가피함을 감내하면서 극복하는 이중적 극복, 초극(Verwindung)으로 나타난다.

여기에 포스트휴머니즘 담론의 탈근대적 함의가 자리한다. 이러한 논의를 촉발시켰으면서 현대문화에서 많은 영향을 미친 사조가 바로 포스트모더니즘(postmodernism) 담론이다. 이 사조는 근대와의 관계에서 매우 다양하고 모호한 관계를 설정함으로써 근대이성의 사유체계가 지니는 모순을 극복할 대안으로는 한계를 드러내고 있다. 포스트모더니즘은 그 자체로 너무도 다양하고 포괄적인 내용을 담고 있으며, 심지어 정반대의 사조가 같은 이름으로 불리기도 한다. 그래서 포스트모던적이란 말은 때로는 "이해할 수 없"거나 "파악할 수 없"다는 의미로 쓰일 정도이다.[203]

202 이렇게 지적하는 까닭은 헤겔이 〈법철학〉에서 언급했듯이 "철학은 이성적인 것의 근거를 밝힘으로써 현재 있는 것과 현실적인 것을 더욱더 파악하는 것"이기에 4차 산업혁명이 계기가 된 포스트휴먼 담론은 이런 맥락에서 시대사적 전환과 근대 이후의 철학사적 전환을 가져올 해명의 중요한 단초가 될 것이다. G.W.F. 헤겔, 『법철학』, 임석진 옮김, 한길사 2008, 47-48.

203 J. F. Lyotard, "Retour au postmoderne", *magazine litteraire*, no. 225, Decembre 1985, 43.

포스트모더니즘이 지니는 다양성이 단순히 근대에 대한 반대라는 의미를 넘어 전철 "post-"가 의미하듯이 근대를 극복하는 사유는 포스트모더니즘의 한계를 넘어 심화되어야 할 것이다. 그것은 근대의 정당한 사유의 특성을 수용하면서도 그 한계를 넘어서고자 하는 의미로 전개되어야 한다. 포스트휴머니즘은 포스트휴먼적 문화상황에서 필요한 철학적 인간학이면서 그와 함께 철학적 휴머니즘에 이항대립적으로 자리하는 인간이해이다. 그것은 한편으로 휴머니즘 이후(after-)의 휴머니즘이면서 또 다른 한편 그 휴머니즘에 대결하는(anti-) 조류이기도 하다. 그에 비해 비판적 휴머니즘은 불가피하게 주어진, 그러면서도 보편적이기에 그 흐름을 전면적으로 거부할 수 없는 인간이해를 담고 있다. 이에 덧붙혀 그 경향은 "그럼에도 불구하고" 그 한계를 넘어서는(meta-) 인간이해를 필요로 하기에 포스트휴머니즘은 휴머니즘과 이항대립적일 수밖에 없다. 그래서 포스트휴먼 담론에서 전철 포스트(post)와의 관계가 이 담론의 의미를 결정하는데 중요하다는 점을 누차 강조한다. 이 전철은 이후이거나 반대하는 것을 의미할 수도 있으며, 이를 감내하면서 극복하는 초극의 의미일 수도 있다. 거듭 강조해야할 것은 어떤 경우라도 그 조류가 트랜스휴머니즘일 수는 없다는 사실이다.

포스트모더니즘의 여러 다양한 조류들이 지니는 차이에도 불구하고 이 사조는 서구의 16세기 이래의 철학과 문화를 근대성이란 이름으로 규정하고 그에 대해 비판하고 극복하려는 관점을 지닌다는 데 공통점이 있다. 이런 관점에서 포스트 휴머니즘에 의한 인간 이해의 변화에는 이성을 넘어서는 인간의 내적 영역, 영성 개념이 가장 중요한 전환점이 될 것이다. 그 까닭은 이 논의의 핵심이 서구의 이성(理性, logos, nous)에 대한 비판에 있기 때문이다. 이 논의는 이성중심주의 해체와 함께 포스트휴먼적 영성 담론으로 나타난다.

### 2) 이성중심주의 해체와 휴머니즘 극복

현대문화가 본질적으로 서구 근대철학에 의해 형성되었음은 너무도 잘 알려진 사실이다. 그것은 한편으로 중세의 신적 이성을 인간의 이성으로 전환시킨 '이성의 시대'이며, 인간을 자연의 주인으로 설정하여, 끊임없는 진보를 향한 문화로 현실화된다. 이러한 근대의 기획이 오늘날 여러 방면에서 한계와 잘못을 드러내면서 근대의 기획을 벗어나려는 철학적 노력은 시대정신이 요구하는 작업으로 규정할 수 있을 정도가 되었다. 서구 근대의 체계가 그들이 발견한 인간 이성의 세계, 신적 이성(intellectus Dei)을 벗어나 인간을 자연의 빛(lumen naturale)과 그에 따른 이성의 존재로 정의하는 인간은 근본적으로 이성적 동물(ζώον λόγον ἔχον)이다. 이러한 이해는 인간을 이성의 존재로 이해하는 나름대로의 정당성에도 불구하고, 그 자체로 한계를 지닌다. 근대는 이성의 빛을 비추이는 계몽의 작업을 자신의 시대적 과제로 설정하고 있다. 계몽(enlightenment)은 이성의 빛으로 "자신에서 비롯된 미성숙함을 벗어나는 것"이기에, 근대의 사람들은 이성에 의한 역사의 완성과 무한한 진보를 신봉하였다. 이제 그들이 발견한 이성의 능력으로 세계는 이 지상에서 완성에 이르는 것이다.

근대 합리성의 철학은 결국 자연을 대상화, 객체화하며 인간을 모든 존재의 주인으로 설정하게 된다. 세계의 주인이 된 인간은 자신의 지적 능력, 이성으로 역사의 무한한 진보와 지상낙원의 건설이 가능해질 것으로 기대한다. 이를 위한 도구는 인간의 이성이며 그 대상은 자연이었다. 이성에 의한 역사의 진보와 완성이라는 패러다임이 성립됨으로써, 인간이해는 물론 철학적 이해는 전혀 새롭게 변화되었다. 이로써 이성 이외의 인간의 다른 존재성은 배제되기에 이른다. 그런 까닭에 이성개념을 넘어 새로운 이성개념을 설정할 필요가 생겨난다. 그것은 근대의 계몽주의 혁명 이후 인간의 이성 개념이 지니는 한계를 극복하기 위해서는 반드시 해결해야할 과제다. 이성의 관점에서 보자면 이런 시도는 나름대로 정당성을 지닌다. 근대의 이성은 오직 인간의 이성, 인식이성이며 도구적 합리성으로만 규정됨으로써 이러한 이성이외의 다른 부분들은 억압되고 잊혀지기에 이르렀다. 감성이나 영성은 이런 과정에서 이성의 다른 것, 심지어 반이성적인 것으로 간주되었다. 그 결과가 현대문화에 광범위하게 퍼져있는 초월성에 대한 무시, 감성의 영역을 낮추어보는 태도, 실재세계에만 가치를 두는 문화적 풍토를 초래한 것이다.

이러한 문화가 초래한 역기능과 한계를 우리는 근대의 역사에서 무수히 확인하게 된다. 지난 역사에서 보듯이 이러한 이성에의 맹신과 그에 따른 진보의 환상은 깨어지게 된다. 인간의 이성이 지니는 한계, 그로 인해 초래된 역사의 역작용들, 1,000여만 이상이 죽어간 구 소련의 굴락(Gulag), 나치의 강제 수용소와 집단 학살, 구 일본제국의 남경학살과 만주전쟁의 야만성, 종교전쟁, 제국주의와 식민시대, 흑인 노예와 경제에서의 세계적 수탈 구조 등은 인간 이성을 근본적으로 의심하게 만든다. 프랑크푸르트학파의 비판 이론과 근대를 수정하려는 여러 움직임들, 해체주의와 포스트모더니즘, 문화제국주의 비판과 오리엔탈리즘(Orientalism) 논의들은 근본적으로 이러한 문제의식에서 유래한다.

따라서 그에 대한 반발로 감성과 영성을 강조하는 문화적 분위기는 그 자체로도 매우 중요한 현상이다. 인간은 결코 초월에 대한 감수성과 감성적 측면을 도외시한 일면적 이성만으로 살아갈 수 없다. 그러기에 오늘날 철학에서는 이성을 인간의 모든 내적 능력으로 확대하여 이해하고자 한다. 이로써 근대의 이성 개념이 아닌, 이성에 의해 소외되고 억압된 영성, 감성 등을 통합적으로 회복하려는 움직임들이 나타나고 있다. 이러한 관점에서 현대의 문화세계에서 요구되는 새로운 내적 특성을 찾아낼 필요가 있다. 그것은 생명의 근원적 감성과 삶의 이성은 물론, 초월에 대한 영성을 포함하는 인간의 어떤 총체적인 생명성일 것이다.

올바르게 이해되는 인간의 생명성은 이성을 거부하지 않는다. 생명체로서의 인간은 이성의 보편성과 사물이해의 합리성, 객관성을 떠나 존재하지 못한다. 현대 영성의 가장 큰 논란거리는 어떻게 인간의 내적이며 초월의 문제, 초월에 대해 효과적이며 설득력 있게 제시할 수 있을지의 문제다. 이성 개념의 변화와 이로 인한 근대 합리적 세계의 형성은 궁극적으로 자연에 대한 이해를 변화시켰다. 그것은 "자연이란 책을 읽어"(legere in libro naturae) 신적 세계를 이해한다는 전통적 영성 개념을 변화시켰다.

이성에 대한 일방적 비판은 반지성주의를 불러온다. 근대 이성의 일면성을 비판하고 영성과 감성의 정당성을 회복시키는 것이 곧 지성에 대한 반발로 이어져서는 안될 것이다. 현대사회와 문화에 광범위하게 펴져있는 반지성주의와 전문성에 대한 비판은 한편으로 역사적 이유와 타당성을 지닌다. 자신이 자리한 터전과 역사적, 문화적 근거를 성찰하지 못하고 다른 이의 문화를 자신의 것인 양 착각하는 지성의 비성찰적 태도가 반지성주의를 초래한 이유 가운데 하나라면, 이는 결국 이성을 무시한 어떤 영역, 또는 영성을 반이성적이거나 지식의 영역을 벗어난 것으로 이해하게 만든다. 이는 뉴에이지 등 포스트모던적 영성이 이신론(deism)적 요소를 드러내는 현상에서 분명하게 감지된다. 그것은 일방적 영성의 강조로 인한 반지성주의에 대한 반발이거나 이성적 능력에 대한 인간의 원초적 갈증을 나타내는 현상이다. 따라서 영지주의를 비롯한 모든 포스트모던적 영성은 인간이 지닌 근본적인 지적 요구에 호소하고 있다는 공통점은 이런 관점에서 충분히 타당성을 지닌다.

### 3) 근대성 비판과 현대문화

21세기 초입을 사는 우리는 자본주의 문화와 과학기술 문화에 둘러싸여 있다. 이 문화의 특징은 그 어느 시대, 어떤 사조와도 다르게 자연을 인간과 대척점에 놓는다는 데 있다. 자연을 타자화하고 객체화함으로써 현대문화는 과학기술을 가능하게 했다. 또한 자연을 산업화와 자본화의 수단으로 삼는 자본주의 문명으로 인하여 현대인은 물질적 삶의 풍요함을 누리고 있다. 그러한 외적 성공을 가능하게 한 것은 전적으로 유럽에서 일어난 사조, 근대성(modernity)이라 부르는 사고체계 때문이다. 이 근대성은 인류의 역사 이래의 수많은 사조와는 근본적으로 구별되는 매우 독특한 체계이다. 근대가 성공을 거둔 결정적 이유는 인간을 이성(理性)의 존재로 파악하고, 이 이성을 도구로 사용하여 자연과 타자와 맺는 독특한 관계를 설정한 데 있다.

근대성은 외적으로는 인류 역사에서 결코 전례를 찾아볼 수 없는 물질적 풍요로움과 놀라운 업적의 원리로 작용하였으며, 인간을 모든 존재자의 주인으로 자리하게 하는, 미증유의 성공을 낳은 근거였다. 그러나 문제는 이러한 성공에 가려 인간은 자신의 본래 면모를 상실하게 되고, 내면에서 우러나는 소리를 듣지 못한다는 데 있다. 그래서 이성의 사유 체계로 검출되지 않는 것을 배제하고, 나아가 자연을 비롯한 타자와 맺는 관계를 왜곡시킨다는 데 근본적인 문제가 자리한다. 그러한 배제와 왜곡, 소외는 결국 인간의 내적 세계, 초월성이 관여하는 어떤 영역을 완전히 망각하는 결과를 초래했다.

현대문화 안에서는 포스트모던적인 수많은 영성 현상과 그에 대한 관심이 급격히 늘어난 것은 이런 사조가 배경으로 작용하고 있기 때문이다. 이러한 일련의 현상은 현대문화를 비판하고, 그 문화가 잃어버린 어떤 초월성을 찾고 현대문화의 무의미함에서 나아갈 방향을 밝혀보고자 하는 내적 욕구에서 비롯된 것임을 자인하지 않을 수 없다. 20세기 초엽의 수많은 철학들, 실존주의와 해체주의, 근대이후의 철학적 조류 등은 이런 관점에서 이루어졌으며, 이로써 현대문화 안에서는 근대를 비판하는 사조는 유행이 되다시피 하였다. 이런 사유의 흐름에 따라 포스트휴먼의 초월성을 여기서는 잠정적으로 생명성과 탈존, 영성이란 주제어로 재개념화할 것이다.

포스트휴먼 시대의 철학은 존재 진리를 이해하고 해석함으로써 이 시대의 문화를 새롭게 재현해야한다. 그것을 단순히 향상된 기술이나 그에 따른 인간 능력의 향상을 통해 이루려 한다면 오히려 지금의 위기는 심화될 것이다. 이를 넘어 포스트휴먼의 삶과 존재는 물론 타자와 맺는 관계를 새롭게 정립해야 한다. 이 타자는 소외되고 배제되는 다른 사람일 수도 있지만, 인간중심주의에 의해 소외된 자연과 생명까지도 포함한다. 포스트휴먼의 타자-되기는 이를 표현하는 말이다. 주체가 타자가 되는 것은 물리적으로는 결코 가능하지 않다. 그러나 우리의 존재론적 지평에 근거하여 세계와 존재일반, 타자와 생명을 새롭게 이해함으로써 이런 길을 가능하게 할 수는 있다. 그런 존재는 초월성을 내재화하는 터전을 필요로 한다. 이러한 철학적 사유의 길을 통해 우리는 매 순간 그때마다 자신의 존재를 새롭게 정초하고 재현하며, 그 의미를 드러내게 될 것이다. 이러한 의미론적 과정이 없다면 단순히 기술적으로 향상된 인간은 여전히 무의미의 늪에서 허우적거릴 것이다. 그에 따라 타자 일반은 소외되고 현대사회에서 보는 수많은 문제는 심화될 뿐이다. 현대 사회가 인간의 실존과 의미를 망각함으로써 존재자를 자본과 과학기술 지식의 대상으로만 바라볼 때 이 허무주의는 여전히 그 힘을 확대시킬 것이다.

포스트휴먼 시대가 새로운 허무주의(nihilism)에 빠져들지 않게 하는 길은 생명과 타자를 새롭게 사유하는 철학을 통해 존재의미를 다시금 드러낼 수 있을 때 가능하다. 이를 위한 존재론적 성찰이야말로 포스트휴먼의 시대적 과제일 것이다. 이렇게 형성되는 포스트휴먼이 트랜스휴먼의 일면성과 공허함을 넘어서는 길이기도 하다. 포스트휴먼의 철학은 근대성의 사유 패러다임을 벗어나는 새로운 사유를 지향한다. 그런 관점에서 마틴 하이데거는 다가올 사유는 더 이상 철학이 아니라고 말한다. 그 새로운 사유는 존재의미를 드러내고 인간을 포함한 모든 생명체가 그 존재이유와 목적을 새롭게 이해하고 실현하는 사유를 말한다. 그러기에 그는 "오직 하나의 신이 있어 우리를 구원할 것"이라는 횔덜린(F. Hölderlin)의 시를 인용하면서 새로운 사유에 대해 언급한다.[204] 근대기술문명의 위기에서 벗어날 사유는 새로운 신적 체험과 함께 생명영성으로 개념화할 사유와 상응한다고 말해도 무방할 것이다.[205]

## 2. 생명성의 포스트휴먼

### 1) 포스트휴먼과 현대의 생명이해

포스트휴머니즘 논의는 무척 다양한 형태로 나타난다. 생명공학의 연구결과를 인간에게 적용함으로써 일어나는 수많은 변화는 의학적 차원에 그치지 않는다. 그것은 단순히 노화와 불치병 치료 문제를 넘어 생명복제와 육체적이며 심리적인 변화, 지적이며 영성적 변화까지도 포함하는 논의로 발전한다. 또 다른 철학자들은 생명과학에 따른 인간의 통제 가능성과 윤리적 문제로 인간성에 대한 논의와 함께 그에 대한

204 M. Heidegger, Spiegel Interview "Nur ein Gott kann uns retten", in *Der Spiegel* 23, Mai 1976, 193~219.

205 M. Heidegger, "Brief über den Humanismus", in *Wegmarken,* 2. Aufl., Frankfurt/M 1978, 360.

다양한 전망을 제시하기도 한다. 그와는 다른 측면에서 정보과학의 발전에 따른 담론 역시 포스트휴머니즘 논의의 단초에 중요한 의미를 제시한다. 인공지능(AI)의 발달에 따른 인간의 변화는 차치하고라도, 그에 따른 사회적 변화와 인간의 미래에 대한 논의가 그 한 가지 경향일 것이다. 이에 대한 수많은 기대와 함께 또한 그만큼이나 어두운 전망, "dystopia"적 미래를 암울하게 그린 문화적 경고들도 우리 주위에서 쉽게 찾아볼 수 있다. 그만큼 현대문화에서 포스트휴머니즘 논의는 이미 무척 가까운 일상적 주제로 자리하고 있다. 이런 포스트휴먼적 문화 현상은 이 논의가 이미 우리의 삶과 존재 한 가운데에서 실재하는 힘으로 작동하고 있다는 반증이기도 하다.

하이데거는 "과학은 사유하지 않는다"는 유명한 말로 과학기술이 학문의 진리 주장을 대신한 문화적 한계를 비판한다. 이 말의 의미는 결코 과학기술이 맹목적이란 뜻이 아니라, 그 존재자적 지식이 아닌 존재 진리에 대한 사유를 강조한 데 있음은 충분히 이해할 수 있다. 과학기술적 업적을 일방적으로 추종하는 트랜스휴머니즘을 비롯한 각종 포스트 개념은 존재의미를 성찰하지 못한다. 무엇보다 포스트휴먼의 본질을 새로운 인간이해와 생명성에서 찾는다면 그 길은 명백하다. 존재진리에 대한 성찰적 사유와 생명체 일반과 맺는 새로운 관계 맺음을 통한 인간중심주의의 타파, 이성중심의 일면적 휴머니즘을 벗어나는 포스트적 사유에서만이 이러한 작업이 가능할 것이다. 그것은 일면적 포스트휴머니즘을 비판하는 작업을 통해 그 발걸음이 디뎌질 것이다.

몸적 존재로서의 인간은 기술을 통해 자신의 존재를 세계로 확장한다. 기술은 이제 숙명이 되고 인간의 기본 조건이 되었다. 디지털 매체가 전 지구화된 현상과 함께 생명과학과 생명공학의 눈부신 발달 역시 인간의 존재론적 토대를 혁신적으로 변화시키고 있음도 자명한 사실이다. 독일 철학자 슬로터다이크(P. Sloterdijk)는 이런 변화가 인간을 이해하고 그에 근거하여 정립된 인문주의 자체를 바꾸어 놓은 현실을 성찰한다. 그는 휴머니즘은 "인간이 스스로를 규정하도록 만들"었으며, 이에 따라 휴머니즘은 인간을 "길들이고, 훈련시키고, 교육시키는 수단"으로 작용한다고 말한다.[206] 그는 휴머니즘의 본질은 "인간 길들이기"에 있다고 생각한다. 휴머니즘은 "인간을 야만의 상태에서 다시 회복시키는 데 참여"하며, "인간성이라는 고유한 본성을 발전시키기 위하여 길들이는 미디어를 선택"한다. 슬로터다이크는 근대민족 국가 시대의 문자중심적 휴머니즘은 끝났다고 단언한다. 우리가 살고 있는 시대는 포스트문자적이며, 따라서 포스트휴머니즘의 시대다.[207] 그래서 문자중심적이었던 근대의 휴머니즘에 비해 포스트휴머니즘의 시대인 현재는 새로운 매체와 새로운 인식체계에 자리할 수밖에 없다. 이 체계가 지금 미디어에 의한 정보공학기술과 유전정보를 활용하는 생명공학기술을 통해 수립되고 있다.

슬로터다이크에 의하면 포스트휴머니즘 시대는 존재론적 지평이 생명공학의 출현으로 근본적으로 변화한 시기다. 포스트휴머니즘은 인간의 형이상학적 자기고양 체계를 통해 인간 자체가 문제라는 사실을

206 페터 슬로터다이크, 『인간농장을 위한 규칙』, 이진우/박미애 옮김, 한길사 2004, 47; 이하 〈인간농장〉으로 약칭하여 쪽수와 함께 본문에 인용함.

207 구술문화와 문자문화를 대변한 옹의 이론을 중심으로 생각하면 디지털 정보체제에서의 문화적 변화는 분명 새로운 혁명적 전환임에는 틀림이 없다. W. J. Ong, *Orality and Literacy: The Tehnologizing of the Word.* London/New York, 1982

자각하면서 비롯된다. 이 조류는 유럽적인 실존적, 존재론적 인간 이해가 더 이상 유효하지 않다고 선언한다. 그것은 세 가지 계기에서 주어졌던 서구 휴머니즘의 종료이며, 이로써 인간성(humanitas)에 대한 새로운 이해와 정의가 필요하다는 선언이기도 하다. 이 흐름은 하이데거의 비판처럼 인간을 '이성적 존재'(animal rationale)로 정의한 것을 넘어 동물성(animalitas)의 관점으로까지 확대한다.(《인간농장》 54) 휴머니즘의 해체가 생명과 인간의 경계허물기에 있다면 포스트휴머니즘은 이 경계를 새롭게 설정하려 한다. 그 작업은 인간이 "윤리학과 유전학의 절묘한 결합의 도움을 받아 스스로를 작게 사육하는 일"을 수행하는 것이기도 하다.(《인간농장》 67) 인간에 대한 규정은 그것이 어떤 형태이든 현재의 문화 속에서 "길들이는 추진력들과 야수화의 추진력들 사이의 거인투쟁과 그때그때 그들이 가진 미디어들 사이의 거인투쟁"을 실행하는 것이다.(《인간농장》 72–73) 인간을 길들이는 일은 문명화 과정을 고려하면 놀랍도록 성공적이다. 4차 산업혁명 담론에서 보듯이 디지털 문화와 생명공학 기술은 자본과 결합함으로써 완벽하게 인간을 길들이고 있다.

과연 하이데거가 비판하듯이 현대의 기술문명은 인간을 몰아세워(Gestell) 부품(Bestand)으로 만들고 있는 것일까. 하이데거는 과학기술에 의해 침탈되는 독일인의 삶과 문화를 성찰하기 위해 과학기술을 신랄하게 비판했다. 그는 인간의 생각함을 계산하는 사고(rechnende Denken)와 숙고하는 사유(besinnliche Denken)로 구별함으로써 학문의 두 범주를 본질적으로 구분한다.[208] 이런 구분은 그의 유명한 명제인 존재론적 차

---

208 M. Heidegger, "Wissenschaft und Besinnung", in *Vorträge und Aufsätze,* 6. Aufl.,

이에서 비롯된다. 실증적이며 과학적인 학문을 위한 계산하는 사고가 존재자적 학문에 관계한다면, 존재론적 의미를 드러내는 숙고하는 사유는 성찰적이며 의미론적 학문을 이룬다.[209] 기술의 본질에도 불구하고 이를 망각하고 은폐하는 기술적인 것을 넘어 존재의미와 관계하는 인간의 인간다움을 새롭게 드러내는 길은 어떻게 가능할까. 이런 문제의식에서 슬로터다이크는 "인간농장 경영을 위한 규칙을 토대"로 하는 모든 폭력들, 자본시장과 기술공학, 국가체제를 넘어 "시민시대의 휴머니즘적 길나지움과 파시즘의 우생학"을 성찰하는 동시에 이미 와있는 "생명공학의 시대를 미리 내다보는" 현대의 철학이 필요하다고 역설한다.(《인간농장》 74-76, 79)

### 2) 포스트휴먼의 생명성

여전히 문제는 과학기술의 혁명적 발전에 따른 생명과 "생명되기(zoe-becoming)"가 핵심이다. 이 문제의 해결을 브라이도티는 포스트휴먼적 주체성과 생명에 대한 새로운 이해에서 찾는다.[210] 그에 기반한 포스트휴먼의 생성 개념은 인간을 근대적 휴머니즘이 아닌 포스트휴먼-되기로 이끌어갈 것이다. 그것은 인간중심의 생명을 넘어 모든 생명과 함께하는 생태적이며 조에(zoe)의 생명과 함께 하지만 삶의 생명(bios)을

---

Pfullingen 1990, 41-66 참조.

209 M. Heidegger, "Phänomenologie und Theologie", in *Wegmarken*, 2. Aufl., Frankfurt/M 1978, 48; 실증적 학문이란 실제로 있는 것, 실증적인 것(positum)에 대한 학문을 가리킨다. 철학이 존재론적이라면 여타의 학문은 존재자적, 실증적 학문이다.

210 브라이도티, 같은 책 240-251 참조.

배제하지도 않는다. 그것은 포스트휴먼적 미래학, 유토피아적 환상에 젖은 트랜스휴먼적이지 않은, 새롭게 다가오는 인간의 상황과 정세를 진지하게 사유하는 너무도 인간적인 성찰임을 거듭 강조해야 한다. 생명성에 주목하는 포스트휴먼 담론은 과학기술에 매몰된 생명 지식이나 생명주권 정치가 아니라, 생명의 존재론적 의미와 생명성에 기반한 철학적 사유와 윤리학, 그러한 정치학을 지향한다.[211] 생명정치철학은 M. 푸코 이래 G. 아감벤 등이 현대 사회의 철학적 문제를 생명을 관리하고 통제하는 주권권력에서 찾으면서 시작되었다. 오늘날 생명공학기술과 함께 자본주의와 결합한 문화는 생명에 대한 올바른 이해와 존재론적 자리를 왜곡시키고 있다. 생명정치철학은 그렇게 왜곡된 인간의 정치-사회적 상황에 대한 전환을 사유하려 한다. 따라서 생명철학 내지 생명성의 학문이 인간의 총체성에 관계된다면 결코 생명정치학을 떠나 자리하지 못하게 된다.

포스트휴먼적 상황에서의 철학은 인간 존재의 생명성과 통합성, 차이와 생성이란 특성을 떠나서는 결코 가능하지 않다. 그 철학은 휴머니즘 이후의 철학이며, 그를 틀짓는 탈형이상학에 근거한다. 그와 함께 이 철학은 어떤 경우라도 과학기술의 결과를 벗어나거나 정치학과 공동체적 담론에서 분리되지 않는다. 그래서 브라이도티는 포스트휴먼의 인간학, 너무도 인간적인 인간학을 인간중심주의의 해체와 함께 가능한 생명에의 새로운 이해를 지향하는 철학으로 규정한다. 그 인간은 공

211 토마스 렘케, 『생명정치란 무엇인가』, 심성보 옮김, 그린비 2015; 조르조 아감벤, 『호모 사케르-주권권력과 벌거벗은 생명』, 박진우 옮김, 새물결 2008; Roberto Esposito, *Bios. Biopolitics and Philosophy*, Minneapolis MN, Univ. of Ninnesota press 2008.

동체와 사회에 대한 새로운 이해, 새로운 관계 맺음을 지향한다. 그 철학은 타자와 공동체, 생명체 일반은 물론, 궁극적으로 너와 나의 관계, 나와 초월성의 관계를 새롭게 보게 만들 것이다. 인류의 역사는 자신의 존재로 이해하고 해석해 온 과정 자체라고 말할 수 있다. 인간은 이렇게 이해하고 해석하면서 존재한다.

이런 과정에서 과학을 비롯한 학문 일반, 진화생물학을 비롯한 생명과학의 타당한 연구 업적을 진지하게 수용하면서, 인간이 지닌 생명성이란 특성에 따라 자신의 존재를 새롭게 이해할 때 우리는 새로운 삶의 지평을 볼 수 있을 것이다. 그것을 위한 인간의 사유 작업, 참됨과 올바름을 찾는 어렵고 기나긴 노력이 마침내 우리에게 새로운 세계와 새로운 존재를 열어 보일 것이다. 이러한 작업을 통해 인간은 자연적 세계에서 비롯되었으며 철저히 그 세계에 속해있지만, 자신의 존재를 통해 그를 초월적으로 극복할 수 있다. 이 두 차원이 상호작용하는 가운데 인간은 인간으로 존재하게 된다.

인간은 사유의 전환을 통해 자신의 한계를 수용하면서도 이를 넘어서는 새로운 존재로 거듭 나게 된다. 인간은 지금 그 길 위에 서 있다. 우리는 그 길에 초대받았다. 이 초대의 담론이 우리에게는 비판적 포스트휴먼이란 말로 나타난다. 우리가 그 초대에 진지하게 응답하고, 그를 통한 새로운 사유의 길로 접어들 때 삶은 새로운 지평으로 옮겨갈 것이며 우리는 인간 존재의 도약을 체험할 수 있을 것이다. 생명의 존재론적 특성에도 불구하고 4차 산업혁명을 거론하는 현대적 문화 상황은 생명을 다만 과학기술적 층위에서 해명하려 한다. 미국 철학자 쿠퍼는 현대 사회에서 생명에 대한 연구와 지식이 얼마나 실증적인 자연과학과 함께 이를 포섭한 자본의 논리에 따라 움직이는지 상세히 분석한다.[212] 이런 비판적 분석은 비판적 포스트휴머니즘이 지향하는 인간이해가 정확히 생명성을 중심으로 논의되어야 한다는 사실을 설득력 있게 제시한다. 생명을 실증적 과학이나 생명공학은 물론, 심지어 정보공학의 영역이 아니라 우리의 생명인 생명의 존재적 영역, 생명성에서 논의해야하는 까닭이 여기에 있다.

철학은 현대의 위기에 어떤 책임을 지는 것일까. 생명의 존재론적 의미가 상실되고 왜곡되는 현대문화의 위기를 성찰하고, 생명의 터전인 생태계 파괴 문제를 극복하는 새로운 사유를 생명영성에서 찾는 작업은 본질적인 것일 수밖에 없다. 그러기에 이러한 철학과 인문학은 존재론적 의미와 생명의 본성을 함께 성찰하고 밝히는 생명영성론으로 나아가게 된다. 그 철학은 결코 근대에서 보듯이 인식론적이거나 세계해명의 영역에 머물지 않으며, 분과학문 체계로 자리하지도 않는다. 바로 이점에 근대 이후의 철학, 포스트휴먼의 형이상학이 지니는 의미와 과제가 자리한다. 이런 논의의 철학적 근거는 도구적 합리성과 실증주의적 철학의 한계를 비판하는 근대 이후의 철학을 의미한다. 이 철학은 필연적으로 이성 이해를 인간이 지닌 총체적인 영성이나 생명성의 논의로 이어가는 탈근대적 인간 이해의 철학을 지향한다.

여기에 생명에 대한 사유는 중요한 계기가 된다. 생명체는 단순히 살려는 존재라기보다 자기를 실현하려는 존재로서, 자기목적을 자신 안에 가지면서, 스스로 생명의 지향을 설정해가는 초월적 존재다.

---

212 멜린다 쿠퍼, 『잉여로서의 생명 : 신자유주의 시대의 생명기술과 자본주의』, 안성우 옮김, 갈무리 2016

생명체의 공통되는 특성은 다음의 다섯 가지 요소에 있다. 먼저 생명은 스스로 조직하는 존재다. 이는 생명이 스스로 자신을 생성하는 존재(autopoiesis)이며, 그 자체로 자신을 유지하는 존재란 의미다. 둘째 요소는 생명체의 동일한 기원에 대한 것이다. 지구상의 모든 생명체는 하나의 생명 현상에서 출발하여 수많은 다양한 생명체로 진화하여 왔다. 세 번째 요소는 생명의 역사성에서 나타난다. 현재의 모든 생명은 35–36억 년에 걸친 생명의 역사를 담고 있는 존재다. 우리 유전체 뿐 아니라, 진화의 결과물인 현생 인류는 모두 생명의 전 역사 없이는 불가능했으며 고스란히 지난 생명의 역사를 간직하고 있다. 네 번째 요소로 제시할 것은 생명체의 공생명적 원리다. 현재의 모든 생명체는 생명이란 측면에서는 같은 생명체이면서 종과 개체의 차이에서 다름을 지니는 존재이다. 생명의 원리는 공생명이며, 생명체로서의 같음과 다름이라는 특성을 지닌다. 마지막으로 생명체로서의 관계성과 역동성을 지닌다. 생명은 개체와 환경이, 생명과 세계가, 생명과 생명이 서로 영향을 미치면서 상호작용하는 존재다. 그것은 관계성과 서로 어우러지는 역동성을 지닌다. 생명은 단순히 생화학적 차원이나 현상학적 차원에서 이해될 수 있는 범위를 넘어서 있다. 생명성을 사유하는 탈근대적 포스트휴먼 철학은 이러한 특성을 존재론적으로 해석하면서 그 모습을 드러내게 될 것이다.

## 3. 탈존적 인간으로서 포스트휴먼

### 1) 탈존 개념

전통 형이상학에 의한 휴머니즘을 비판하고 이를 넘어설 새로운 인간이해에 대해 거론한 것은 독일 철학자 하이데거(M. Heidegger)다. 그는 1946년 프랑스 제자 쟝 보프레의 편지에 대답하는 형식으로 당시 사르트르(J. P. Sartre) 등에 의해 유행하던 실존주의적 휴머니즘을 비판하는 글을 발표했다.[213] 여기는 그는 인간을 존재를 해명하거나 규정하는 존재의 주인이 아니라 존재 드러남을 지켜내는 지킴이로 간주한다. 인간은 존재진리를 위해 자신의 본질에서 탈자적으로 벗어나는 특성을 지닌다. 이를 그는 탈존(Ex-sistenz)이라 부른다. 탈존은 존재 드러남의 터전(Lichtung)으로 나아가 서 있는 존재의 모습을 명명한 그의 고유한 개념이다. 인간은 더 이상 휴머니즘 전통에서 말하듯이 이성을 지닌 존재, "animal nationale" 범주를 벗어나거나, 또는 전통적으로 로고스를 지닌 존재 "zoon logon exon"을 로고스의 다양하고 근원적인 의미에 따라 해석하는 존재가 되어야 한다. 탈존적 인간은 존재 진리를 향한 결단(Entschlossenheit)과 자유를 지닌다.

트랜스휴먼이 아니라 비판적 포스트휴먼을 지향하는 인간의 존재성은 어떤 경우라도 이러한 자유와 결단의 가능성을 유지하고 지켜내는 존재여야 한다. 물질적으로 증강된 인간이 아니라, 실존의 한계를 극복해가는 인간, 탈존으로서의 인간은 진리의 역사적 운명 안에 자리

213 M. Heidegger, "Brief über den Humanismus", 311–360.

하며, 진리의 역사적 과정에 관여하는 존재다. 인간은 근원적 진리를 회상(Andenken)하거나 본질을 직관하며, 나아가 존재와 미래를 기획하면서 진리를 역사적으로 이해할 뿐 아니라 역사를 통해 현재로 드러내는 존재다. 그러기에 이 탈존 개념은 존재 진리에 관여하는 역사적 존재로서의 인간 본질을 규정한 말이다. 탈존은 존재를 드러내는 역사적 과정이면서, 그 진리를 시간을 통해 현재화하는 과정이다. 이와 함께 탈존은 미래 기획의 과정을 현재 안에서 현재화(present)하는 존재의 본성을 가리킨다.

인간은 존재 진리를 드러내는 자유를 지닌다. "자유는 진리 자체의 본질"이기에 자유로운 존재인 인간은 존재자를 있게 하는 것(Sein-lassen von Seiendem), 곧 존재하게 함으로써 존재자에 관여한다. 그것이 바로 존재진리에 관계하는 인간의 본질적 특성이다. 그래서 하이데거는 탈존 개념으로 존재진리를 드러내고 그를 위한 자유를 지닌 존재로서 인간을 규정하려 한다.[214] 그 존재는 전통적 휴머니즘적 주체, 이성중심의 인간 이해와는 같지 않다. 인간은 자신을 스스로 내어 놓은 것, 진리 안으로 들어가는 탈존(ek-sistent)이란 특성을 지닌다. "탈-존은 존재진리로-나아가-서 있음"이다. 탈존으로서의 인간은 탈자적으로 존재한다. 그런 인간은 결코 전통적 휴머니즘 관점에서 이해하는 세계의 주인이거나 근대에서 보듯이 모든 생명체와 존재자를 지배하고 장악하는 중심적 존재일 수가 없다.

오히려 인간은 존재 진리에 따라 존재자를 해명하고 그에 대한 존재론적 성찰로서 다른 존재자, 다른 생명체와 사건에 관여하는 존재다.

214 M. Heidegger, "Vom Wesen der Wahrheit", *Wegmarken*, Frankfurt/M, 1978, 183.

그럴 때 비로소 세계와 생명, 역사와 문화는 인간적인 너무나 인간적인 것으로 드러난다. 인간은 인간중심의 생명을 넘어서서 모든 생명과 함께 하는 생명성을 지닌 존재이다. 그는 그의 존재론적 행위를 통해 생명에게 의미를 부여하고 그 생명과 함께 함으로써 생명의 도약을 이끌어가는 존재로 자리할 수 있다. 그 모두는 인간이 생명을 어떻게 이해하느냐에 달려 있다.

포스트휴먼의 시대에 존재를 이해하는 형이상학은 탈형이상학으로 주어질 것이다. 탈형이상학에 바탕한 인간은 존재자로서의 인간을 넘어 존재로서의 인간이 지닌 존재양식에서 올바르게 이해된다. 이러한 탈존적 존재는 인간의 본질을 "탈자적인 것"(das Ekstatische)으로 보존하고, "존재의 밝혀짐(Lichtung) 안에 서 있음"으로서의 존재양식을 지닌다.[215] 그것은 인간에게 존재가 말을 걸어오는 것이며, 그 말을 사유와 개념으로, 인간의 언어로 드러나게 한다. 존재에 응답하고 그로써 가능해진 존재의 밝혀짐 안에 서 있는 인간의 존재 양식을 표현한 말이 곧 탈존이다. 탈존이란 말을 이해하기란 쉽지 않다. 그럼에도 서구 철학의 전통적 관점에서 정형화되었으며, 현대의 과학기술 시대와 자본주의 문화에서 인간을 이해하는 근본적 토대가 존재자로서의 인간이기에 이를 넘어서는 인간의 존재 양식을 이해하는 것은 매우 중요하다. 이 전환이 포스트휴머니즘의 핵심이 된다면, 불가피하게 탈존 개념을 그 중심에 놓아야할 것이다.

탈존 개념에서 말하는 진리는 결코 존재자적 진리, 또는 과학기술주의 문화에서 이해하는 실체론적 진리가 아니다. 오히려 그 진리는 존

215 M. Heidegger, "Brief über den Humanismus", 321.

재자의 존재가 "열려있는 터전으로 드러나 있는 것"이며, 그러기에 진리에 관계하는 인간은 자유롭게 있음, 또는 자신을 자유롭게 내어줌에서 가능한 존재가 된다. 이런 특징을 하이데거는 "자유는 진리 자체의 본질"이란 말로 표현한다.[216] 진리에 관계되는 인간의 삶과 행위는 존재자를 그의 존재에서 열려있도록 한다. 진리는 이렇게 사물과 존재자를 드러내고 열려 있도록 하는 태도와 행위다. 존재론적 진리는 존재자를 그의 존재로 드러나도록 하며 이런 삶이 곧 인간 존재의 특성인 자유인 것이다. 자유는 인간이 진리 안으로 들어가는 탈존이며, 이로써 자신을 스스로 내어 놓는 행위를 가리킨다.[217]

포스트휴머니즘의 인간은 그 존재론적 특성인 탈존에서 진리를 자유와 연결지어 이해하며, 자신의 자유를 존재자를 드러내는 진리에서 이해하기도 한다. 이 관계는 상호적이며 역동적이다. 이렇게 이해할 때 포스트휴먼적 진리는 결코 과학기술적 지식이 아니라, 모든 사물의 존재를 밝히고 그 의미를 드러내는 인간의 본성적 특성에 따른 진리가 된다. 이렇게 규정되는 인간의 본질은 다른 한편 초월성으로 해명할 수 있다. 하이데거는 존재와 진리를 단적으로 초월이라고 말한다. 사물을 현상하는 진리는 곧 존재 드러남(Erschlossenheit von Sein)이기에 하이데거에서 진리는 존재와 동근원적이며, 그 진리는 초월적이다.[218]

존재와 진리를 동근원적으로 이해하는 까닭은 그 안에 담긴 초월의 내적 가능성 때문이다. 진리의 근거를 초월에서 찾는 까닭은 존재는

---

216 M. Heidegger, "Vom Wesen der Wahrheit"(1930), in *Wegmarken*, Frankfurt/M 978, 183.

217 M. Heidegger, "Vom Wesen der Wahrheit", 185–186.

218 M. Heidegger, *Sein und Zeit*, Tübingen 1927, S. 38.

존재자를 초월할 때 주어지기 때문이며, 이 존재론적 진리에 근거할 때에야 비로소 존재자의 진리가 가능하기 때문이다. 존재와 진리의 초월성을 결코 어떤 실재적 초월세계를 향한 것이 아니라 존재의 가장 깊은 곳을 향하는 내재적인 특성을 지닌다. 존재와 진리의 초월성은 내재적 초월이며, 초월하는 그 자체에 자리한다.

이성중심의 인간이나 또는 존재자적 진리와 관계하는 인간이 아니라 존재 자체에 관계하는 인간은 본질적으로 진리 한 가운에 서있는 존재이며, 그 진리로 초월해가는 존재이기에 이를 탈존이란 말로 그 특성을 드러내는 것이다. 인간의 탈존적 특성은 전통 형이상학과 그 인간이해인 휴머니즘에서 사유한 현존과 구별되는 본성이다. 이 초월은 자유로운 인간의 존재론적 특성에서 드러나며, 그 진리에 자리잡은 인간의 탈존성에 따라 모든 진리와 진리에 따른 행위가 해명될 수 있다. 이처럼 인간이 존재 진리에 따라 존재자를 해명하고 그에 대한 지식을 개념으로 파악할 때 비로소 인류의 역사가 시작되었다. 인류의 역사는 의미론적 과정이기 때문이다. 이러한 인간 이해는 명백히 휴머니즘적 인간, 과학기술적 지식에 묶여있는 인간 이해를 넘어선다. 탈존적 존재로서 포스트휴먼은 진리의 역사적 운명 안에서 그 역사를 드러내는 존재이다. 이 존재는 스스로를 인간에게 보내는 역사적 과정이며, 그러한 보냄과 진리 안에서 자신을 현재화한다.[219]

219 M. Heidegger, "Brief über den Humanismus", 323–325.

### 2) 탈존적 인간

포스트휴먼 존재를 탈존으로 해명하려는 이유는 그가 존재 진리에 관계하기 때문이다. 존재과학기술과 자본 복합체의 현대문화가 철저히 존재자에 관계하지만 존재진리에 관계하는 포스트휴먼은 이 존재자 중심의 문화를 극복할 수 있는 존재론적 양태이다. 존재자가 아니라 존재의 근원을 이해하는 포스트휴먼의 존재 양식은 하이데거의 표현처럼 전통적 휴머니즘이 인간을 규정했던 "이성적 동물"이란 도식을 넘어선다. 탈존으로서의 포스트휴먼은 존재 드러남의 역사적 운명 안에 자리하며, 진리의 역사적 과정에 관여한다. 그 존재 양식은 현대의 실체론적 존재자 이해를 넘어 존재에 의한 근원적 진리를 회상할 뿐 아니라, 그 진리에 따라 시간과 세계를 기획하면서 역사를 해명하는 존재이다. 진리는 역사를 통해 현재에서 드러나며, 시간은 기획을 통해 현재화한다. 이런 현재화를 이루어가는 포스트휴먼은 오직 탈존으로서의 존재 진리에 관여할 때 가능하다.

그러기에 포스트휴먼을 탈존으로 특성짓고자 하는 것은 인간중심주의를 넘어 존재중심으로 세계를 이해하는 것이며, 포스트휴먼의 특성인 생성과 타자–되기의 근거를 정립하기 위한 것이다. 진리는 역사적이지만, 그것은 자의적인 것은 아니다. 세계와 문화는 인간의 의미론적 행위에 의해 해명되지만, 그럼에도 그 의미론적 행위는 인간중심을 넘어 타자–되기를 통해 가능해진다. 포스트휴먼은 진리를 시간을 통해 현재화하다. 그 말은 다가오지 않은 시간(도래와 미래)과 이미 지나간 시간(유래와 과거)이 만나는 현재에서 진리를 형성한다는 뜻이다. 이 터전 위에서야 인간의 생성 행위, 모든 되기(becoming)가 가능해진다. 중심주의를 극복할 뿐 아니라 모든 타자와 상호작용하는 인간의 존재론적 특성은 이 되기를 통해 비로소 타당하게 이뤄질 것이다. 인간은 자연이 되기도 하며, 생명이 되기도 하고, 세계와 타자가 되기도 한다. 이 되기는 존재자적인 것이 아니라 존재론적이다.

되기는 인간의 존재론적 특성을 본질이나 실존이 아니라 탈존으로 이해할 때 가능하게 된다.[220] 여기에 포스트휴먼의 존재성을 탈존으로 규정하려는 까닭이 있다. 인간이 탈존적 존재인 까닭을 하이데거는 문화와 문명의 정당성을 확보하기 위해서가 아니라, 인간의 인간다움을 지켜내기 위해서, 또한 인간의 실존적 상황을 견뎌내기 위해서라고 말한다. 또한 이 탈존의 존재론적 특성이 초월성에 있다면, 이 초월성을 감지하고 이를 드러내는 행위는 매우 중요한 포스트휴먼의 특성임에는 틀림이 없다.[221] 이러한 특성을 탈존적 인간은 생명영성과 생태영성을 비롯한 영성개념에서 근거를 찾으려 한다.

존재론적 진리와 영성으로서의 초월성은 인간을 자유의 존재로 자리매김한다. 포스트휴먼 존재는 역사성을 중요한 특성으로 받아들인다. 역사적 존재는 결정된 존재가 아니라 시간 안에서 자유로운 존재이며, 자신의 자유를 벗어날 수 없는 특성으로 받아들인다. 이 자유는 존재가 무(無)로 이해되는 그 특성 때문에 가능하다. 존재자와 존재의 존재론적 차이는 존재가 존재자처럼 존재하지 않는다는 말이며 그러기에

220 M. Heidegger, "Brief über den Humanismus", 327.

221 포스트휴먼에 대한 현상학적 해명을 시도한 이종관 역시 포스트휴먼의 존재론적 특성으로 하이데거의 탈존 개념을 제시한다. 이종관, 『포스트휴먼이 온다』. 같은 책, 79 이하 참조.

존재는 무로 이해된다. 이 무(無)는 사물이 없다는 의미에서의 무도 아니며, 결핍과 없음이란 뜻에서의 무도 아니다. 이 무는 존재자적 없음이 아니라 존재적 없음이다. 휴머니즘을 배태시킨 현대문화는 이 무의 특성을 이해하지 못한다. 이 존재적 없음을 보지 못하고, 그 비어있음을 이해하지 못하는 문화와 인간 이해가 인간과 세계의 존재론적 진리를 이해할 수 없음은 어쩌면 당연한 귀결일지도 모른다. 그 문화는 결핍과 비어있음을 보지 못하고, 인간 안에 담김 비움(kenosis)의 의미를 이해하지 못한다.

존재는 실재는 아니지만, 존재자가 존재할 수 있는 비어-있음이며, 존재자의 진리가 드러날 수 있는 빈 터이다. 이를 하이데거는 비은폐성으로 표현하고 있음은 잘 알려진 사실이다. 포스트휴먼은 존재론적 진리를 사유하면서 이 비어있음과 무를 마주하는 인간이다. 여기에 현대문화를 넘어서는 다가올 인간 이해가 자리한다. 현대문화에서 이해하는 휴머니즘은 존재자적 진리와 지식에 묶여있으며, 그 지식과 힘을 다만 장악하고 소유하려 할 뿐이다. 그럴 때 모든 타자와 존재자는 억압되고 왜곡되며 그 목소리를 드러낼 수 없게 된다. 인간은 어떤 경우라도 타자가 되지 못한다.

인간은 자신의 자유에서 존재의 무를 드러낼 수 있다. 이 자유는 존재자의 억압과 배제에서 벗어나는 자유로움이다. 존재자의 존재에 담긴 이 무적 특성을 망각할 때 인간은 자신의 자유를 망각하게 되며, 그때 스스로를 소외된 존재로 만들어갈 뿐이다. 근대 문화에 담긴 존재망각성은 서구 형이상학의 역사적 운명(Geschick)이다. 이 역사적 운명을 벗어나는 것은 하이데거에 의하면 존재의 은폐성을 거부하지 않는 내맡김(Gelassenheit)의 태도이며, 이 은폐성을 파괴하지 않고 오히려 진리의 본질을 열려있는 터전으로 이끌어오는 기획과 결단에서 가능하다.[222] 이 무(無)적 특성을 보지 못하는 산업사회의 문화적 위기에 대한 경고는 당시의 유럽 문화적 상황에 대한 니체와 하이데거의 비판 안에 고스란히 담겨있다. 그럼에도 이러한 문화적 위기가 4차 산업혁명을 말하거나, 과학자본 복합체에 따라 인간을 규정하려는 트랜스휴먼에서 극단적으로 드러나고 있다. 이런 주장은 과장된 것일까. 비판적 포스트휴머니즘의 주장은 결코 이것이 과장이 아님을 강조한다. 존재자적 지식에 매몰된 문화는 이런 망각과 위기를 초래할 것이다. 이 위기를 벗어날 인간 존재는 무와 비어있음을 사유할 수 있는 인간이며, 이를 통해 생명과 타자-되기를 이뤄가는 존재이다.

그것은 존재 진리를 탈은폐하며, 존재자를 존재하게 하는 무와 존재의 열려 밝혀진 터전(Lichtung)에서 가능해진다.[223] 이러한 진리 이해의 전환은 존재를 망각한 형이상학의 역사를 극복하는 사유의 시작이며, 휴머니즘적 전통에서 벗어나는 데서 인간에 대한 이해의 새로움을 찾을 수 있는 계기를 제공할 것이다. 이러한 계기는 존재 진리가 역사를 변화시키고, 타자를 소외시킬 뿐 아니라, 문화를 실증주의적이며 물질주의적으로만 이끌어가는 역사를 벗어날 수 있게 만든다. 그것은 오직

---

222 M. Heidegger, *Gelassenheit*(1959), 3. Aufl. Pfullingen 1967; "Brief über den Humanismus", 325.

223 M. Heidegger, "Vom Wesen der Wahrheit", 198-199. 빈 터(Lichtung)란 진리의 비은폐성을 나타내는 말로써 나무를 솎아 낸 숲 속의 빈 터처럼 사물 존재자가 드러나게 하는 어떤 열려있음을 나타낸다. 이 말은 빛(Licht)을 연상시키기에 이를 서구 전통적 빛의 철학과 연결시켜 해석하기도 한다. 하지만 이 개념이 빛과 직접적으로 관계되지 않기에 이런 해석은 잘못이다.

이것을 체험하는 본질적 경험과 그 시간으로서의 역사에서 가능하다.

존재와 존재자의 차이, 존재의미와 그 사유를 망각한 철학이 결국 현대 사회를 존재자적 형이상학으로 몰아가고 있다. 그에 따라 존재진리는 감추어지며, 인간은 다만 과학기술의 대상과 자본의 대상으로 존재를 이해할 뿐이다. 그에 따른 인간 존재의 왜곡과 소외, 억압은 현대 문화를 위기로 몰아가고 있다. 인식론적 관점에서 정당한 과학기술 지식과 인간의 삶에서 결코 배제할 수 없는 물적 토대를 향상시키는 자본주의적 경제의 긍정적 측면에도 불구하고, 잊혀진 존재 진리는 인간을 일면적으로 몰아갈 수밖에 없다. 포스트휴먼 논의가 다시금 이런 오류를 반복할 수는 없다. 포스트휴먼 담론은 사물적으로 증강된(enhanced) 인간 존재를 지향하는 것이 아니라, 그렇게 증강된 인간이 자신의 본질과 인간다움을 새롭게 규정하고 드높이도록 이끌어가야 한다.

현대 사회의 위기가 존재론적 의미 망각에서 주어졌다면, 이를 틀지운 제작 형이상학을 넘어설 수 있을 때 이 위기를 극복할 수 있을 것이다. 제작 형이상학에서 존재자는 다만 생산과 소비, 소유의 대상으로만 자리할 뿐이다. 짐머만은 근대 형이상학의 체계를 제작성의 형이상학(productionist metaphysics)이라고 규정하면서, 이 형이상학은 현대 사회에서 기술문명으로 재현된다고 주장한다.[224] 생명과 인간을 포함한 존재자는 과학기술적인 인식과 조작의 대상에 불과한 것이 아니다. 나아가 자본주의 문화에서 존재자는 교환가치를 증식시키기 위한 상품에 그치는 것도 아니다. 제작성의 형이상학은 존재자를 생산의 관점에

224 Michael E. Zimmerman, *Heidegger's Confrontation with Modernity–Technology, Politics, Art*, Indianapolis, Indiana University Press 1990, xv–xviii.

서 규정하려는 철학이다. 이때 존재는 잊혀지고 인간은 다만 존재자만을 마주하게 된다. 존재자 없이 존재는 불가능하기에 존재자는 감각적 실재(reality)로 드러나지만 그를 통해 존재의미가 드러나는 터전이기도 하다. 존재자의 이런 이중성을 보지 못하고 그를 다만 사물적이며 제작 가능한 대상으로 보는 문화는 인간을 무의미의 세계로 몰아갈 것이다.

## 4. 포스트휴먼의 영성

### 1) 현대문화에서의 영성 담론

포스트휴먼을 거론하는 이 시대에 영성이 범람하는 것은 현대문화의 무의미함과 모든 것을 물화(物化)하는 가운데에서 느끼는 영적 갈증과 목마름 때문이다. 인간은 초월적 존재이며 초월성 없이 존재하지 못한다. 그럼에도 근대의 실체론(substance)적 문화는 이성이외의 것, 특히 초월성을 배제하였다. 이성이 주지 못하는 존재의 무의미함과 거기서 오는 공허함이 포스트휴먼적 영성의 터전인 것이다. 포스트휴먼적 영성은 근대의 이성중심주의에 지친 현대 사회에서 폭넓게 지지받고 있으며, 매혹적 요소로 주목받는다. 오늘날 서구 문화에서 광범위하게 확산되는 반근대적이며 신비주의적 문화와 포스트휴먼적 영성은 같은 문제의식에서 만난다고 말할 수 있다. 포스트휴먼 영성이 일반적으로 지적 전통에 호소하면서 자신의 노력을 통한 깨달음을 강조하기에 이는 지적 호기심과 자아 완성의 욕구가 강한 사람들에게 호소력이 높기 때문이다. 그러기에 지적 전통을 지니고 있으며 자신의 완성을 갈망하는 이들에게 그들이 지닌 현재의 기반과 토대, 자신의 실존적 한계와 존재론적 조건성에서 영적 과정을 밟아갈 수 있도록 만드는 일은 매우 중요하다.

철학은 이러한 관점에서 "현재"라는 해석학적 지평에서 성찰되고 해석학적 사유로 재개념화한다. 철학이 이러한 작업을 수행하지 못할 때 그 시대의 문화는 인간의 근원적 의미세계를 상실하고, 자신과 시대의 존재론적 사건을 사유하지 못하게 된다. "현재"는 이러한 사유의 성찰이 이루어지는 시간적, 공간적 지금이며 이곳이다.[225] 현대의 문화에 필요한 것은 이러한 현재를 성찰하고, 그 안에서 존재의 의미를 이해하는 사유의 틀일 것이다. 그것은 존재를 향한 현재하는 초월적 체험이기에 이를 우리는 영성적 체험이라 이름하는 것이다. 이때의 영성은 끊임없는 존재론적 사건으로서의 초월에 대한 체험이며, 이러한 역사의 현재화이다. 이러한 현재화에 대응하지 못하는 철학은 존재론적 사건의 현재를 성찰하지 못하며 그래서 지금 이 자리의 현존재가 지닌 원의에 상응하지 못하는 것이다. 현대의 영성 논의에 담긴 한계는 이러한 성찰을 다만 인간의 종교성과 연관된 자아 완성이나 어떤 초월적 실재를 향한 체험에 국한 시킨다는 데 있다.

영성에 대한 논의에서 서구 그리스도교의 영성 이해를 계보학적으로 살펴보면 그 안에서 많은 시사점을 얻을 수 있다. 여기서의 영성은 인간으로 하여금 신적 본질에 참여하고 그에 상응하도록 하는데 목

225 이런 관점에 따라 영지주의 전통을 분석한 책으로, H. Jonas, *Gnosis und spätantiker Geist*, Bd. I, *Die mythologische Gnosis*, Göttingen 1988 참조.

표를 두고 있다. 그것은 인간의 실존론적 측면과 한계, 자신의 무지와 모순된 상황을 넘어 초월자의 본질에 참여함으로써 얻게 되는 존재론적 완성을 의미한다. 이러한 영성의 근본적인 동인이 여전히 포스트휴먼적 문화 상황에서 영성을 이해하는 관건이 된다. 그리스도교 영성은 전적으로 인간의 조건과 한계를 안고 있으면서도 신적 본성을 함께 지닌 존재, 그래서 인간이면서 동시에 신성의 존재인 그리스도와의 만남을 통해서 가능해진다. 그럼에도 그리스도교 영성은 인간과 하느님의 신적 본질이 같지 아님을, 즉 인간과 신의 본성적 차이를 예리하게 유지하고 있다. 인간은 역사 안에서 현재하는 신성과의 만남과 그에 대한 전적인 투신을 통해 자신의 존재를 신적 본성에로 참여시키는 존재인 것이다.

이에 비해 포스트휴먼적 영성은 일반적으로 인간이 신적 본질을 갖추고 있으며, 신과 같아지려는 의지를 지닌 존재로 이해한다. 인간은 그 자신 신적 본질을 지닌 존재이기에 인간적 노력이나 어떤 신비한 지식, 또는 그와 관련된 힘을 통해 신적 본질을 달성할 수 있다고 주장한다. 그래서 이들은 인간의 내면에 존재하는 신, 또는 신성(神性)을 말하면서도, 외부 세계에 존재하는 신적 실재는 부인하는 경향을 강하게 드러낸다. 현대의 영지주의는 비인격적인 에너지, 정신적인 힘, 우주적 영(靈)의 존재가 인간의 자아 안에 이미 갖추어져 있다고 강조한다. 포스트휴먼적 영성이 그리스도교 영성과 지니는 차이는 이러한 영적 일치나 또는 전통적으로 구원이라 이름하는 영적 단계의 획득과 관련된다. 그들은 이런 상태를 인간의 노력으로 이룩하거나 그 결과물로 얻을 수 있다고 생각한다. 뉴에이지(New Age) 등 포스트휴먼적 영성은 인간의 내적 노력 또는 우주적 힘과의 신비적 일치나 인식을 이룩할 수 있는 수많은 방법을 강구한다. 이런 행위 전체는 초월적인 명상 행위를 통해 이룩해가는 것이다. 이를 위한 수많은 수행방법들이 다양한 형태의 영성현상으로 드러난다. 이러한 수행방법에 따라서는 그리스도교와 포스트휴먼적 영성 현상이 구별되지는 않는다. 그리스도교 영성에서도 완덕을 추구한다는 점, 자아의 발견이나 실현을 추구한다는 점에서 오히려 이들은 어느 정도의 공통점을 지닌다.

이러한 일부분의 공통점에도 불구하고 분명히 말해야할 것은 이들의 목적이 근본적으로는 결코 같지 않다는 사실이다. 그리스도교 영성에서 자아완성이란 궁극적으로는 신적 본질에의 참여 과정에서 주어지는 어떤 단계일 뿐이다. 자아완성이 곧 구원을 의미하는 것은 아니다. 그리스도교 명상, 관상과 묵상은 궁극적으로 인격적 만남과 그리스도교적 일치를 목표로 한다. 그 과정에서 주어지는 자아인식과 자아실현이 그리스도교 명상의 궁극적 목적은 아니다. 영성은 지극히 내밀한, 유일한 존재인 나와 초월적 실재와의 관계에 관한 것이다. 이때의 초월적 실재는 "나"의 모든 것을 통한 인격적 만남과 결단을 이룩하는 어떤 존재를 의미한다. 그래서 영성에 대한 이해는 지금 이 자리에 선 "나 자신"에 대한 인식을 필요로 한다. 그와 함께 그리스도교에서는 명상이란 자신의 근원과 특성을 기억하고 인식하며, 회복하는 수단으로 이해한다. 이로써 자신이 신(神)에서 기원했음을 알게 되고, 마침내 신을 알게 되어 그리로 복귀하는 방법인 것이다.[226]

226 이를 위해 그리스도 영성은 두 가지 길을 강조한다. 신적 본질에 대한 관상의 삶(vita contemplativa)과 그에 대한 실천의 삶(vita activa)이 그것이다.

이러한 영성의 삶이나 신적 본성에의 참여는 자유로운 신적 선물이지 결코 명상의 결과가 아니다. 이처럼 그리스교 영성의 핵심은 인위적 노력으로 수행하는 초월적인 명상이 아니라 신의 현존, 예수의 구체적인 복음 활동에 대한 동참에서 이루어진다는 점에 있다. 그리스도교 영성은 신의 현재와 함께 하는 것이며, 그리스도의 역사를 현재화하는 과정이다. 그것은 인간의 자기완성, 자아실현 등 위격적인 신, 역사 안에 현재하는 신에 대한 초월 체험과 인격적 만남 없이는 애초에 그 영성 자체가 성립되지 않는다.

## 2) 새로운 영지주의적 현상

포스트휴먼 영성 현상의 특징은 그 배후에 전통적인 영지주의(gnosticism)의 사고체계가 변형된 형태로 남아있다는 데 있다. 영지주의는 매우 다양한 형태를 지니고 있지만, 그럼에도 그들이 지닌 공통점은 어떤 초월적인 지식, 영적 인식을 통해 신 또는 신적 실체와의 일치를 추구한다는 사실이다. 인간은 이런 영적 과정을 통해 세상의 지혜와 사물의 궁극적 진리를 얻게된다. 현재의 영지주의자(gnostikoï)들 역시 근본적 진리에 대한 완전한 인식, 신적 지혜론을 통한 인간의 형이상학적 해방을 목표로 한다.[227] 이것은 동과 서를 막론하고 인간의 보편적인 종교적 열망이며 시대를 통틀어 끊임없이 변형된 형태로 발견된다. 오늘날 포스트휴먼적 영성은 근본적으로는 궁극의 진리를 각종 명상, 초

227 세르즈 위탱, *Les Gnostiques*, 『신비의 지식, 그노시즘』, 문학동네 1996, 특히 17-96쪽 참조.

월적 수련을 통해 이룩하려 한다. 이는 형이상학적 해탈의 열망과 구원을 갈망하는 종교적 현상이 결합된 형태라고 말할 수 있다.

영지주의는 인간이 지닌 총체적이며 지성적인 능력인 "nous"를 어떤 영적인 지혜로 해석한다. 영지(gnosis)는 일차적으로는 소수의 영적인 사람들에게만 드러나는 비밀스러운 가르침이다. 그러면서도 그것은 지식만을 의미하지는 않는다. 이것은 신성을 알고 신에 대한 앎을 실천하는 것, 그것을 내재화하면서 동시에 삶의 영역에서 외재화하는 것이다. 영지주의는 이러한 인식과 상태에 이르기 위해 특별한 의식상태와 초의식 상태에 이르는 영적 수련을 강조한다. 영지주의는 세상을 이원론적 대립으로 파악한다. 이 세계는 빛과 어둠, 우월과 열등, 선과 악, 영과 육, 세속과 초월세계로 나누어져 있다. 태초에 성격이 다른 두 개의 실체가 존재하는 것이다. 독특하게 일원론적 영지주의를 주장하는 경우라도 그에 의해서 유출되는 특별한 영적 기술과 생명의 원자를 상정하며 이것을 생명의 숨(pneuma), 또는 세상의 원리로 해석한다. 이에 대한 신비적 지식 또는 영적인 앎(gnosis)은 물론, 이를 얻기 위한 비밀스럽고 신비로운 전수를 강조한다. 그와 동시에 여기에는 수많은 지적 종교전통이나 신비주의적 전통을 통합하는 혼합주의(syncreticism) 경향이 매우 짙게 들어있다.

밀교(密教), 연금술, 흑마술, 점성술, 점복서로 이해되는 온갖 종류의 영지주의적 분파는 소수의 영적인 사람에게만 주어지는 비밀스러운 가르침, 비교(秘教)의 전통을 간직한다. 그것은 동아시아에서도 선불교나 주역, 도가적 가르침 안에 내재해있는 갈망과 상응하는 것이다. 그래서 지식에 의한 구원의 체험, 영적 인식과 더불어 이에 대한 초월적인 관계가 매우 중요하다. 이러한 체험을 얻기 위한 명상과 수행이 이들의 형태를 다양하게 규정한다. 이렇게 얻게 되는 자아인식과 깨달음을 통해 인간은 궁극적으로 자신의 근원과 특성을 기억, 인식하고 회복한다. 이로써 자신이 신적 세계에서 기원했음을 알게 되고 마침내 그러한 세계로 복귀하거나 그와 일치하려는 갈망이 충족된다. 그 뒤에는 인간이 신에서 기원했다는 인식은 물론이고, 나아가 자아가 신성과 동일하다는 생각이 담겨있다. 포스트휴먼적 영성에서는 구원이란 인간의 잠재력을 개발하고, 인간 안에 있는 신성에 일치하는 것이라고 주장한다. 구원은 신의 은총이 아니라 이러한 영적 인식과 수련을 통해 깨달음에 이름으로써 얻게 되는 어떤 상태라고 말한다.

이런 관점에서 아직은 탈근대적 인간이해에 바탕하지 못한 채 일면적인 근대성 해체의 담론에서 형성된 영성현상을 포스트모더니즘에 입각해 고찰할 필요가 있다. 대표적인 예를 뉴에이지 운동에서 찾아보기로 하자. 뉴에이지(New Age) 운동은 일차적으로 현대문화에 대한 반작용으로 주어졌다. 그러기에 그것은 문화적 산물이지만, 근본에 있어서는 이성중심의 근대, 영성과 감성을 배제한 근대성에 대한 반발로 주어진 사유체계를 담고 있다. 그래서 뉴에이지 운동은 일차적으로는 대항문화(count-culture)의 성격을 지닐 뿐 아니라 영성과 초월 세계를 향한 메시지 역시 대항적 성격을 지니게 된다. 뉴에이지라 이름하는 문화현상은 음악은 물론 예술과 문화 전반에 확산되면서 명상을 상업화하며 자본화의 도구로 삼고 있다. 이것은 본질적으로 뉴에이지 영성에 의해 생겨난 문화는 아니다. 그럼에도 이러한 현대문화의 경향은 근대성에 의해 완성된 현대사회의 특성을 고스란히 드러낸다. 포스트모던적 영성의 이해는 이러한 문화현상과 그 근거인 근대성에 대한 비판적 특성을 담고 있다.

뉴에이지 영성의 본질적 특성은 그들이 인간 내면에 담긴 어떤 신적 요소에 대한 깨달음, 특별한 지적 인식을 통한 세계 원리에 대한 이해와 그를 수행하기 위한 실천적 행위까지 포함한다는 데 있다. 영성이 근본적으로 지적인 깨달음과 실천적 요소를 동시에 안고 있다면 뉴에이지 역시 영성으로서의 모든 외적 조건을 담고 있다. 또한 세계원리에 대한 비밀스러운 이해와 인식을 강조한다는 측면에서 그것은 초기 그리스도교 이래의 영지주의가 현대문화에로 변형되고 적용된 형태로 이해할 수 있다. 그래서 뉴에이지 문화를 포스트모던 영성의 대표적 현상이라 말하는 것이다.[228] 여기에는 근대과학기술에 대한 수용과 거부, 신비주의와의 결합, 초월명상을 이용한 실천 행위, 심지어 그런 단계에 들기 위한 음악과 환각제 사용, 집단 명상 등도 포함된다. 또한 신지학, 심령술, 인지학은 물론이고 1960년대 켈리포니아 에살란 연구소를 중심으로 발전된 초자아 심리학(Transpersonal psychology), 대체의학, 선불교, 요가 수행 등 거의 모든 영성 현상을 포괄하고 있다. 그러기에 그것은 대안 영성이면서 포스트모던적이며, 또한 문화운동이며, 영지주의적이며 이신론적 전통을 뒤섞은 혼합주의 형태로 드러난다.

인식에 의한 구원의 체험, 영적 인식과 더불어 체험을 강조하며 체험을 위한 수행과 명상을 말한다는 측면에서 이를 역시 근본적으로 영

228 근대성과 관련지어 뉴에이지 운동을 소개한 글로 Paul Heelas, *The New Age Movement: Religion, Culture and Society in the Age of Post Modernity*(1996), Oxford, Blackwell 2003; 또한, Anita Höhne, *Lexikon des Übersinnlichen*, Parapschologie, Esoterik und New Age, 1999 참조.

지주의적 색체를 띄고 있다. 넓은 의미의 영지주의는 인간의 보편적이며 존재론적인 욕망을 표출하고 있다. 초자아 심리학의 경우 정신 감응과 영력, 심령 치료와 초월세계와의 영적 소통과 감응을, 영매와의 초감각적 인식을 강조한다. 이것은 인간이 지닌 놀라운 영적 능력을 강조함으로써 급속도로 확산되고 있다. 예를 들어 신지학(Theosophy)은 그리스도교 영지주의와 신플라토니즘의 영향에 따라 신비주의적 일원론과 그에 의한 이성적 신 이해의 가능성을 주장한다.

그에 따르면 물질과 우주의 영적 요소가 본질적인 일치를 이루고 있으며 상호작용한다. 인간의 정신과 어떤 초월적이며 신적인 정신은 상호감응하거나 일치함으로써 궁극적인 구원을 얻을 수 있다. 신비학(occultism)의 확산에는 이러한 뉴에이지 조류와 신과학 운동이 결정적인 역할을 하고 있다. 그것은 숨겨진 자연의 힘과 지식, 비전(秘傳)의 지식을 획득하는 수행을 통해 초월에 대한 인간의 갈망을 대리 충족시키고 있다. 그래서 주술, 연금술, 점복술에 머무르던 신비주의적 전통이 가치중립적인 모습으로 선불교의 참선 수행, 요가수행 또는 명상의 옷을 입고 나타나는 것이다.

과학의 옷을 입은 포스트모던적 영성의 특이한 조류 가운데 하나는 자연세계의 통합성을 강조하면서 이를 대지의 여신, 가이아(Gaia)와 연결시키는 이론이다. 이 움직임은 영국 과학자 러브록(J. Lovelock)의 학설을 신비주의적으로 해석하여 마치 지구의 생태계를 거대한 살아있는 신비로운 고대의 여신에 비유하여 설명한다.[229] 이 이론은 일차적으

229 제임스 러브록, 『가이아 – 살아있는 생명체로서의 지구』, 홍욱희 옮김, 갈라파고스 2004 참조.

로는 근대 과학기술에 의해 생겨난 생태계 위기를 극복하려는 의도에서 비롯되었다. 그러나 점차 이러한 의도에 자연과학과 포스트모던적 영성이 결합되어 신비주의적인 해명으로 흘러가고 있다. 지구생태계가 통합적이란 사실은 명백하다. 이를 가이아 이론에 대한 비유적 해석으로 이해할 때는 문제가 없으나, 지구 생태계가 마치 자의식을 지니고 실재하는, 어떤 신적 존재라고 생각한다면 이는 명백한 오류다.

신과학 운동 역시 상대성원리나 양자역학, 상보성원리 등을 동아시아 전통 철학과의 연계성에서 파악하여 신비주의적 세계관을 확산시키고 있다.[230] 이들은 불교와 힌두교의 진리, 도가(道家)철학의 진리가 이미 첨단 입자 물리학에 의해 증명되는 듯이 주장함으로써, 인격적 신에 대한 관심을 물질의 궁극원리에 대한 것으로 호도시키고 있다. 대체의학의 경우는 근대철학에 의해 성립된 현대의학에 대한 대항운동으로 전개된다. 영국의 생리학자 하비(William Harvey)는 인체의 혈액순환을 이론적으로 밝혔다.(〈동물의 심장과 혈액의 운동에 관한 해부학적 연구〉, 1628) 이것은 데카르트 철학을 통해 인간을 기계론적인 존재로 이해하게 만드는 계기가 되었다. 이러한 철학에 근거한 현대의학은 인간의 몸을 부분적으로 나뉘어 보는 패러다임을 유지하였다. 이에 대한 반발이 동양의학, 침술, 대체의학 등으로 발전하였으며, 정신적 요소와 몸의

230 대표적인 신과학 운동 이론가는 미국 물리학자인 F. 카프라(Fritjof Capra)이다. 신과학 운동의 고전인 그의 저서 *The Tao of Physics*(1975: 〈현대물리학과 동양사상〉)는 우리나라에서 신과학 운동이 전개되는 출발이 되었다. 그 이후 〈신과학과 영성의 시대〉(1992), 〈새로운 과학과 문명의 전환〉(1984), 〈생명의 그물〉(1996) 등이 〈신과학총서〉의 이름으로 번역 출판되었다. 게리 주커브(Gary Zukav)의 저서 〈춤추는 물리〉(1981) 와, 그 이후 뉴에이지의 본격적인 저서라 할 수 있는 〈The Seat of Souls〉(〈영혼의 의자〉 2002)가 번역되어 출판되었다.

생리적 요소의 상관관계를 강조하는 경향으로 발전하였다.

이러한 포스트모던적 영성은 모두 근대성의 철학이 초래한 한계와 문제의 틈새를 딛고, 그 근대성이 보지 못하는 다른 어떤 영역에 대해 영성적 운동을 전개한다. 이 모든 현상의 공통점은 근대 비판과 그를 극복하는 새로운 사유를 위한 패러다임 전환의 요구를 담고 있다는 사실이다. 현대문화의 토대인 근대성, 특히 이성중심의 세계관은 감성과 영성의 세계를 배제함으로써 삶의 존재론적 사건과 그 의미를 보지 못하게 만든다. 그 사이에 포스트모던적 영성은 이것을 유사영성적인 존재의 충만함이나 인간의 자아실현의 욕구를 충족시키는 형태로 나타나면서, 존재사건을 왜곡시키고 있는 것이다.

### 3) 내재적 초월의 영성

근대와 포스트휴먼은 도식적으로 구분되지 않는다. 그러한 도식자체가 실체중심의 근대, 인식론적 근대성에 따른 것이다. 포스트휴먼은 근대 이후로 이행하는 새로운 시대상이 아니다. 포스트휴먼은 근대의 모순과 한계를 벗어나는 시대를 일컫는 말이다. 그것은 근대 위에서 근대를 넘어서는 행위에서 이루어진다. 근대성의 원리를 감내하면서도, 이를 초극(Verwindung)함은 근대에 대한 내재적 초월을 지칭한다. 근대에 대한 내재적 초월이란 근본적으로 내재성과 초월성이 상호작용하는 것이다. 내재적 초월의 영성은 현재를 초월하면서, 동시에 초월을 현재화하는 과정을 의미한다. 그것은 현존재의 존재성을 초월성에 따라 현재화하는 과정이기도 하다. 영성은 그러한 현재화 과정이 존재성과 지니는 관계와 역사성에 대한 우리의 총체적 감수성을 의미한다. 포스트휴먼의 영성은 이러한 관점에서 이해해야한다.

그륀(A. Grün)이 말하는 "아래로부터의 영성" 담론은 이런 이해에 많은 사유의 자극을 제공한다.[231] 그것은 우리의 현재에 바탕을 둔 영성이며, 우리의 현재를 안고서 가는 영성이다. 그에 의하면 이 영성은 "우리 자신을 통해, 우리의 생각과 느낌들, 우리의 육체와 이상들, 우리의 상처와 나약함을 통해서도 말씀하시는 것"을 통해 이루어가는 과정이다. 이러한 영성 이해에는 그리스도교 전통에서, 그리고 신플라톤주의의 영성에서 가장 중요한 개념인 영혼의 상승과 하강이란 도식이 자리하고 있다. 영혼은 자신의 현재를 넘어 상승하지만 그것은 자신의 현재로 되돌아옴을 전제로 하고 있다. 근대 이후의 시대, 포스트휴먼으로 이해되는 이 시대는 근대와의 이중적 관계에서 문화적 전환을 맞이하고 있다. 철학적으로는 이 문화적 전환은 그에 상응하는 철학적 사유틀의 전환을 요구한다. 변화된 실재와 마주한 인간에게 필요한 것은 바로 자신의 한계와 모순, 자신의 인간적 토대를 딛고서 이루어가는 영혼의 상승과 현재를 초월하는 영성이다. 또한 그러한 영성은 바로 초월성을 현재화하는 것이기도 하다. 그것은 우리의 현재 깊이로 돌아오는 과정이기에 내재적이다. 그러기에 내재적이며 초월적인 이중적 과정에 대한 감수성 없이 영성을 말하기란 불가능하다.

이제 필요한 것은 근대 이후의 문화를 성찰하는 영성, 우리의 문화 안에 현재하는 영성을 형성하는 작업이다. 그것은 궁극적으로 초월에

231 Anselm Grün, *Spiritualität von Unten*, 1994,『아래로부터의 영성』, 전헌호 옮김, 분도출판사 1999 참조; 이는 "아래로부터의 그리스도론"의 핵심 주장과 일맥상통하는 논지를 담고 있다.

대한 열린 마음 없이는 결코 가능하지 않다. 이것을 우리는 내재적 초월의 영성으로 이름하여, 그 원리를 해석학적으로 해명하려 한다. 이러한 내재적 초월의 영성이 우리의 현재에서 타당하게 형성될 때 우리는 포스트모던적 영성의 범람에도 불구하고 올바르게 현재화하는 존재성의 체험과 존재사건의 역사를 이해할 수 있을 것이다. 근대이후의 시대에 필요한 우리의 영성은 이런 관점에서 이해할 수 있다. 그것은 우리의 지금 이곳의 문화에서 존재 의미를 현재화하는 성찰의 작업을 의미한다. 그 작업은 일차적으로 자신의 문화적 토양에서 존재성의 토대를 찾는 작업에 중요한 단초로 작동할 것이다. 영성이 이루어지는 현재의 문화를 성찰하는 것은 이성을 넘어서는 초월성과 생명성의 총체성에서 이해되는 어떤 존재성을 위해서는 반드시 이루어야할 해석학적 작업이다.

나아가 이러한 관점에서 정립될 영성은 특정 종교의 울타리를 넘어 지금 이 땅의 문화에서도 필요한 내재적 초월의 영성임을 밝히 드러내어야 할 것이다. 사실 우리의 문화지평에는 포스트모던적 영성이 확산될 많은 요건들이 갖추어져 있다. 서구의 근대화이후 "이미 벌써" 깨어진 규범과 "아직 아니" 형성된 규범 사이에서 이중의 갈등을 체험하는 이 땅의 문화적 상황이 이를 단적으로 보여주고 있다. 또한 그 어느 나라보다 더 근대화를 신봉하는 과잉근대의 문화는 자본주의와 과학기술주의로 인해 그 극을 치닫고 있다. 우리의 문화에 필요한 올바른 규범이 제시되지 않았기에 그 자리에 의사규범들, 자본주의와 과학기술주의, 편협한 민족주의와 문화제국주의들이 흘러넘치고 있는 것이다.

이런 진단이 결코 과장이 아닌 것은 현대의 문화 현상에 주목할 때 명확히 이해할 수 있다. 우리의 규범은 상실되었지만, 그 자리에 규범 대신 자본주의의 맹목과 과학기술의 무의미함만이 자리하고 있을 뿐이다. 이중의 상실에서 오는 거부의 몸짓은 새로운 사유 패러다임을 필요로 한다. 나아가 이데올로기의 시대 금지된 질문과 금기의 역사는 우리 문화에 새로운 영성이란 돌파구를 갈구하게 만들었다. 인간의 존재성에서 이해되는 올바른 영성을 복원하지 않을 때 현대문화의 영성이해는 결코 근대성의 한계를 넘어서는 새로운 존재이해로 드러나지 못할 것이다. 포스트모던적 영성은 이러한 존재성을 일면적으로만 충족시킬 수 있을 것이기 때문이다.

현재는 과거 경험과 행위의 역사적 결과물이며, 미래는 현재의 삶과 결단에 의해 선험적으로 결정된다. 현재는 과거를 재해석하면서 미래를 앞당겨 선취하는 존재론적 해석학의 지금이다. 행위의 시간은 직선적으로 과거에서 현재, 미래로 흘러가지만, 의미와 해석의 시간은 미래에서 현재, 과거로 거꾸로 흘러가기도 한다. 그것은 미래에 대한 희망과 결단들이 현재를 미리 규정하기 때문이다. 내일에 대한 꿈은 현재의 고통과 부조리를 잊고 지금의 무의미함과 한계를 넘어서도록 만든다. 또한 과거는 현재의 경험과 나의 존재 방식에 따라 재구성되고 새롭게 이해되기도 한다. 과거는 지나간 사건의 닫힌 결정체가 아니라 현재에 의해 열려있는 지평이다. 또한 미래는 현재의 결과에 그치지 않고, 현재를 미리 결정하는 지평이 되기도 한다. 이 미래와 과거가 마주치면서 상호작용하는 현재는 내재적 초월의 영성에 의해 선(先)규정된다.

근대의 자연과학에 근거한 실체의 철학은 이러한 현재의 의미를 이해하지 못한다. 그러기에 해석학적 철학으로 이해되는 포스트휴먼의 철학은 포스트모던 영성을 넘어 현재를 역사와 초월, 사건과 실체, 주체와 타자가 상호영향성에 의한 것으로 이해하는 영성을 정립할 것이다. 우리가 자신을 내재적 초월에 투신하는 존재, 위격의 존재에 참여하는 존재로 받아들인다면, "지금 이곳"은 초월적 결단이 올곧이 현재화하는 시간이며, 그 터전이 된다. 역사에서 이해하는 영성은 지금 이곳을 떠나 성립되지 않는다. 그것은 존재성의 의미가 우리의 현재 안에 현재하게 되는 것을 의미할 것이다.

현재는 지금 이곳에서 존재의 의미와 그 역동성이 현재화하는 지평이다. 그것은 현재가 인격체로서의 행위의 주체인 나의 모든 존재의미가 드러나는 생성의 순간이란 뜻이다. 현재는 이러한 존재의 의미에 따라 해석되고, 매순간 새롭게 드러나는 존재의 터전이다. 그것을 우리는 영성의 현재로 이해하고자 한다. 그래서 현재는 나의 인격적 현재 없이 이해되지 않고, 나의 인격 역시 현재화하는 사건의 지금을 떠나 성립되지 않는다. 이러한 인격적 결단 없이 이루어지는 영성은 올바른 영성일 수가 없다. 그러기에 이러한 현재가 현재화하는 문화 안에서, 존재사건에 따른 내재적 초월의 영성을 해석학적으로 정립하는 작업이 포스트휴먼 시대 철학의 과제 가운데 하나일 것이다.

## 5. 포스트휴먼 시대의 일 개념

### 1) 제4차 산업혁명과 노동 개념

제4차 산업혁명 담론을 추동한 직접적 원인이 되었던 독일의 〈산업 4.0〉(Industrie 4.0)은 2008년 글로벌 경제위기 이후 저출산에 따른 노동인구 감소와 산업 환경 변화에 대응하기 위해 독일 정부가 만든 자본 및 노동 분야에 대한 대응 전략을 담은 문서에서 비롯되었다. 정보공학 기술의 발달과 변화가 산업 현장에 접목됨으로써 기존 제조업의 경쟁력 약화는 물론 산업환경 자체가 근본적으로 변함에 따라 노동 환경 역시 변화가 불가피하기 때문이다. 독일 정부는 이 〈산업 4.0〉 백서와 함께 〈노동 4.0〉(Arbeiten 4.0)을 만들었다. 그 뒤에는 경제성장을 위해서는 자본의 역할 못지않게 노동의 중요성을 결코 간과해서는 안된다는 인식이 자리한다. 경제환경을 비롯한 사회적 변화의 핵심에는 일하는 인간이 살고 있다. 사물인터넷과 사이버물리시스템(CPS) 기술 변화에도 불구하고 그 안에는 노동하는 인간이 있다. 이 변화에 대한 이해 없이 포스트휴먼 사회를 이해하기란 불가능하다.

인간은 일하는 존재다. 일은 생물학적 종으로서의 인간이 자신의 개체를 보존하는 최소한의 요건이다. 문화적 존재로서 인간은 생명체로서의 필요를 넘어 그 이상의 어떤 것을 이룩하기 위해 일하기도 한다. 그래서 일에 대해 논의하기 위해서는 먼저 생존을 위한 최소한의 행위와 그를 넘어서는 문화적 층위의 일, 또한 일이 지니는 사람 사이의 관련성, 즉 사회학적 관점의 일을 함께 고려해야 한다. 일함은 인간의 본성에 속하기에 일은 실존적 성격을 지닌다. 또한 일은 인간이 개체로서 자기를 실현하는 단계에서 반드시 요구되는 실천적 행위이기도 하다. 그래서 일은 문화적 존재로서의 인간이 자신의 존재를 유지하기 위한 수단으로, 나아가 자신을 실현하고 자신의 정체성을 규정하는 행위가 된다. 행위로서의 일을 하지 않을 때 인간은 자신의 자유와 존엄성을 유지할 수 없다. 이처럼 일은 단순히 경제활동의 차원이 아니라 다양한 차원을 지닌다. 그에 따라 일의 특성 역시 달리 이해해야 할 것이다. 마지막으로 일은 동료인간과의 관계에서 논의되어야 할 것이다. 일은 그가 속한 공동체 전체, 사회를 유지하는데 기여하며, 그를 발전시키는 수단이 된다. 그러기에 사회적 존재로서 인간이 일한다는 것은 어떤 형태로든 다른 사람과의 관계맺음을 결정한다. 그래서 일한다는 행위에는 인간학적 개념 가운데에서도 특히 사회적 성격이 명백히 표현되고 있다. 일반적으로 일을 노동이라 부르는 것은 사회적 층위에 국한된 개념이다.

일에 대해 철학적으로 논의할 범주는 이러한 세 가지 층위에서 주어지지만, 그것과 단선적으로 결부되지는 않는다. 여기서는 이런 층위를 구분하여 세 가지 상이한 범주에서 일에 대해 논의할 것이다. 먼저 일은 개인의 실존적이며 문화적 범주에서 다루어야한다. 그것은 철학적 인간학의 관점에서 이해하는 일 개념이다. 이차적으로 일은 사회적 범주에서 논의해야 한다. 마지막으로 일은 개인의 형이상학적 범주를 제외하고서는 올바르게 이해되지 않는다. 일한다는 것은 존재론적 주체로서의 인간이 자신의 존재를 성취하고 역사를 이끌어가는 수단이며, 세계를 존재론적 목적성에서 기획하는 행위이기 때문이다.

전통적으로 일은 인간이 자신의 생활세계를 만들어가기 위한 근본적인 전제 조건이며, 일차적 수단이다. 일하지 않으면 인간의 생물학적 조건이 충족되지않을 뿐 아니라, 일을 통해 인간은 자신의 생활세계를 만들어가기 때문이다. 나아가 일은 문화를 이룩하고 경제와 사회를 만들어가는 기초 수단이기도 하다. 일이란 인간 삶의 모든 것, 생존과 문화의 가장 기초가 되는 "행위"로 이해해야한다.[232] 언어와 학문, 사회, 예술, 종교의 영역에서 이루어지는 일은 인간이 일상적으로 알고 체험하는 것과 관련되어 이루어진다.

일은 거의 모든 문화권에서 행위의 노고, 노력, 수고의 의미와 연관되어 쓰여진다. 한자어에서 일을 가리키는 "勞動"은 몸을 움직이는 수고스러움이란 뜻이 담겨있다. 일을 의미하는 독일어 "Arbeit"는 라틴어 "arvum, arva"에서 유래한다. 그것은 경작지를 뜻하는 말에서 유래했다. 이것은 초기 인류의 수렵과 채취 행위에서 농경생활로 넘어가면서 일이란 개념이 생겨났음을 보여준다. 그러기에 일차적으로 육체적 노고를 수반하는 행위로 일을 이해하는 것은 인간의 원초적 체험에 따라 이뤄진 결과였다.[233]

예를 들어 라틴어에서 일을 뜻하는 "labor"는 수고와 고생, 위험과 노고와 연관되어 사용된다. 프랑스어의 경우 노동을 뜻하는 "travail"는 라틴어의 "tri-pilium"에서 유래한다. 이는 소나 말에게 편자를 박을 때 쓰는 3개의 말뚝을 의미한다. 노동은 이처럼 수고와 노고, 고통을 가하는 행위와 연관지어 이해되었다. 자연과의 힘겨운 싸움을 통해 자신의 생계와 삶을 유지해야했던 초기 인류에게 일이란 험난한 과정, 괴로움과 노고를 동반하는 행위를 떠나서는 생각할 수 없는 것이었다. 일이란

232 일반적으로 일을 논의하면서 인간의 행위, 행동함 또는 실천과 아리스토텔레스적 맥락에서 가능태에서 현실태로의 이행(energeia), 사건 등과 관련짓는다. 여기서의 논의는 글의 성격상 "노동"의 측면에서 이해되는 일에 대한 것으로 제한할 것이다.

233 H.J. Krüger, "Arbeit", in *Historisches Wörterbuch der Philosophie*, hrsg. Joachim Ritter, u.a., Bd. 1, Basel/Stuttgart 1971, S. 482-487.

말은 거의 모든 문화권에서 우선적으로 수고, 노고, 고통이란 의미와 연관되어 있다. 심지어 러시아어의 일(Рабóta)의 어원 "rab-"은 "노예"란 말과 같은 맥락을 지닐 정도다.

일은 인간행위의 기본 능력에서 이해된다. 그것은 인간이 자신의 기술행위를 통해 어떤 목표를 달성하기 위한 행위 일반을 말한다. 인간의 일은 그가 지향하는 궁극의 목적에 의해 평가되어야 한다. 그와 함께 인간은 일의 과정을 통해 자기 자신을 드러내고, 일의 결과에 따라 자신의 정체성을 형성하기도 한다. 일은 놀이와 다르며, 동물의 생존을 위한 움직임과도 구별된다. 일은 결과를 산출하고 목표를 달성하는 과정이다. 일차적으로 일은 외적 대상, 물질세계, 나아가 자연세계와 연결된다. 그래서 자연의 자산을 관리하며 그에서 이끌어낸 생산물과 재화, 결과를 분배하는 데 관여하는 인간의 행위를 일이라 지칭하는 것이다. 이때의 일은 그리스 철학에서 말하는 "techne"와 연관되어 주제화된 행위이며, 의도되고 기획된 행위다. "techne"가 무언가를 이끌어낸다는 뜻이기에 일은 어떤 목적에 따라 무엇을 만들어내는 활동을 의미한다. 창작하는 행위로서 일은 인간이 세계에서 자신을 실현하는 활동이다.

### 2) 후기 산업사회와 노동의 종말

이 시대를 포스트휴먼으로 규정하려는 철학적 시도에도 불구하고 산업적으로 이 시대의 체제는 여전히 후기 산업사회에 놓여있다. 이 시대가 우리 사회에 던지는 가장 큰 질문은 일자리와 관련된 사안임에는 틀림이 없다. 인공지능과 로봇 기술은 물론, 드론과 스마트 공장, 자율주행 자동차 등이 일상화될 때 우리의 일과 노동의 현상과 의미가 변할 것이란 사실은 너무도 맹백하다. 또한 포스트휴먼 시대의 초연결사회는 분명 노동과 일의 형태를 급격히 변화시킬 것이다. 이반 일리치의 말처럼 '그림자 노동'은 한편으로 자본에서 배제된 노동이기도 하지만 다른 한편 우리가 보지 못하는 노동이기도 하다. 그럼에도 노동/일은 인간이 자신의 존재를 실현하고 성취를 맛보는 결정적인 매개가 된다. 또한 인간은 노동/일을 통해 인격적이며 존재적인 자유를 얻게 되기도 한다. 그런 만큼 반대로 노동의 의미가 왜곡될 때에는 인간의 자유와 자기실현 방식 역시 왜곡될 수밖에 없게 된다. 노예노동이나 물질생산에만 그치는 노동이 그 극명한 경우라 할 수 있다. 노동/일을 통해 인간은 자신의 지성과 미래에의 기획을 표현한다. 이것은 인간이 지닌 인격과 자유없이는 불가능하다. 노동/일하는 인간의 행위는 노동/일의 의미와 내용은 물론 산출물과의 관계, 노동/일의 사회적 내용에 따라 실존적이며 사회적인 변화를 초래한다. 이렇게 다양한 의미를 지니는 노동/일의 양식 변화는 사회관계의 변화뿐 아니라 인간의 실존적, 존재론적 변화와 함께 논의할 수밖에 없는 주제다.[234]

예를 들어 기계는 생산속도에서 경이적인 발전을 이룩하였다.

234 2018년 11월 8일 한국과학기술한림원과 국회가 공동 개최한 〈미래과학기술 오픈포럼 – 미래 한국을 열어갈 12가지 과학기술〉에서는 〈과학기술인이 상상한 미래사회〉를 12개의 미래 유망 기술 후보 프로그램으로 설명한다. 1. 신체증강로봇, 2. 웰니스(개인) 맞춤형 관리 3. 인공장기바이오 4. 뇌 기능향상 기술 5. 극한 환경 적응형 소재 6. 차세대 자동차용 초비강도 소재 7. 차세대 로봇 8. 재난 감지 및 대응 기술 9. 미래 교통 시스템 10. 재난 감지 및 대응 기술 11. 에너지 저장 기술 12. 스마트하우스. 〈교수신문〉 제943호, 2018.11.12.일 자 보도.

1882년 에디슨이 뉴욕시에 최초의 전등을 밝히고, 1886년 최초의 자동차가 런던 거리를 달린지 80년이 지나지 않아 인간은 우주여행을 시작했다. 현대의 기술과 기계가 인간의 노동에 미치는 영향을 생각해보면 이는 너무도 분명한 사실이다. 휴대전화와 인터넷 정보 시스템은 물론 그 외 수많은 과학기술은 현대의 기계 없이는 불가능하다. 단순히 도구를 사용하던 인간(homo faber)은 이제 기계 없이는 아무런 의미있는 노동을 할 수 없을 정도로 그에 종속되어 있다. 변화된 일과 노동의 변화는 물론, 기술과 그 결과물을 떠나 살아갈 수 없는 인간의 삶과 존재 양식 변화는 우리의 사유를 포스트휴머니즘적으로 나아갈 수밖에 없게 만든다.

리프킨(J. Rifkin)에 따르면 19세기 중반 산업혁명 이래 노동/일 이해의 패러다임은 전혀 다른 양식으로 변하게 된다.[235] 19세기 3/4 분기경 노동력에서 농업노동력의 비율은 3/4에서 1/2로 감소한다. 1940년대에는 겨우 1/5 수준으로 낮아지게 된다. 그것이 1995년 현재는 약 3%정도의 노동력이 농업에 종사하고 있다.(『노동의 종말』 6) 이러한 변화는 기계의 사용과 산업화에 이은 자동화와 정보화 시대에 이르러 더욱 가속된다. 농경사회나 산업시대와 달리 직접 생산에 참여하는 노동력의 필요가 급격히 감소하는 것이다. 이에 따라 비경제활동 인구의 증가는 물론 실업자를 포함하여 노동에 종사하지 않는 계층이 현저히 늘어난다.

통계청에서 발표한 자료에 따르면 2018년 8월 현재 우리 사회의 비경제활동인구는 전체 인구 대비 36.6%에 이른다. 우리 사회에서 1,617

235 Jeremy Rifkin, *The End of Work*(1995), 이영호 옮김, 『노동의 종말』 민음사 1996,

만 2000명에 이르는 사람들이 경제활동을 하지 않는다는 것이다.[236] 그들은 일하지 않는 사람들인가. 고대 육체노동을 회피하던 귀족층처럼 그들 역시 이상적 사회에서 노동의 수고에서 해방되어 여유있게 명상의 기쁨을 누리는 계층인가. 사정은 전혀 그렇지 않다. 기계의 사용과 노동의 전문화는 수많은 노동인력을 감소하는 결과를 낳았다. 기술력과 생산성의 증가는 전통적인 일자리의 수요를 급격히 하락시킨다. "산업화 사회가 노예노동의 종말을 이끌었다면, 정보화의 시대는 대량임금 노동을 끝낼 것"이라고 리프킨은 말한다.(『노동의 종말』 22) 실제로 산업사회이후 노동의 수요가 감소함에 따라 노동 시간 역시 꾸준히 줄어들고 있다. 이는 산업혁명 당시의 주당 노동시간인 70시간이나, 1970-80년대 우리나라 노동자들의 노동시간과 지금을 비교해도 확연히 이해할 수 있는 일이다. 독일의 경우 1830-1860년대 산업화 초기에 하루 평균 노동시간은 14시간 이상이었다. 그러나 현대사회에서는 주당 35시간의 노동이 거의 보편화된 것은 인권이 신장한 이유도 있으나 노동수요의 감소가 더 큰 이유일 것이다. 그에 따라 조기퇴직이나 실업의 증가는 수많은 사회문제를 불러일으키고 있다.

또한 노동은 거듭 생산과 교환가치에 의해서만 평가된다. 1793년 제임스 와트가 증기기관을 발명한 이후 이 사회는 농업생산에서 산업생산의 시대로, 사람들은 농부에서 노동자로 바뀌게 된다. 여기서 노동

236 〈매일경제〉 2018.11.07. 기사. 이 비율은 2년 전과 동일하다. 비경제활동 인구란 사전적으로는 만 15세 이상의 인구 가운데 일할 능력이 없거나, 능력이 있음에도 경제활동 의사가 없는 사람을 가리키는 말이다. 취업자는 말할 것도 없고 잠재적 실업자가 아니라 구직을 포기한 사람은 물론, 여기에는 가사를 전담하는 주부, 교육과정에 있는 학생, 군인 및 제소자, 종교 단체 관여자, 불로소득자, 일할 수 없는 연로자와 장애자까지도 포함한다.

에 대한 대가는 임금으로, "경제적인 가치는 물질적인 대상과 그 교환 가치에" 놓이게 되고, 지불되지 않는 노동은 사라진다. "영리노동과 마찬가지로 가치가 있고 생산적인 것으로 평가되었던 지불되지 않은 노동은 비생산적인 것으로 간주"된다.[237]

이에 따른 사회적 분열과 변화가 미래사회의 위기를 불러일으키게 된다. 노동은 인간 삶을 위한 창조적인 원천이지만, 그것은 생명체로서의 인간의 조건에 관계되는 것이기도 하다. 산업사회에서의 노동은 기껏해야 인간이 그의 산출물과 지니는 관계에 따라 논의될 뿐이다. 이제 노동/일은 자연적 필요를 충족시키거나, 자아실현을 위한 인간의 행위라는 층위의 논의는 사라진다. 이에 따라 생물학적 종으로서 인간은 자신의 사회적 본성을 오직 이러한 범위에서 구체화시킬 수있게 되었다. 자신이 노동으로 산출한 결과물 안에서 자신을 사회적으로 객체화시키는 층위에서만이 노동의 의미가 논의되는 것이다. 노동없는 세계는 인간이 해방되는 역사상의 새로운 시대일 수도 있지만, 동시에 대량 실업과 세계적인 빈곤, 사회적 불안과 격변이라는 우울한 미래일 수도 있다. 장시간의 노동으로부터 해방되어 복지와 자유를 누리기 위해서는 노동에서 배제되는 계층이 사회적으로 배제되어서는 안된다.

### 3) 포스트휴먼 사회와 제3부문의 노동

포스트휴먼 시대의 일 개념을 올바르게 정립하기 위해서는 산업시대의 노동이해를 벗어나는 새로운 이해의 틀이 필요하다. 리프킨은 제

237 Giarini/Liedtke, 앞의 책, 121쪽.

3부문의 노동, 즉 유사경제(parallel economy)라 이름할 수 있는 사회자본의 창출을 주장한다. 이는 "사회경제라는 영역"에서 "사람들이 서로를 보살피기 위해 공식 비공식적인 결속, 관계, 제도를 만들어내는 핵심 영역"을 의미한다.(『노동의 종말』, 40) 예를 들어 사회 각 분야에서의 봉사활동, 지역 공동체에 참여하는 활동, 환경 등 시민단체 운동, 소규모 신앙활동과 교육 참여운동 등 그 형태는 무한하다.

탈산업주의 시대는 엄청난 기술의 발전과 함께 소수의 노동력만을 필요로 하는 시대로의 전환이라는 역사의 갈림길에 들어서게 된다. 그것은 노동/일이 산업과 재화의 생산의 노동으로만 이해되던 사회에서 노동/일의 본래적 의미를 회복하는 시대로의 전환을 의미한다. 그래서 자아성취로서의 일, 생산성과 효과를 분배하고 공동체의 삶을 위한 노동, 자본의 가치를 넘어서는 노동으로의 전환, 시장경제와 산업자본과는 다른 형태의 노동 패러다임이 요구된다. 이것은 "모든 인적 잠재력을 사회봉사와 가족들의 욕구 충족을 위해 발휘할 수 있"게 하는 미래 노동의 새로운 패러다임이다. 이를 그는 탈시장 패러다임이라 부른다.

새로운 형태의 노동 이해는 노동 소외는 물론, 노동자의 빈곤과 폭력적 상황, 실업과 가정파괴의 악순환을 넘어서는 길이기도 하다. 단순한 노동력의 감소를 대체할 외국노동자의 유입 등은 엄청난 문제를 초래한다. 인종주의적 색채까지 띠고 있는 미국의 반이민정책이나 유럽에서의 터키노동자들의 문제는 물론이고, 우리나라의 외국노동자 문제 등은 노동을 단순히 재화산출의 수단으로 간주할 때 생기는 폐해를 잘 보여준다.

개인적 분야에서 이루어지는 노동은 "물질적 이득에 의해 동기부여가 이루어지며" 그 영역에서의 "일자리 보장은 소비증가라는 관점"에서 평가된다. 반면 "제3부문은 타인에 대한 서비스로 참가의 동기가 부여"되고 "일자리 보장은 인간관계 및 공동체 의식의 강화라는 관점"에서 이해될 것이다.(『노동의 종말』 350) 이를 위해서는 사회적 신뢰는 물론, "개인적인 자원을 서로 공유하기 위해 완전히 새로운 방법"을 만들어내는 것이 중요하다.[238] 포스트휴먼 사회의 노동이해를 위해서는 더불어 살아가는 존재로서 인간, 공동체의 삶을 위한 인간의 일이라는 패러다임 전환이 필요하다. 공식적인 노동을 벗어나 지역 공동체에 봉사하는 경제, 인류 공동체에 공동구성원으로 사유하고 행동하는 것이 절실히 요구된다.[239] 공동체에 기여하는 일은 자본주의적 시장경제에서의 노동 소외를 극복하는 대안이 될 것이다. 이것은 또한 일의 인간학적 측면, 자아실현과 자기성취는 물론이고 인류의 발전이란 관점에서도 올바르게 기여할 것이다.

또한 다수의 제 3세계국가에서 세계시장경제는 거의 존재하지 않는다. 이들 국가에서 산업시대의 노동 개념으로 일을 이해할 수는 없다. 지금과 같은 물질적 풍요를 고집하는 자본주의적 생산 패러다임에 종속된 노동 개념과 그것을 부추기는 사회 문화는 심각한 위기를 초래한다. 자본주의의 대안 문화의 창출은 물론 지금 당장 인간의 일함이란 명제에 있어서의 제3부문 노동개념의 확대는 이러한 소외를 극복하는

238 이를 위해서는 "사회통화의 창출"이 필요하다. 사회통화란 "다수의 사람을 사회적 자본을 창출하고 교환하는 과정에 함께 불러 모은 방법"이다. J. Rifkin, 앞의 책 41–44.

239 미국경제에서 GNP구성으로 기업부문이 80%라면 정부부문이 14%, 제3부문은 대략 6% 이상을 차지하고 있다. 그러나 총 고용의 측면에서 제3부문의 경제활동은 9%를 차지하고 있다. 리프킨, 앞의 책 344–345.

대안이 될 것이다.

하이데(H. Heide) 역시 이런 맥락에서 노동에 대한 패러다임 전환을 주장한다.[240] 사실 노동의 배제와 빈곤의 문제, 나아가 사회적 배제가 문제가 되는 것은 경제적 박탈에만 있지 않다. 그것은 개인들의 자율성과 존엄성에 미치는 결과 때문에 더욱 심각해진다. 빈곤으로 인한 사회적 배제와 인간 소외 현상에서 벗어나는 단 하나의 길은 "가난한 사람들이 참여하는 경제모델"에 있다.[241] 또한 이를 위해 인간과 자연의 상생모델, 경제성장 모델에서 노동에서 벗어난 사람들의 연대를 모색하는 것이 필요하다. 이런 필요를 충족시키기 위해서는 자본주의적 경제모델과 그에 의한 노동개념을 벗어나야한다.

이에 따라 "비급여 노동, 비지불 노동, 자발적인 노동, 봉사활동" 또는 화폐로 환산되지 않는 노동의 역할과 의미가 새롭게 부각된다.[242] 사회학자 기든스(A. Giddens)는 제3의 길을 통해 이에 대한 대안을 모색한다. 노동계층과 인구 10%정도에 달하는 최하층의 문제와 이들에 대한 사회적 배제는 부정적인 순환고리에 갇힌 복지국가 자체의 이율배반이다. "세계화, 지식경제의 도래, 개인주의와 탈물질주의적 관심, 복지국가의 역기능과 새로운 위험의 등장, 특히 기후변화와 환경과 연계된 위험들" 안에서 새로운 합의가 필요하게 된다.[243] 그래서 기든스는 시장경제를 벗어나는 새로운 사회민주주의를 제창한다. 여기서 중요한

240 훌거 하이데, 『노동사회에서 벗어나기』, 강수돌 외 옮김, 박종철출판사 2000 참조.

241 A. 기든스, 같은 책 81쪽, 133쪽.

242 Orio Giarini/P.M. Liedtke, 앞의 책 43–45

243 Anthony Giddens, *Where Now for New Labour*(2002), 『노동의 미래』, 신광영 옮김 을유문화사 2004, 32쪽.

점은 약자와 사회적 관계망에서 배제된 사람들에 대한 배려의 새로운 노동 개념이다. 경제성장과 완전고용에 대한 사회주의의 꿈은 조화되기 어렵다. 오히려 비경제 활동의 노동을 새로운 일 패러다임으로 수용하는 것이 대안일 것이다. 새로운 일 패러다임을 위해 비경제활동을 통한 수익 문제를 논의해야 하는 것도 반드시 필요한 일이다.

### 4) "일" 개념의 새로운 정립

인간은 놀이하는 존재(homo ludens)다. 일과 함께 놀이도 기획된 행위다. 그러나 일과 놀이는 그 목적에서 구분된다. 놀이의 목적은 자체로 충족되지만, 일의 목적은 외부적 조건에서 충족된다. 일은 행위를 통해 만들어진 산출물이나 결과물에서 이해되며, 목적을 향한 질서지움에서 규정된다. 그에 비해 놀이는 결과를 목표로 하지 않는다. 놀이는 그 과정 자체가 목적이다. 놀이와 일은 인간의 행위란 점, 도구를 사용한다는 것, 지켜야할 규칙이 있다는 점 등에서 수많은 공통점을 지닌다. 또한 학적, 실험적 기술적이거나 조직적 행위에도 놀이적 요소가 깃들어 있다.

그럼에도 불구하고 놀이와 일은 구별된다. 일은 유희의 행위가 아니다. 일의 특징은 육체적 노고, 작업의 성격에서 드러난다. 일의 목적은 적절한 수단과 행위를 통한 필요의 충족에 있다. 또한 일은 재현이란 특성을 지닌다. 그것은 일회적 사건으로 그치지 않고 되풀이 할 수 있음에 의해 규정되는 것이다. 예를 들어 역사적 사건의 경우 그것은 유일회적이며, 재현되지 않으며 지속적으로 이루어지지 않는다. 따라서 생성의 사건은 일의 관점에서 이해되지 않는다. 목적성과 재현 가능성은 일의 본질적 특성을 이해하는 중요한 요소가 된다. 놀이는 그 규칙의 일정함에도 불구하고 언제나 새롭게 재현된다. 그래서 놀이는 또 다른 의미에서의 창조적 행위로 이해되는 것이다. 놀이의 목적은 결코 결과물을 만들어내는 데 있지 않기 때문이다. 놀이는 그 과정과 놀이 자체에 목적과 의미가 있다.

맑스는 동물과 인간은 의식과 사고에 의해서가 아니라, 삶의 수단을 스스로 생산할 수 있는가에 따라서 구분된다고 말한다. 그는 노동을 세계 내에서 인간의 상황을 새롭게 설정하는 행위로 이해하면서도 그 자체가 철학적 인간학 안에서 지니는 의미에 대해서는 분명하게 규명하지 못하고 있다. 이에 비해 겔렌(A. Gehlen)은 인간의 "일"을 몸과 영혼, 자연과 정신이란 이항대립의 관계에서 질문을 설정한다.[244] 인간은 원초적으로 행위하는 존재다. 행위는 자연을 인간의 목적에 따라 변화시키는 행동이다. 겔렌에 따르면 노동/일은 모든 결핍을 충족시키려는 인간의 문화적 행위이기에 노동/일은 인간에게 보편적인 것이다. 그에 비해 사회학적으로 이해된 노동은 일의 특수한 형태일 뿐이다. 그 의미는 사회학적 정치경제학적 맥락에 따라서야 올바르게 드러날 것이다.

탈산업화시대의 인간 행위와 관련하여 의미있는 논의는 하이데거의 기술시대 비판이다. 하이데거는 근대를 기술의 시대로 규정한다. 이 시대는 존재 드러남으로서의 진리가 존재자에 종속되는 과학기술의 시대다. 그것은 탈은폐의 한 표현으로 이해된 "테크네(techne)"가 기술적

244 A. Gehlen, *Der Mensch, Seine Natur und seine Stellung in der Welt*, Bonn 1950; M. Riedel, op. cit., 135-136.

산출능력(technology)으로 이해되는, 존재의미를 망각하고 존재자를 존재로 왜곡시키는 시대다.[245] 기술은 결국 사물존재자를 몰아세워 부품으로 만드는 시대 정신의 구현에 지나지 않는다. 이는 인간의 존재론적 특성으로서의 창출(techne)의 의미를 상실하고, 자연을 지배하고 자신의 대상으로 삼는 근대성의 탈은폐 방식일 뿐이다.

기술의 본질은 자연을 부품으로 만드는 몰아세움에 있다(Gestell). 이러한 기술의 행위는 존재의미를 망각함으로써 인간의 존재양식을 바꾼다. 이로써 자연은 본래의 존재드러남(physis)의 의미를 상실하고, 단지 존재자 산출을 위한 객체화된 대상물로 축소되기에 이른다. 기술시대의 인간의 산출행위는 존재의미를 감추고 존재자를 존재로 왜곡시키는 공작행위가 될 뿐이다. 결국 인간의 행위와 일은 기술에 종사하는 행위에 지나지 않으며, 이로써 존재 의미는 잊혀지게 된다. 존재의 의미를 드러내려는 사유의 노력은 존재사건을 감내하며 기다리는 행위, 존재의 초극(Verwindung)을 필요로 한다.

인간은 이성적 존재로서 행동하며, 자기 계획에 따라 움직일 수 있다. 인간의 일이 동물의 본능적 행동이나 기계의 작동과 지니는 차이는 일의 과정 및 목표에 대한 의식과 자유로운 결단에 있다. 인간의 일은 미래를 계획하고 기획하는 행위, 미래를 결단하는 행위에서 시작된다. 그는 세계 안에 던져진 존재이지만 동시에 세계를 기획하는 존재이다. 기계나 동물은 존재적 기능의 손상이 없을 경우 짜여진 대로 작동하거나, 또는 본능에 따라 움직이게 된다. 그러나 인간은 자유로운 존재이

245 특히 M. Heidegger, *Die Technik und die Kehre*, Tübingen 1962; *Die Zeitalt des Weltbildes(1938), in Holzwege*, Frankfurt/M 1980 참조.

며 미래의 기획에 의해 움직이는 존재이기에, 그의 행위와 일은 미래에의 지향성에 따라 결정된다. 인간은 미래와 시간적 내일을 목표로 움직이기에 이런 의미를 상실한 채 단순히 재화산출에 머문다면 그 일은 결코 인간의 존재 실현과 무관하게 된다. 그때 일은 소외될 뿐이다.

존재실현과 관계된 일은 주체에 의해 원하고 숙고된 행동, 기획된 행위다. 세계-내-존재로 던져진 인간이지만, 인간은 그 안에서 일을 통해 자신을 기획한다. 그런 까닭에 존재의 의미를 숙고하는 현존재로서 인간만이 일할 수 있다. 인간은 일을 통해 존재의미를 드러내고 그에 관계한다. 그러기에 인간의 일은 미래에 대한 계획과 지향성 없이 이해되지 않는다. 인간은 노동만이 아니라 자신의 존재에 대한 관조를 통해 자아의 결단을 현실화시킬 수 있다. 비록 그가 자신의 행위 안에서 의식을 실제화시킬 수 있을지라도, 인간에게 있어서는 그의 행위가 자신의 본질과 동일시되지는 않는다. 존재론적 의미 결단은 실천적 행위를 넘어 재현된다. 이러한 의미에서의 일의 최종근거는 형이상학적 결단과 존재론적 의미에 놓여있다. 일의 올바른 의미는 이러한 존재론적 성찰에 의해 주어지며, 그 존재론과 관련하여 이해해야 할 것이다.

# 제5장

# 포스트휴먼 문화와 인문학

## 제5장
# 포스트휴먼 문화와 인문학

## 1. 인문학과 인문교육

### 1) 인문학의 현재

인문학에 대한 정치한 학적 정의와 별개로 이 학문을 거칠게 인간의 삶과 존재에 관계된 영역 모두를 성찰하는 학문이라고 말해도 결코 틀린 규정이 아닐 것이다. 이런 관점에서 인문학은 언제나 그 시대, 그 곳의 인간 상황을 배제한 채 이루어지지 않는다. 비록 보편적 존재로서의 인간성을 전제하더라도, 이 학문은 분명 "지금, 여기"(hic et nunc)라는 현재의 지평을 떠나서는 불가능하다. 그럼에도 인문학은 인간으로서의 보편성과 동일성을 지니며, 또한 실존적 인간으로서의 차이를 지니는 것도 사실이다. 인문학은 결코 어떤 경우라도 보편성과 동일성에 의해서만 정의되지 않으며, 이런 특성과 무관한 차이에서 규정될 수도 없는 학문이다. 동일성과 차이를 성찰하고 이 토대 위에서 성립되는 것이 학문으로서 인문학의 본질적 특성이라고 말해도 좋다.

인문학을 선험적으로 규정하기 위해 필요로 하는 것은 삶과 존재를 성찰하는 해석학적 지평이다. 왜냐하면 인문학은 본질적으로 인간의 삶과 존재에 관계하기 때문이다. 그 해석학적 지평은 인문학이 관계하는 개별 주제를 정초하는 존재론적 터전이 된다. 이 토대 설정은 인간은 무엇인가라는 질문과 함께 존재론적 의미를 선결 해명하는 학적 본성에 따른 것이다. 인문학은 이런 특성에 근거하여 개별 주제를 이해하고 해석하는 지성의 과제를 수행한다. 이렇게 정초된 존재론적 토대 위에서 인문학은 인간의 본성적 측면과 함께 변화된 문화 환경 일반을 해명하는 작업을 수행한다.

이런 특성에 따라 이해하는 인문학은 근원적이면서, 또한 그만큼 역사적이기도 한다. 인문학의 역사성은 해석학적 관점에서 과거에 대한 해석과 함께 미래에의 기획이 함께 하는 시간성을 의미한다. 그 시간성은 해석학적 현재이며, 그 현재에서 끊임없이 상호작용하는 과거와 미래의 시간을 포함한다. 인문학은 지나간 역사의 해명과 다가올 시간의 지향성이 마주하는 현재의 시간 안에서 이루어진다. 그 학문은 철저히 유래의 시간과 도래의 시간을 마주하는 현재의 학문이다. 그러기에 인문학은 언제나 역사의 학문이면서 동시에 지향적 학문이다. 인문학의 시간성은 인문학의 주체이면서 객체이기도한 인간의 시간과 역사를 의미한다.

이런 관점에서 포스트휴먼 시대의 인문학이란 인간성의 유래와 도래에 자리하는 학문이며, 시간성을 내재적으로 수용하면서 초월성을 지향하는 학문이기도 하다. 그 학문은 언제나 인간 이해의 시간성 위에서 정초된다. 그 시간성은 유래와 도래의 시간성이며 '포스트'(post)와 '프로토'(proto)의 시간성이다. 포스트휴먼 시대의 포스트휴먼 인문학은 이런 시간성을 특징으로 한다. 그러기에 포스트휴먼의 존재상황(conditio post-humana)은 인간의 본성과 역사성에 자리한 존재상황을 의미한다.

인문학의 자리한 존재상황(constellation of being)은 현대문화의 변화된 상황 전체를 가리킨다. 포스트휴먼 인문학은 이 전체를 성찰하는 해석학적 학문이다. 이 학문은 정치적이며 경제적인 영역은 물론, 과학기술변화와 함께 초래된 현대의 혁명적 변화전체를 포괄적으로 해명하려 한다. 그 안에는 인간의 존재적 정세 전체가 변화함으로써 인문학 역시 새로운 형태로 드러나야 한다는 인식이 담겨있다. 그럼에도 이 인문학은 휴머니즘적 인문학과 동일성과 차이를 지닌다. 인간의 근원적 특성을 해명하는 학문이기에 이 학문은 동일성을 지니지만 또한, 포스트휴먼의 변화된 존재론적 상황에서 오는 차이를 지니기도 한다. 그 특성은 포스트휴먼적 상황이 인간이 지닌 본질적 동일성과 시간적 차이 안에 있기에 이를 성찰하는 인문학 역시 같은 맥락에 자리하기 때문이다.

현대 세계에서 인문교육의 의미와 내용, 지향점은 어떠해야하는지를 철학적 관점에서 성찰한 대안적 성격은 무엇일까. 여기에는 3가지 요소가 토대로 작동한다. 먼저 현대 세계의 특성과 의미에 대한 논의, 이어 교육, 특히 인문교육의 의미와 내용에 대한 고찰, 마지막으로 이를 토대로 해명을 시도하는 인문교육의 철학적 지향점에 대한 성찰이 그것이다. 이 세 가지 주제에 대한 철학적 성찰은 실제적 인문교육의 맥락에서 실천적 지향과 준거로 작동할 수 있을 것이다.

### 2) 인문교육의 현재성

인문교육은 실천적 관점에서 양면적 성격을 지닌다. 그 실천적 성격은 먼저 보편적 교육의 원리에 바탕한 지평과 함께 인문과 인본 정신(humanism)에 근거한 고유한 교육적 특성에 자리한다. 인문교육은 중등교육과 다른 교육원리를 지닌다. 중등교육이 주어진 전통과 지식의 원리와 내용에 대한 습득적 특성이 강하다면 인문교육은 이보다 훨씬 더 성찰적이며 지향적, 통합적 교육철학에 근거해야한다. 그 가운데에서도 무엇보다 성찰성(reflexion)은 중등교육과 달리 인문교육이 근거한 지평이면서 또한 지향하는 곳이기도 하다. 성찰성은 교육철학의 원리인 인간의 본성에 바탕하여 그 본성의 빛(lumen naturale)을 되비추이는 과정을 의미한다. 인문교육은 이 본성의 빛으로써 주어진 지식과 지식에 대한 해명은 물론, 이 지식을 바탕으로 하여 나아가야할 방향에 대한 지향성을 설정한다. 그러므로 이런 관점에 따라 중등교육과 구별되는 인문교육의 철학적 특성을 세 가지 요소로 말할 수 있다.

먼저 인문교육은 중등교육과 달리 지식의 습득이 아니라, 지식을 위한 학적 연구의 토대와 지평에 관계한다. 달리 말해 인문교육은 지식을 설정하는 해석학적 지평과 존재론적 근거에 대한 연구와 교육을 본질적인 영역으로 간직한다. 이런 토대 위에서야 인문교육이 수행하는 학적 지식이 의미를 지니게 된다. 이 두 가지 요소에 근거하여 인문교육은 지식과 교육이 수행되는 공동체와 실존성의 지향성을 해명한다. 인문교육의 궁극적 목표가 이런 특성을 벗어날 때 인문교육은 결코 그 본질을 달성하지 못한다.

현대 세계가 유럽의 근대에 의해 보편화된 세계이며, 그 철학적 원리가 근대성(modernity), 구체적으로 유럽 계몽주의 철학이기에 일반적으로 현대 세계의 인문교육은 계몽의 원리를 이 성찰성의 빛으로 이해한다. 그것은 유럽 근대철학이 이 성찰성의 원리인 본성의 빛을 이성의 원리에 따른 계몽의 빛(enlightenment)으로 정립한 것과 밀접히 연관된다.[246] 이 철학은 고대 세계와 신약성서에서 최고의 원리로 설정했던 로고스(logos)를 인식론적이며 주체 철학의 토대인 이성(rationality, Vernunft)으로 받아들였다. 그들은 존재론적이며 신적 특성을 지닌 로고스(logos)의 원리를 인식론적이며 인간중심적인 이성으로 해명하려 했다. 이에 비해 이른바 서세동점(西勢東漸)의 시기를 거치면서 자신의 이념을 포기했던 동아시아 세계와 조선의 철학은 그 보편적 원리를 하늘의 명(天命)에서 찾았다. 동아시아의 보편적 철학, 특히 조선의 국가 이념이기도 했던 성리학(性理學)에서는 〈중용〉(中庸)에서 말하듯이 하늘의 명(天命)에 기반한 성(性)과 "성을 리"(性卽理)로 해명한 철학에 근거하여 그 보편적 원리를 설정했다.[247]

246 계몽주의 철학의 원리 참조. 예를 들어 I. Kant, "Beantwortung der Frage: Was ist Aufklärung", in *Berlinische Monatsschrift*, 1784.

247 〈中庸〉 1장: 天命之謂性, 率性之謂道, 修道之謂教.

### 3) 한국의 인문학과 인문교육

한국 학문과 교육의 가장 큰 한계는 농경시대의 철학 내지 산업화 시대의 필요에 의해 이뤄진 패러다임에 묶여있기 때문에 생긴 결과다. 예를 들어 중등교육의 문제로 거론되는, 입시 교육의 한계, 주입식 교육, 공교육 붕괴 등의 문제도 여기에 근본적 원인이 있다. 또한 인문교육의 문제로 거론되는 대학의 구조적이며 운영상의 한계 역시 식민지 시대에서 벗어나면서 잘못 짜여진 한국 인문교육의 공교육 체계에 있다. 83%이상의 사학이 운영하는 대학교육 체제가 운영상의 문제를 지니고 있음을 지금 인문교육 기관은 뼈저리게 느끼고 있을 것이다. 대학 구조조정 문제, 대학 평가, 대학 운영의 신자유주의적 체제는 물론, 취업을 비롯하여 사회적 수요에 맞추어야 하는 교육정책, 서구 중심의 대학 체제는 철학적 인문 교육을 불가능하게 만들고 있다. 나아가 인문학의 착종된 현상과 그 현실적 자리는 물론, 영어에 대한 일방적 강조와 인문교육기관이 자리한 현실에 대한 성찰이 거의 불가능한 학적 체제는 대학을 인문 정신과는 거의 무관한 현실로 이끌어가고 있다.

한국은 서구의 근대성이 가장 크게 영향을 미친 곳 가운데 하나이며, 그 근대성이 초래한 한계가 모순이 가장 극명하게 드러나는 곳이기도 하다. 서구 근대에 의해 강제적인 개항을 맞이한 이후 한국은 식민지 시대와 분단시기를 거치면서 이 한계와 모순을 직접적으로 체험했으며, 그 영향력이 여전히 가장 크게 남아있는 곳이기도 하다. 전통 학문은 사라지고 근대의 과학적 학문이 그 자리를 대신했지만, 우리존재와 삶을 성찰할 학문은 어디에 자리하는가. 우리의 현재를 성찰하기 위해 무엇보다 먼저 이 문제가 해명되어야만 한다는 사실은 명백하다.

인문학적 사유와 인문교육이 현대 사회에서 처한 위기는 새삼스러운 일이 아니다. 이는 우리 학문이 처한 실정일 뿐 아니라 그 상황은 구미세계에서도 별반 다르지 않다. 이런 위기의 원인은 급변하는 문화적, 사회적 변화를 성찰하지 못하는 철학적 인문학과 사회의 거대한 흐름에 저항하지 못하는 인문학자들에게 있음은 분명한 사실이다.[248] 그에 덧붙여 이 땅의 인문학은 교육철학과 인문학의 의미를 전혀 이해하지 못하는 교육 관료들의 재정을 통한 통제와 함께 그에 굴종하는 인문학자에게도 커다란 책임이 있음은 더 이상 거론할 필요가 없을 정도로 자명하다. 이런 현상은 어쩌면 자본주의와 과학기술주의가 범람하는 현대문화의 특징인지도 모른다. 예를 들어 프린스턴대학 철학교수 카우프만은 인문학이 표류하고 있는 미국적 상황을 비판적으로 고찰한다. 그는 인문학을 종교와 철학, 미술과 음악, 문학과 역사 연구의 여섯 가지 분야로 구분하여 정의한 뒤, 이 학문은 인류의 삶에서는 무엇보다 중요하다고 말한다.[249]

그럼에도 불구하고 인문학과 인문교육이 방향을 상실한 채 표류하는 것은 과학기술주의가 범람하는 현대의 실증주의적 문화 때문이다. 이런 문화에서 인문학이 자연과학과 사회과학의 과학적 특성에 맞추

248 이 문제는 이미 수없이 논의되었지만 여전히 진행 중이다. 다시금 본질적 관점에서 이 논의를 성찰해야할 필요가 절실하다. 이와 관련해 영리형 대학 시대에 저항하지 못하는 인문학자에 대해 비판한 프랭크 도너휴, 『최후의 교수들』, 차익종 옮김, 일월서각 2014 참조. 이 책은 한국 대학의 미래를 그려보는 데 시사하는 바가 적지 않다. 한국 대학 개혁의 방향과 쟁점을 정리한 책으로 민주화를 위한 전국교수협의회 엮음, 『입시ㆍ사교육 없는 대학체제』, 한울아카데미 2015.

249 월터 카우프만, 『인문학의 미래』. 이남재, 이홍수 옮김, 미리내 1998, 27-28.

기 위해 자신의 본질을 상실하기에 이런 현상이 일어나는 것이다. 이런 문제의식에 따라 카우프만은 먼저 인문학의 목표를 인류가 남긴 위대한 작품을 보존하고 양성하는 데서 찾으며, 인문학의 목적은 인생의 존재이유와 목적, 궁극적 목표에 대한 답을 찾는 데 그 특성이 있다고 말한다. 그와 함께 인문학은 삶과 인간에 대한 전망, 미래 전망을 제시하는 데서 자신의 목적과 이유를 찾는다. 마지막으로 인문학은 인문학의 전망을 위한 방법론적 해명을 제시할 수 있어야 한다고 말한다.[250] 이런 관점에서 카우프만은 인문학을 수행하는 방법과 함께 교육과 글쓰기, 해석학적 특성 등을 거론한다. 이런 논의와 별개로 인문학은 비판적 정신으로 미래 전망을 간직하는 본연의 특성을 떠나 존립할 수 없다. 그럴 때만이 방향을 상실한 인문학이 올바르게 자리를 잡을 수 있기 때문이다.[251]

인문학의 위기를 넘어 이 땅의 인문학과 인문교육은 어디로 가야 하는가. 오늘날 4차 산업혁명과 함께 인공지능과 진화생물학, 유전과학의 연구는 인문학을 그 근본에서부터 새롭게 사유하도록 추동하고 있다. 그에 맞서 인문학은 다양한 갈래로 그 진로를 모색할 수 있다. 오늘날 정보공학과 생명공학의 결합으로 초래된 문화적 상황에서 변화된 인간이해의 문제를 심층적으로 분석하려는 새로운 인간이해의 학문 역시 이런 관점에서 이해할 수 있을 것이다. 이른바 4차 산업혁명의 물결에서 보듯이 인문학적 환경이 변화했다는 사실은 자명하다. 이에 따라 전통적 인문학과 인본주의를 해체하고 그 이후에 대한 학적 성찰이 포

250 월터 카우프만, 같은 책 33-39 참조.

251 월커 카우프만, 같은 책, 제1장 네 가지 종류의 마음, 특히 41-47 참조.

스트휴머니즘의 인문학으로 나타나고 있는 것이다.

이런 시대적 요청에도 불구하고 우리의 인문학은 근대성이 과잉으로 작동하는 현재에서 여전히 갈 길을 상실한 채 허덕이고 있으며, 우리 사회에서 학문으로서의 설득력과 타당성이 심각하게 의심받고 있다. 철학적 인문학이 성찰하고 대결해야할 직접적 대상은 이 근대성의 과잉, 구체적으로 과학주의가 진리주장을 전유하고 있으며, 자본주의의 사회적 상황이 인문학을 장악하는 이 현재임에는 틀림이 없다. 그러기에 미래의 인문학을 모색하는 이런 노력에도 불구하고 철학적 인문학이 이 학적 현재와 그 존재론적 문제를 본질적인 관점에서 성찰하지 못하거나 그에 바탕한 전환을 이룩하지 못한다면 결국은 우리 사회에서 인문학은 그 타당성을 상실하게 될 것이다.

## 2. 인문학의 터전으로서 "현재"

### 1) 인문학의 특성

현재의 지평에서 해명되어야하는 인문학은 현재의 시간성에 따라 역사와 지향성이라는 두 개의 원천을 성찰함으로써 이뤄진다. 그 까닭은 이 두 원천이 지금 여기(hit et nunc)의 해석학적 지평에서 만나기 때문이며, 나아가 바로 이 지평에서 새롭게 드러나기 때문이다. 그러기에 이 성찰성은 철저히 시간성 안에 자리한다. 선험적 이성의 보편적 시간성이 아니라 인문교육을 이뤄가는 철학적 원리로서의 인간적 이성의 시간성을 말한다. 그 시간성은 현재란 이름으로 이해되며 그 현재는 시간성과 함께 공간성을 포함하는 개념을 의미한다. 이렇게 해명되는 해석학적 현재(現在)는 시간적인 지금과 공간적인 여기가 중첩되는 시공간의 세계이다. 여기에는 그 현재를 해석하는 존재론적 해석학의 실존성이 함께 자리한다. 인문교육의 존재론적 원리는 이 세 가지 요소, 지금과 여기, 실존성이란 원리가 중첩되는 과정을 통해 정초된다.

인문학은 현재를 해체하면서 새롭게 해석하는 학문이다. 이 말은 인문학의 성격을 해체론적 해석학으로 규정하는 것이다. 그것은 자신이 결단한 철학의 눈으로 현재를 읽고 해석하는 것이다. 그러기에 인문학의 내적 원리는 본질적으로 철학적이다. 인문학에 속한 여러 학문들은 개별 주제를 자신의 학문적 원리에서 해명한 결과이다. 예를 들어 문학과 역사학, 심리학과 예술 등은 개별 주제에 따른 학문이다. 그런데 이 학문과 철학은 어떤 면에서 차이를 지니는가. 심리학과 심리철학의 차이는 무엇인가? 인간의 심리현상에 대한 객체적이며 사실적 지식을 추구하는 학문이 심리학이라면, 심리의 철학은 심리란 주제의 철학적 원리를 해명한다. 심리철학은 우리 마음에 의한 철학이며, 이와 더불어 심리현상에 대한 철학적 이해를 의미한다. 이것은 모든 주제적 철학에 적용된다. 예술철학과 예술학, 과학철학과 개별 과학, 사회철학과 사회학의 차이는 이런 관점에서 이해된다.

이때의 철학은 개별 주제에 대한 객관적 지식을 이끌어 내는 것이 아니라, 그것이 지니는 존재론적 의미를 밝히는 작업을 의미한다. 철학적으로 이해되는 인문학은 과학적 방법론에 따른 객체적 지식의 학문이 아니다. 자연과학은 대상에 관계하며 외재적으로 탐구되지만, 철학은 자기회귀적이며 내재적인 과정에 있다. 그것은 내재적이면서 한편으로 자신의 학적 지평을 초월해가는 이해의 체계이다. 이러한 이해와 해석의 행위, 의미 결정과 의미초월의 행위가 철학이다. 철학은 스스로가 무엇인지를 물으면서 철학한다. 스스로 묻는 행위와 이미 규정된 자신에 대한 정의를 부정하면서 이루어지는 철학은 자기이해와 자기부정의 학문이다. 그럼에도 이러한 자기이해와 자기부정은 철학 안에서 이루어지기에 그것은 자기회귀적 성격을 지닌다. 철학은 그랬던 것에 대한 해석과 그래야만 하는 것에 대한 결단이며, 그것을 현재란 지평에서 거듭 새롭게 해석하는 행위를 의미한다. 지금 · 여기에 있다는 사실, 현재와 존재가 지니는 의미를 드러내고 해석하는 작업으로서 인문학은 본질적으로 철학일 수밖에 없다.

### 2) 현재를 성찰하는 인문학

인문학과 인문교육은 현재를 성찰하는 가운데 그 방향과 내용이 결정된다. 그 터전인 현대 세계는 어떠한 특성을 지니는가. 시대(epoch)에 대한 해명은 교육의 현재를 말하기 위해서는 결코 소홀히 할 수 없는 주제 가운데 하나이다. 교육은 본성적 측면과 함께 거듭 그 시대의 요구에 따라 변형되고 적응되는 과정을 필요로 하기 때문이다. 그런 까닭에 실천철학으로서 교육에는 언제나 시대적 표징을 읽는 해석학적 작업과 함께, 교육이 수행하고자 하는 본래적 영역에 대한 끊임없는 재인식이 있어야만 한다.

인문교육이 실천적으로 해석해야할 우리의 현재는 성리학적 체계를 벗어나 서구 근대성과 그 근대적 체계에 따른 결과이다. 세계의 변방에 지나지 않던 유럽 세계는 17세기 이후 산업혁명과 자본주의 혁명을 성공시키면서 철학적이며 문화적 혁명에까지 이르게 되었다. 이른바 계몽주의 혁명으로 일컬어지는 이 시대를 거치면서 유럽의 근대 문명과 사회가 형성된 것이다.[252] 이 세계가 19세기에 이르러 동아시아 세계를 비롯한 세계 전반에 파급되면서 형성된 시대가 이른바 근대성(modernity)의 세계이다. 이렇게 틀지어진 세계가 정치경제적 관점에서 자본주의로, 정치적으로는 민족국가에 근거한 민주주의로 체제화 되었다.[253] 문제는 이런 세계 질서와 체제가 아니라 그 근거가 되는 철학적 원리에 있다.

한국을 비롯한 동아시아 세계는 이런 시대적 체제를 넘어 그 철학적 원리까지도 서구의 근대성을 자신의 시대적 원리로 차용하였다. 이제 세계의 현재는 이 유럽 근대성에 의해 체계화되고 보편화되기에 이른다. 이런 까닭에 근대에 이르러 진리의 준거틀인 학문의 변형은 교육 일반에는 결정적인 의미를 지니게 된다. 서구 학문이 시작된 이래 2,500년 동안 세계와 존재 일반에 대한 성찰적 학문을 주도하던 철학적 학문은 이 때에 이르러 사물에 대한 수학적이며 실체론(substance)적 관점으로 접근하는 과학기술에 자신의 자리를 양도하기에 이르렀다.[254]

---

252 영국의 사학자 에릭 홉스봄이 체계화시킨 것처럼 이 시대는 〈혁명의 시대〉(1962)며, 〈자본의 시대〉(1975)와 〈제국의 시대〉(1987)였다. 그 세계는 근대성이 극단에 이른 〈극단의 시대〉(1994)다. 이는 홉스본이 체계화시킨 현대 세계에 대한 이해이지만 보편적으로 수용되는 현대 사회에 대한 해명이기도 하다. 서지 사항에 대해 각주 82 참고.

253 I. 월러스틴, 『유럽적 보편주의 - 권력의 레토릭』, 김재오 옮김, 창비 2008.

254 F. Bacon의 〈Novum Organum〉(1620)은 서구 학문의 근간이었던 아리스토텔레스의 학문론 〈Organum〉을 대신하여 근대적 자연철학을 새롭게 정립하려는 노

이러한 전환은 교육의 본질을 성찰적 영역에서 지식전달의 영역으로 변화시키는 결과를 초래했다. 그에 따라 우리의 문화 역시 실증주의적 관점에 매몰되는 현상이 일반화되었다.

인문교육이 자리한 현재는 이러한 시대적 특성을 지닌다. 그래서 인문교육의 성찰성은 이 근대를 사유하고 이 근대를 체계적으로 넘어서는 그 어떤 원리를 창출하는 데 자리한다. 근대성을 문제시하고 이를 극복하기 위한 서구의 노력은 셀 수 없이 많이 거론되었으며 지금도 그 논의는 계속되고 있다. 이 문제는 서구가 당면한 가장 핵심적인 철학적 과제임에는 틀림이 없다.[255] 문제는 이런 토론이 철학적 인문 정신에 미치는 영향이다. 서구 근대성에 대한 비판은 이미 니체와 그이후의 철학은 물론, 프랑크푸르트 비판학파 등에서 보듯이 근대 문화에 대한 다른 사유를 모색하고 있다. 이 시대의 여파가 여전히 유럽 사회를 급격히 변화시키고 있다. 이런 흐름에 의해 유럽 사회는 전반적으로 타자와의 관계에서 배제된 개인주의적 행태가 일반적인 현상이 되고 있다.[256] 이런 조류는 유럽 사회에서 인문교육의 현실적 상황을 심각하게 변형

---

력을 담고 있다. 그와 함께 변화된 형이상학의 체계를 새롭게 정초하려 했던 I. Kant의 노력 역시 이런 맥락에서 이해된다. *Kritik der reinen Vernunft*(1781). 칸트는 이 저서의 목적이 이제는 시대적 정당성을 상실한 이전의 형이상학에 비해 이 시대를 해명하는 타당한 형이상학을 정초하는 데 있다고 말한다.

255 철학적 영역에서 이런 토론은 흘러넘칠 정도이다. F. 니체를 시작으로 프랑크푸르트 비판학파, postmodernism의 도전, 해체주의 철학은 대표적인 예라고 말해도 좋다. 그에 비해 근대성의 기획을 완성함으로써 이런 해체의 시도에 맞서는 노력 역시 잘 알려진 유럽 철학의 응전이기도 하다. J. Habermas, Der philosophische Diskurs der Moderne: *Zwölf Vorlesungen*, Frankfurt/M 1985; V. Hösle, *Die Krise der Gegenwart und die Verantwortung der Philsophie*, München 1997, §1. 참조.

256 울리히 벡, 『자기만의 신 - 우리에게 아직 신은 존재할 수 있는가』, 홍찬숙 옮김, 길 2013.

시키고 있으며 지속적으로 영향을 미치고 있다. 이제 종교는 말할 것도 없지만, 교육조차 공동체성을 상실하고 개인을 중심으로 경쟁과 능력주의에 빠져들게 된다.

## 3. 포스트휴먼 시대와 인문학의 지향성

### 1) 포스트휴먼 시대의 인문학의 특성

포스트 휴먼 시대 인문교육은 어떠한 내용을 지녀야 하는 것일까. 이 질문은 인문교육의 지향성에 따라 결정된다. 그 지향성은 시대의 징표를 올바르게 읽어냄으로써 철학적 인문 정신을 새롭게 현대화하는 데서 시작될 것이다. 이것은 결코 인문주의 정신이 시대에 따라 변화한다는 뜻이 아니다. 오히려 이 길은 시대의 요구와 표징에 상응하게 그 정신을 현재화하는 것이며, 그 해석학적 지평을 시대에 타당하게 재정립하는 길이다. 이 해석학적 작업은 끊임없이 근원에로의 회귀와 함께 상호작용하면서 그 지향성을 확인한다. 바꾸어 말해 인문교육의 지향성은 근원에로의 회귀와 그에 근거한 해석학적 작업이 상호작용하는 가운데 결정된다는 의미다.

이러한 상호성에 근거한 해석학적 작업은 시대사적으로는 근대성 극복과 함께 나아갈 지향성을 영성(spirituality) 교육에서 찾고자 한다. 이런 관점에서 이탈리아 철학자 바티모(G. Vattimo)는 의미심장한 주장을 펼친다. 그에 따르면 탈근대 철학의 지향점은 2,500년간 이어져온 유럽 철학의 실체론적 형이상학을 넘어 그 형이상학적 틀을 새로운 영성의 시대로 이끌어가는 데 있다.[257] 그는 이러한 전통적 형이상학 이후의 형이상학, 이른바 탈형이상학적 사유 동인이 곧 존재론적 철학을 새롭게 해명하는 새로운 복음의 시대라고 주장한다. 이 새로운 시대를 준비하는 형이상학을 그는 하이데거의 철학에 기반한 존재론적 해석학(ontological hermeneutics)으로 이어간다.[258] 존재론적 철학의 전통을 새롭게 해석하는 길은 기원적 사고를 다가올 시대의 정신과의 대결을 통해 회복하는 길이며, 그것은 곧 영성의 시대를 지향한다. 그의 주장에 따르면 근대 이후의 형이상학과 그에 기반을 둔 존재론적 철학의 전통과 함께하는 신 이해는 결국 인간의 영성적 층위를 새롭게 해명하는 사유로 나아갈 수밖에 없다. 이것을 그는 로고스 그리스도론(logos-christology)으로, 또한 그에 기반한 로고스적 영성으로 해명한다.[259]

근대성 극복의 교육은 사물 존재자를 실체론적으로 정초하는 교육학적 토대를 넘어서는 데 있다. 그것은 한편으로는 사물을 다만 자본주의적 관점에서 상품화하는 체제의 극복으로 나타난다. 또 다른 관점

257 G. Vattimo, *After Christianity*, trans. by Luca D'Isanto, Columbia Univ. Press, New York Chichester 2002.

258 이러한 존재론적 해석학은 바티모에 따르면 철학과 신학이 새롭게 만나는 길이며, 서구의 근대성을 극복하는 길이다. 이러한 탈형이상학적 체계가 전통 형이상학이 기반 했던 실체론적 형이상학을 넘어서는 새로운 해석과정을 필요로 하기 때문이다. 그러한 형이상학과 존재론적 해석학은 복음을 영성적으로 새롭게 해석하게 만들며, 그 길이 근대 이후를 영성의 시대로 나아가게 한다고 말한다. 이에 대해 G. Vattimo, op. cit.

259 로고스적 영성은 그리스 철학 이래의 전통적 개념인 로고스(logos)를 인식이성으로 이해한 근대철학을 넘어 이를 인간의 보편적 영성으로 해명하려는 철학적, 신학적 시도 가운데 하나이다. 이에 대해 윌리엄 랄프 잉에, 『로고스 그리스도론과 기독교 신비주의』, 누멘 2010; 신승환, 「현대철학에서 영성 이해의 가능성」, 『가톨릭철학』 제25호, 2015, 97-128 참조.

은 존재자의 의미론적 측면을 성찰적으로 바라보지 못하는 과학기술주의적 지식 전달의 교육을 넘어서는 철학적 지평을 요구하는 데로 이어진다. 그 까닭은 근대성 극복의 교육은 근본적으로 영성교육을 제외한 채 이뤄지지 않을 것이기 때문이다.

포스트휴먼 사회는 필연적으로 포스트휴먼 시대의 인문학을 지향하게 된다. 미래 인문학은 무엇을 의미하는가. 이 명제가 타당하게 성립하려면 미래의 인간에 대한 이해 없이는 불가능하다. 왜냐하면 인문학에 대한 가능한 모든 정의에도 불구하고 인문학의 미래는 인간이해와 함께 인간이 세계를 이해하고 해명하는 지성적 과정과 그 학적 체계 없이는 가능하지 않기 때문이다. 또한 인문학이 이런 이해의 지평에 근거해 개별 주제에 대한 해명을 펼쳐가는 학문이기 때문이다. 미래의 인문학이란 말은 인간 이해의 미래와 함께 그에 근거한 인문학 체계의 이해 지평을 선결과제로 한다는 뜻이다. 그래서 이런 해명 없는 어떤 형태의 인문학 선언도 공허한 주장에 그치고 말 것이다. 인문학이 시대에 따라 변화해야할 필요는 없다. 그럼에도 4차 산업혁명 논의에서 보듯이 오늘날 과학기술문명의 발달은 명백히 현대인에게 문화지체 현상을 초래하고 있다. 윌리엄 오그번이 지적했듯이 물질문명에 대한 문화적 해명의 지체는 문화지체현상을 초래한다. 이 인지 지체 현상을 극복하는 데 포스트휴먼 인문학의 정당성이 자리한다.

탈근대 담론을 대두시킨 프랑스 68혁명이 정치적 동기에서 시작되어 문화혁명으로 발전해갔다면 포스트휴먼 인문학은 이러한 문화 혁명의 요소를 중요하게 받아들여야 할 것이다. 자본에 종속된 정치적 민주주의가 대중 추수주의를 통한 탈진실과 배타적 정치로 흘러갈 때 탈근대의 인문학은 근대화와 산업화 극복, 생태중심의 철학, 유럽패권의 중심주의 극복 등의 주제를 인문학적 성찰로 극복할 수 있어야 한다. 그럴 때만 포스트휴먼 인문학은 탈근대적 맥락에서 정당하게 자리매김 될 것이다.

### 2) 포스트휴먼 인문학의 내용

포스트휴머니즘을 논의하는 브라이도티는 이 철학은 결국 포스트휴먼 인문학을 요구한다고 말한다.[260] 그 인문학은 휴머니즘과 인간중심주의가 해체되면서 촉발된 담론의 경계에서 생겨난다. 휴머니즘 이후의 인간이해를 말한다면 그에 따른 인문학은 당연히 전통적 인문학을 분열시키면서 새롭게 형성될 수밖에 없을 것이다. 문제는 그 인문학이 어떤 성격과 의미를 지니느냐에 달려있다. 그 논의를 브라이도티는 전통적 인간상의 대안적 정의에 따른 것이며, 또한 탈인간중심주의, 탈세속적이며 탈민족주의적 관점에서 새롭게 제시되는 인간상에 의한 것이라고 말한다.(브라이도티, 187) 포스트휴먼 인문학은 인간을 고유한 대상으로 삼지 않는다.(브라이도티 220) 이렇게 변화된 인간 이해는 인문학의 필수적인 인식론적 토대를 박탈한다. 그에 따라 인문학은 새로운 "인간과 인간-아닌 것의 결합"에 따라 주어질 것이다.

그것은 "생물학적 '웨트웨어'(wet-ware)와 비생물학적 '하드웨어(hard-ware)'의 기계적 결합과 결부된" 공간을 포함하며, 나아가 "자연-문화의 이분법적 구별이 붕괴"된 뒤 주어지는 자료의 상호작용을 수용

260 로지 브라이도티, 『포스트휴먼』, 186-236 참조.

하는 시스템을 따를 것이다. 이로써 과학과 인문학의 관계가 다시금 논의의 중심이 된다. 그것은 17세기 이래 새로운 학문유형으로 나타난 과학과의 대결을 포함한다. 포스트휴먼 인문학은 자연과학과의 관계를 설정하는 작업을 떠나서는 어떠한 정당성도 지니지 못할 것이다. 그 논의는 섬세한 인문학과 견고한 과학이라는 두 문화의 관계를 새롭게 정의하는 길임에는 틀림이 없다.(브라이도티 219)

이것을 브라이도티는 "기술적으로 매개된 탈-인간중심주의"가 초래하는 인문학의 새로운 변화이며, 여기에 "원격 커뮤니케이션, 뉴미디오, 정보기술뿐 아니라 유전공학 코드들의 자원도 불러낼 수 있다고 주장"한다. 그것은 "포스트휴먼의 이질성과 다면적 관계성을 강조함으로써 휴머니즘적 실천의 정체성을 재형성"하는 것이다.(브라이도티, 188) 그것은 "환경학, 진화론, 인식론, 유전공학, 초분과적 디지털 담론"들이 "고전적 인문학의 가장자리에서 분과학문을 가로지르며 출현"한다. 이 초분과적 담론은 "탈-인간중심적 전제와 조에(zoe)중심적 종평등주의 시스템인 '생명'에 대하여 기술적으로 매개된 강조에 의존"한다.(브라이도티 189) 이 인문학은 인간을 넘어서는 생명중심의 인문학이며, 생태학과 진화론적 연구성과를 수용하는 인문학이다. 이 학문을 그는 그로츠(Elizabeth Grosz)를 따라 "비인간 인문학의 발전을 요청"하는 인문학이라고 말한다.

포스트휴머니즘의 토대를 고려할 때 이 인문학이 생명과 생태학적 연구와 밀접히 접목되리란 사실은 자명하다.[261] 이는 분명 인간종중심

261 로지 브라이도티, 같은 책 190: 이런 관점에서 포스트휴먼 인문학이 생명/생태 영성에 기반한다는 주장은 논리적 필연성을 지닌다. Elizabeth Grosz, *Becoming Undone*, Durham, NC: Duke Universit Press 2011 참조.

주의를 해체하는 것이며, 근대 휴머니즘적 이성적 존재란 명제도 넘어서는 인문학일 것이다.[262] 그와 함께 브라이도티는 이 인문학을 근대 이후의 역사적 경험을 성찰하는 학적 과정으로 제시한다. 포스트식민 연구, 페미니즘, 노예제와 인종 학살 문제, 냉전 종말 이후의 새로운 담론장 등을 포함하는 학문이 그것이다.(브라이도티, 191–192) 그러나 이것은 포스트휴먼적 인문학이라기보다. 탈근대적 인문학의 내용으로 보는 것이 더 타당할 것이다. 다만 그는 이러한 성찰이 고전 인문학의 분과 학문 경계를 파열시킬 때 가능할 것이기에 이를 넓은 범주에서 포스트휴먼적 인문학으로 고찰한다. 이에 반해 마스 누스바움은 예를 들어 "고전적 휴머니즘의 실현되지 못한 유토피아적 기획"으로 전환하는 고전 인문학을 옹호한다.[263] 그런 주장의 정당성에도 불구하고 브라이도티는 이런 고전적 인문학의 향수 대신 다양한 형태의 포스트휴먼적 미래를 성찰하는 인문학을 주창한다. 그것은 "향수가 아닌 긍정이며 철학적 메타 담론의 이상화가 아닌", 철학적 성찰을 통한 자기 변모의 인문학일 것이다. 그 학문은 "새로운 지구적 맥락"의 인문학, 포스트휴먼 시대에 상응하는 윤리적 틀을 발전시키는 적극적 인문학이다.(브라이도티 194)

포스트휴먼 인문학은 인간 이해를 새롭게 사유하는 인문학이기에 이 학문은 근대에 의해 과잉으로 치닫는 계몽주의 인간학을 넘어설 뿐 아니라 다른 한편으로는 근대성을 재현하는 문화적 체제를 극복하는

262 브라이도티는 고전 휴머니즘의 인문학을 인간의 "사회적 행위와 가치들과 시민적 상호작용을 인간화하는 능력"으로 정의한다. 로지 브라이도티, 같은 책 191쪽.

263 로지 브라이도티, 같은 책 193, 이런 누스바움의 인문학에 대해 Martha C. Nussbaum, *Cultivating Humanity: a Classical Defense of Reform in Liberal Education*, Cambridge 1999; *Not for Profit. Why Democracy Needs the Humanities*, Princeton 2010 참조.

인문학을 지향한다. 이 학문은 전통적 학문의 경계설정을 해체한다. 이 인문학은 인간다움을 재개념화하기 위해 현대의 포스트휴먼적 상황을 진지하게 수용하지만, 그럼에도 인간의 인간다움과 자율성, 존엄성과 이성, 도덕과 진보를 포기하지 않는다. 다만 이 개념이 전통적 인간중심적 휴머니즘의 자장 안으로 회귀가 아니어야 하기에 그에 대한 새로운 사유가 필요해진다. 여기에 인간이 타자와 생명, 자연과 세계와 맺는 전통적 경계를 허물고 새롭게 짓는 작업이 요구되는 것이다. 포스트휴먼적 상황에서 인문학의 인식론적 전환을 브라이도티는 분과학문체계로 인한 학문배타성 극복과 유럽중심주의 및 인간중심주의로 이루어진 문화를 극복하는 일이라고 주장한다. 이 인문학은 대안적이며 그러기에 이 인문학은 21세기 인문학이란 이름을 갖는다.[264] 여기서 핵심이 되는 것은 인문학과 과학, 특히 정보과학과 진화론의 연구로 정향된 현대 생명과학과의 만남임에는 틀림이 없다.[265]

인문학의 학문적 특성을 고려하지 않은 채 다만 다가올 후기 산업사회의 특정한 주제와 관련하여 인문학의 미래를 고찰하는 작업은 큰 의미를 지니지 못한다. 이 작업은 급격히 변화된 현대의 문화적 정세와 그 주제에 상응하여 인문학을 새롭게 정초하려는 시도이기도 하다.[266] 예를 들어 박선준의 〈음식 인문학〉, 박은미의 〈치유 인문학〉, 장시복의 〈경제 인문학〉, 강신익의 〈의료 인문학〉, 이채훈의 〈영상 인문학〉,

264 로저 브라이도티, 같은 책, 197, 198–210 참조.

265 이것을 브라이도티는 bio–literacy와 사이버항해기술이라고 명명한다. 같은책 202.

266 김시천 외, 『미래 인문학 트렌드』, 아날로그 2016; 월터 카우프만, 『인문학의 미래』. 이남재, 이홍수 옮김, 미리내 1998; 신승환, 『지금 여기의 인문학』, 후마니타스 2010. 참조.

이원태의 〈빅데이터 인문학〉, 강경표의 〈진화심리학〉, 신승철의 〈생명 인문학〉, 강명신의 〈신경 인문학〉, 오준호의 〈디지털 인문학〉 등을 거론할 수 있다.[267] 그럼에도 이 논의에는 인문학의 본질에 대한 성찰적 사유 없이 다만 문화 환경의 변화에 따라 새롭게 제시된 주제를 인문학이란 이름으로 설명하려는 한계가 뚜렷하다. 명백한 한계에도 불구하고 이런 논의는 인문학이 나아가야할 방향을 고려하면서 인문학의 미래를 모색하려는 데 그 나름의 의미가 있다.

주목할 만한 것은 생명인문학이란 이름으로 새로운 인문학적 모형을 제시하는 신승철의 주장이다. 이 인문학은 현대 세계에서 급속히 확산되는 생명에 대한 자연과학적 지식, 일테면 생명의 발생과 진행, 생명에 대한 포괄적인 지식을 바탕으로 이를 의료 · 기술적으로 적용하는 경향을 사유하려 한다. 나아가 여기에 디지털기술을 바탕으로 이루어지는 예술, "bio art" 개념을 토대로 생명은 물론, 인간 이해와 인간의 삶을 함께 성찰하려는 시도를 펼쳐간다.[268] 이런 시도를 신승철은 "인간의 삶과 생명에 대한 성찰이라는 인문학 본연의 물음"을 "우주와 생명, 물질의 영역"으로까지 확산하는 인문학이라고 말한다.

### 3) 포스트휴먼 인문학의 지향성

포스트휴먼 인문학은 먼저 과학기술과의 관계맺음을 새롭게 설정해야한다. 과학과 기술이 일면적으로 인간 소외를 초래하는 까닭은 존

267 김시천 외, 『미래 인문학 트렌드』, 아날로그 2016.

268 신승철, 「생명 인문학」, 『미래 인문학 트렌드』, 아날로그 2016, 240-273.

재론적 맥락을 보지 못하는 일면적 과학 · 기술주의 때문이다. 하이데거의 주장처럼 기술은 예술과 함께 그리스의 원초적 사유 안에서는 'techne'의 본성을 지니고 있었다.[269] 존재드러남의 특성을 지닌 'techne'가 다만 기술공학적으로만 이해될 때 기술에 담긴 존재론적 특성은 사라진다. 하이데거의 기술 비판은 기술이 지닌 몰아세움(Ge-stell)의 특성에 대한 것이다. 과학과 기술을 예술적 특성에 따라 이해하는 것은 존재론적 관점에서 매우 중요한 철학적 사유 작업이 될 것이다. 포스트휴먼 인문학을 위해서는 예술과 과학 사이의 새로운 관계 정립이 필요하다.[270] 존재진리를 사유하지 못하는 과학의 한계를 극복하는 길은 어디에 있는 것일까. 그 사유의 길을 찾아내는 데 포스트휴먼의 이해가 지니는 존재론적 특성이 자리한다. 그 길은 예술의 진리드러남의 특성을 과학과 기술을 통해 밝혀내는 데 있음은 명백하다. 그럼에도 이런 논의를 위한 존재론적 토대가 빠져있을 때 포스트휴먼 논의는 다만 기술적으로 향상된 인간의 인지적이며 사회적 실재만을 보는 잘못을 범하게 될 것이다. 포스트휴머니즘은 거듭 새로운 인간 이해를 위한 존재론적 정향을 떠나 성립될 수 없음은 명확한 사실이다.

현대에 이르러 급격하게 발전하는 기술에 대한 태도는 포스트휴먼의 가장 중요한 몇몇 주제 가운데 하나이다. 이미 기술에 대한 논의는 현대의 중요한 철학적 주제이지만, 포스트휴먼 논의는 변화된 기술 문

269 M. Heidegger, "Die Frage nach der Technik"(1953), in *Vorträge und Aufsätze*, Pfullingen 1954, S. 13-44

270 M. 하이데거, 「예술작품의 근원에 대하여」, 『숲길』, 신상희 옮김, 나남 2008. 여기서 하이데거는 예술은 진리를 예술작품 안에 정립하는 것(sich-ins-Werk-setzen)이라고 말한다. 이를 통해 그는 예술이 드러내는 존재의미와 진리 문제를 해명하고 있다.

화적 상황에서 기술 문제를 다시금 성찰하려 한다. 그것은 하이데거에서 보듯이 초기 낭만주의적 맥락에서의 기술비판은 물론, 생활세계의 의사소통적 관점에서 기술을 논의하는 하버마스의 담론조차도 넘어선다. 기술은 그 자체 가치중립적일지 모르지만 사용적 측면에서는 사회적이며 정치적 맥락을 떠나 자리하지 않는다. 현대 사회에서 기술은 인간의 삶과 생활세계 모두를 강력히 규정하고 있기에 그에 대한 철학적 성찰 없이 기술 문화를 말할 수 없다.[271] 제4차 산업혁명이란 맥락에서 트랜스휴먼을 주장하는 포스트휴먼 논의는 인간의 존재론적 의미에 대한 성찰 없이 맹목적으로 기술의 업적을 수용하려 함으로써 결정적인 한계에 잠겨있음을 세삼 강조할 필요도 없을 것이다. 포스트휴머니즘의 인문학은 현대 기술에 대한 비판적 고찰과 함께 기술과 맺는 관계를 어떻게 정립하느냐에 따라 달리 이해될 수밖에 없다. 여기에 생성의 관점에서 기술을 이해하는 시몽동의 기술철학이 의미를 지닌다. 또한 인간과 기술의 공진화적 관점 역시 포스트휴먼 인문학을 특성짓는데 중요한 의미를 지닐 것임은 분명하다.[272]

이런 맥락에서 포스트휴먼 인문학은 휴머니즘의 인간 이해를 넘어서는 인문학이며, 그러기에 계몽주의 근대의 철학적 인간학과의 대결을 통해 이 특성을 재개념화하려 한다. 포스트휴먼 인문학은 인문학을 소외시키는 과학기술 문화와 자본주의 문화를 문제시하면서 시작된다. 브라이도티는 인간중심주의를 벗어나 인간을 다시금 문제로 삼자는 포

271 엔드류 핀버그, 『기술을 의심한다: 기술에 대한 철학적 물음』, 김병윤 옮김, 당대 2018, 제3부 기술과 근대성 참조, 261−335 참조.

272 질베르 시몽동, 『기술적 대상들의 존재 양식에 대하여』, 김재희 옮김, 그린비 2011 참조.

스트휴먼적 요청을 생명에 대한 새로운 이해를 통해 응답해야한다고 말한다. 그것은 "생명과학의 과학적 발흥과 기술적으로 매개된 소통 및 지식 전달"이란 맥락에서 이뤄질 것이다.[273] 이 인문학은 과학이 발견한 지식과 그에 따른 기술 자체를 거부하는 것이 아님은 물론, 인간의 물적 토대로서의 경제적 상황을 부정하는 것도 아니다. 그 인문학은 훨씬 더 과학과 자본 복합체의 문화를 비판적으로 성찰하면서 그를 극복하는 인문학을 지향한다. 현재의 자본주의는 자본주의의 경제적 명령과 생명물질에 의해 오용된 경제체제로 작동한다.(브라이도티 220)

과학지식과 기술적 실천 행위의 정당성에도 불구하고 과학자본복합체는 현대 생명과학의 예에서 보듯이 생명의 존재론적 의미를 보지 못할 뿐 아니라 이를 소외시킨다. 또한 정치적 맥락에서 신자유주의 경제체제와 결합한 자유주의(liberalism) 정치는 민주주의란 이름으로 오히려 민중의 정치적 목소리를 배제하고 있다. 이런 문제의식에서 인문학을 생명과 정치적 맥락에서 새롭게 정립하려는 생명정치의 철학 역시 포스트휴먼적이라고 말해도 좋을 것이다. 생명정치학은 미셸 푸코가 〈성의 역사〉에서 언급한 이래 아감벤이 체계화했지만, 생명정치의 철학은 그 범위를 넘어선다. 잘 알려져 있듯이 푸코는 유럽정치의 맥락에서 19세기 이래 인간의 삶은 생명관리주권에 의해 관리되는 대상으로 파악한다. 이런 논의를 넘어 현대 정치를 배제와 포함의 원리에서 파악하는 아감벤은 이를 'Homo Sacer' 개념으로 체계화한다.[274] 생명정치철

273 로저 브라이도티, 같은 책, 195-196.

274 조르조 아감벤, 『호모 사케르 - 주권 권력과 벌거벗은 생명』(1995), 박진우 옮김, 새물결 2008. 그러나 여기서 말하는 생명정치의 철학은 인간의 삶을 소외시키는 정치를 넘어 생명과 삶이 사회적 맥락에서 정당하게 수용되기 위해 필요한 전

학의 논의는 생명공학기술에 담겨있는 정치적이며 인식론적 요인의 중요성에 미루어 결코 소홀히 할 수 없는 철학적 질문이다.[275]

진화론과 그에 근거한 생물학적 학문은 인간 생명을 비롯한 삶의 모든 영역에 시간과 역사성이 얼마나 중요한지를 각인시키는 계기가 되었다. 그에 따라 우리는 〈다윈 이후〉 모든 학문을 새롭게 해명하고 정초해야할 필요성을 절감하게 된다. 굴드(S. J. Gould)의 지적이[276] 아니더라도 이후 인간 생명의 제반 현상에 대한 해명에서는 물론, 심지어 인간의 이해 일반에서도 진화론의 연구업적을 수용하는 태도는 학문 방법론에서 절대적인 영향력을 행사하게 되었다. 여기에는 최근의 진화심리학은 물론, 신 존재에 대한 논의를 비롯한 수많은 신학적 해명에서 조차도[277] 진화론의 연구를 배제할 때 결코 진리 주장을 할 수 없다는 강한 논변이 담겨있다. 심지어 인간을 진화론에 의한 유전자 전달 기계로까지 묘사한 도킨스는 아예 신이란 이름은 진화과정에서 파생된 망상에 지나지 않는다는 극단적 주장까지도 펼친다.[278] 윌슨(E. Wilson)

인간학적 상황의 성찰을 강조한다.

275 현대의 생명정치철학을 말하는 Paul Rabinow, Nicholas Rose, Rayna Rapp, Melinda Cooper 등은 생명 지식을 전유하는 생명과학이 얼마나 자본주의적 정치경제학에 종속되어있는지를 신랄하게 비판한다. N. Rose, *The Politics of Life Itself: Biomedicine, Power and Subjectivity in the Twentieth-first Century,* Princeton Univ. Press, 2007; 카우시크 S. 라잔, 『생명자본』, 안수진 옮김, 그린비 2012; 멜린다 쿠퍼, 『잉여로서의 생명 – 신자유주의 시대의 생명기술과 자본주의』, 안성우 옮김, 갈무리 2016

276 스티븐 J. 굴드, 『다윈 이후 』, 홍욱희/홍동선 옮김, 사이언스북스 2009. 그는 이 책에서 진화론 이후 모든 학문은 이 관점을 수용하지 않을 때 결코 학적 타당성을 지닐 수 없다고 강조하면서 진화론적 연구 업적의 인문·사회학적 수용을 강조한다. 그럼에도 그 수용은 진화생물학으로의 통합이 아님은 명백하다.

277 존 티한, 『신의 이름으로 – 종교 폭력의 진화적 기원』, 박희태 옮김, 이음 2011

278 리차드 도킨스, 『만들어진 신』, 이한음 옮김, 김영사 2007

의 사회생물학과 함께 진화생물학에 따라 모든 학문을 통합하려는 통섭 논의는 이 학문이 마침내 인간의 진리주장까지로 점령하려는 시도가 얼마나 무의미하게 전개되는지 잘 보여준다.[279]

통섭 논의에 대한 철학을 비롯한 인문학의 비판은 체계적으로 이루어졌다. 놀랍게도 생물학에 의한 통섭을 주장하던 윌슨은 최근의 저서에서는 생명이해를 위해 인문학적 작업이 얼마나 중요한지 강조하고 있다.[280] 이런 관점에서 브라이도티 역시 생명에 대한 과학과 인문학적 성찰의 상호성을 강조한다. 생명성에 대한 이해에 기반할 때 "물질이 정서적이면서 동시에 자기생성적, 즉 자기조직적이라는 새로운 '물질' 개념에 기반을 둔 유물론"이 가능할 것이다. 이러한 물질-실재론적 인문학은 "인간-아닌 '생명'을 포함하여 물질적이고 상징적이며 구체적이고 담론적인 존재들이나 힘들 사이의 횡단적 연계들을 전경화한다." 이것을 그는 '조에-되기(zoe-becoming)' 개념으로 설명한다.[281] 여기에 생태계를 새롭게 이해하는 전환 역시 중요한 의미를 지닌다. 그런 관점에서 포스트휴머니즘을 생태영성 내지 생명영성과 연결지어 논의하는 작업이 중요해지는 것이다.

---

279 에드워드 윌슨, 『인간본성에 대하여』, 이한음 옮김, 사이언스북스 1975; 같은 저자 『통섭』, 최재천/장대익 옮김, 사이언스북스 2005; 진화생물학의 연구업적을 활용한 학문적 맥락에 대한 체계적 비판으로, 하워드 L. 케이, 『현대생물학의 사회적 의미』, 뿌리와이파리 2008 참조.

280 에드워스 윌슨, 『인간존재의 의미』, 이한음 옮김, 사이언스북스 2016; 59-63, 67, 208-210 등.

281 유기체의 생물적 측면을 강조한 'zoe'는 유기체의 삶을 뜻하는 'bios'와 함께 생명체의 두 측면을 가리키는 말이다. 로저 브라이도티, 같은 책 204-205.

## 4. 포스트휴먼 시대의 인문학의 변화

### 1) 포스트휴먼 인문학과 대학

포스트휴먼 인문학의 가능성과 함께 위기는 현재와 같은 교양교육 대학 개념, 근대 자유대학 개념의 대학이 근본적으로 변화할 것이란 예상에서 비롯된다.[282] 인문학의 변화와 함께 대학의 역할과 기능은 결정적으로 변하게 될 것이다. 자본과학 복합체의 문화에서 대학체제는 산업시대를 주도하던 포드주의(Fordist)적 대학 모델을 넘어서는 대학을 향한다. 이런 대학 개념은 전통적 인문학의 영역이었던 대학을 기업 시스템에 종속시키려 한다. 이 대학 개념은 캘리포니아대학교 총장이었던 케어(C. Kerr)의 구상이었다. 보편적 교양교육(Bildung) 개념에 따라 학문과 교육의 자율성을 강조하던 자유대학 이념에 입각한 근대 대학은 후기 산업사회에 이르러 기업 시스템과 자본주의 경제 논리에 종속된 대학으로 변하게 되었다.[283] 그 까닭은 사회와 경제의 성장이란 중요한 변수에 상응하여 지식의 형태 역시 변화하기에 이를 통해 대학은 시민과 사회, 지역과 국가의 목적에 부합하려 했기 때문이다.[284] 이런 인식에 따라 케어는 대학 체제의 변화가 지향하는 방향을 "글로벌 멀티-

282 이런 맥락에서 한국 대학의 위상 변화와 성찰적 학문의 고사 현상을 분석한 글로, 문성훈, 「시장에 의한 대학 식민화와 대안적 합리성」, 사회와철학연구회 편, 『한국교육현실의 철학적 성찰』, 씨아이알 2014, 53–87; 신승환, 「자본주의 체제에서 대학의 현재와 미래」, 같은 책 193–224 참조.

283 이런 대학 개혁 구상을 담은 Clark Kerr, *The Use of Univertity, The Godkin Lectures on the Essentials of Free Government and the Duties of the Citizen*, (1963), Cambridge, MA, Harvard Univ. Press 2001 참조.

284 Clark Kerr, op. cit., p. xiii.

버스티" 개념으로 표현하는 것이다.[285] 이런 사정은 미국 대학의 현재 상황에 대한 브라이도티의 지적에서도 분명히 드러나고 있다. 현대의 연구 대학은 "철학적으로 허약하고, 지적인 예상가능성과 전문적 폐쇄성, 사회적 무관련성 등을 고무하므로 대체되어야 마땅하다."[286] 현재의 대학체제가 독일 인문주의 전통과 함께 미국식 종합대학 개념에 바탕을 두고 있다면 멀티-버스티로서의 대학 개념은 명확히 현재 대학 체제의 한계를 넘어서는 이후의 학적 체제를 모색한다. 지금 여기의 인문학이 처한 현실은 말할 것도 없지만, 나아가 현재의 대학을 돌아보면 이런 논의가 절박하게 다가오지 않을 수 없다. 인문학 본연의 사명을 망각한 대학, 자본의 논리에 포섭된 대학의 미래는 이런 비판에서 보듯이 자신의 종말을 예고하고 있다.

문제는 이 멀티-버시티로서의 대학은 전통적인 진리 개념과 그에 따른 인간형성교육(Bildung)을 결정적으로 변화시킬 것이 자명하다는 데 있다. 그와 함께 과학기술적 지식 생산과 지식 소통 및 지식의 사회적 이용에 결정적인 변화를 초래할 수밖에 없다. 이것은 과학기술적 지식의 형태와 의미자체를 변화시킬 것이다.[287] 그런 측면에서 대학은 기

285 로지 브라이도티, 같은 책 222-236. 이 개념은 독일적 교양교육과 미국적 수월성 개념을 모두 넘어선다.

286 Louis Menand(ed.), The Future of academic Freedom, Univ. of Chicago Press 1996, p.19; 로지 브라이도티, 같은 책 232에서 재인용.

287 한국과학기술한림원과 국회가 공동 개최한 〈미래과학기술 오픈포럼 - 미래 한국을 열어갈 12가지 과학기술〉에서는 4차 산업혁명 이후의 미래를 예측하는 것이 아니라, 그 과학기술로 만들어갈 미래사회를 논의했다고 한다. 여기서 문승현 광주과학기술원 총장은 "과학은 이제 형이하학이 아니라 형이상학"이라고 역설했다고 한다. 과학이 물질탐구와 현상 분석을 넘어 그 의미를 모색하고 있다는 주장이다. 이제 과학이 형이상학이 되고 있다. 〈교수신문〉 제943호, 2018.11.12.

술혁명에 의한 도시공간의 변화에 따라 그런 삶과 공간을 가능하게 하는 경제적 진전이란 목적을 달성하기 위해 "스스로 도시공간과 상호작용하는" 대학으로 변모할 것이다. 이런 대학은 "기술과 형이상학이 만나는 장소"가 되며, "시민형성과 Bildung 교육"의 역할이 희미한 배경으로 사라질 미래의 대학이다.(브라이도티 229) 분명한 것은 기술변화에 따른 삶의 자리와 삶의 관계 및 생활세계의 변화에 따라 대학은 "포스트휴먼 지구행성적 임무를 재정의"해야 한다는 사실이다. 이런 대학은 "경쟁적인 노동시장, 글로벌 문화와 기업 세계의 요구에 대면"하면서도 "학문적 탁월함과 계몽화된 시민권"이라는 오랜 전통적 임무를 동시에 추구하는 대학이어야 한다.[288]

리딩스(Bill Readings)에 의하면 유럽 근대의 휴머니즘적 대학 모형은 더 이상 유효하지 않다. 그 기원이 훔볼트(W. v. Humboldt)와 칸트에 의한 계몽주의적 대학이나 연구중심의 대학이든 또는 뉴먼(Cardinal J. Newman) 모형이건 그 모두는 전지구적 경제모형에 의해 파괴되었다. 대학은 더 이상 학문연구나 국가정체성을 유지하는 토대가 아니라 "자본이 자신에 대한 지식을 얻는 곳, 자본이 위험과 다양성을 다루"며, 그것을 통해 "잉여가치를 추출"하는 곳이다.[289] 그래서 대학은 "다양한 사회적, 경제적 기능"을 떠맡게 되었다. 이것을 워닉은 대학이 "수행중심

288 로지 브라이도티, 같은 책 230; 이것이 미국적 삶의 자리에서 가능한 대학의 변화라면 과연 우리에게는 어떤 대학 모형이 가능할까. 분명한 것은 한국 교육이 정부에 의해 통제되면서 불가피하게 이런 방향으로 변화를 강요받고 있다는 사실이다. 그에 대해 대학은 어떻게 응답하고 있는가.

289 Bill Readings, *The University of in Ruins*, Cambridge, MA, Harvard Univ. Press 1996, 40; 로지 브라이도티 223에서 재인용; 같은 맥락에서 대학 연구의 종말을 다룬 책으로, F. 도너휴, 『최후의 교수들』, 차익종 옮김, 일월서각 2014 참조.

의 기업이 되었"으며, 학문 기관으로서의 전통에서 벗어나 "탈역사적 기관"이 되었다고 비판한다.[290] 그것이 자본과학 복합체에 종속된 미국 인문대학의 방향이라면 이 땅의 인문학은 어떤 형태의 대학을 지향해야 하는 것일까. 인문학의 연구가 대학을 떠나서는 불가능하다면 포스트휴먼 인문학은 대학의 기능과 형태는 물론, 그 목적까지도 변화시킬 것이다. 그럼에도 이 대학이 미국 인문대학처럼 자본의 논리에 종속된 대학일 수는 없다. 지금 한국에서 급격히 진행되는 대학에 대한 통제와 해체는 결국 가까운 시일에 대학의 모습을 근본적으로 변화시킬 것이다. 이런 대학의 현상에 직면하여 인문학의 지향성은 어떻게 설정되며, 인문학은 어떤 모습으로 변화될까.[291]

헤어브레흐터 역시 자본주의와 과학기술의 결합과 강화에 따른 인문학과 문화학의 미래 문제를 핵심적 과제로 바라본다. 현재와 같은 형태로 이런 흐름에 편승하거나, 심지어 이를 위한 이론적 배경이 되는 인문학은 스스로 인문학의 죽음을 초래할 뿐이다. 이 흐름은 디지털화, 정보화는 물론 신자유주의의 세계화에서 보듯이 자본주의의 논리를 과잉으로 확산하고 있다. 이제 이런 흐름은 우리에게 벗어날 수 없는 운명으로 다가오고 있다. 계몽주의적 휴머니즘과 그에 따른 자유대학의 이념에서의 지식은 이제 "상품"이 되었다. 그래서 그 역시 리딩스(Bill Readings, *The University of in Ruins*, 1996)가 제시했던 제도와 체제로서의 대학이 신자유주의화와 지식 생산의 터전이 된 대학의 변화와 인문학

290 Andrew Wernick, University, Theory, Culture, é–Society, 23 (2–3), 557–579, here 561; 로지 브라이도티, 같은 책 228에서 재인용.

291 로지 브라이도티, 같은 책, 220쪽 이하.

의 위기 문제를 제기한다.

기업의 논리와 구조에 따라 변화하는 대학의 신자유주의적이며 전 지구적인 국제화 현상이 초래하는 대학의 해체와 그에 따른 성찰적 지식의 죽음은 일반적 현상이 되고 있다. 지식은 수월성(excellence)이란 이름으로 규정되며, 지식 생산의 터전인 대학은 탈역사화된다. 기업대학이 일반화되는 것이다. 그래서 그는 비판적 포스트휴머니즘의 대학은 이 해체 현상을 자각하면서, 여기에 담긴 새로운 조건의 구조적, 비판적인 잠재력을 활용하여 대학과 인문학에 새로운 형식을 부여하는 사회적이고 세계적인 사명을 정당하게 수용해야한다고 말한다.[292] 이 과정에서 과학과 기술 문제는 매우 중요한 주제임에는 틀림이 없다. 그래서 그는 "과학, 기술, 정치 및 경제로 결합된 기술과학적인 자본주의 시대"에서의 대학과 인문학의 미래를 말한다.

연구와 교육기관으로서의 대학의 변화가 그 내용면에서 있어서 포스트휴먼 인문학으로 재편되어야 한다는 사실은 명백하다. 이러한 인문학을 예시하자면 이는 전통적 분과학문체계를 넘어 과학과 자본 복합체를 해체하고, 탈식민적 타자 수용의 인문학을 지향해야 함은 자명하다. 그것은 과학과 자본에 정당한 몫을 주는 것이지만, 그럼에도 이에 종속될 수 없다는 사실도 명확히 유지해야 한다. 또한 탈식민적 타자 수용의 인문학은 사회정의에 대한 새로운 이해를 필요로 한다. 그와 함께 이성의 범주를 극복하는 지성을 바탕으로 할 때 이 인문학은 감성과 영성에 대한 새로운 이해를 필요로 한다. 여기에 생명성을 바탕으로 한 영성 연구는 중요한 지향점이 될 것이다.

292 S. Herbrechter, op. cit., 121–123 125. 전체적 논의에 대해서는 같은 책 121–157.

그와 함께 민중과 분리된 정치, 민족주의적으로 편향된 정치를 넘어서는 정치철학 역시 중요한 주제가 된다. 생명정치는 이런 면에서 의미를 지닌다. 이렇게 예시한 포스트휴먼 인문학은 기실 근대성에 의해 정향된 학문체계를 극복하고 새롭게 방향지어지는 학문이어야 한다. 실제로 그것이 어떤 형태일지는 포스트휴먼 이해의 틀 안에서 정초되어야 할 것은 분명한 사실이다. 이것을 브라이도티는 "대학은 기술적으로 매개된 세계 안에서 지식생산, 예술과 과학의 새로운 관계, 지구화가 낳은 다언어적 현실을 탐색하는 초학제적 영역들을 제도화함으로써" 새롭게 방향을 모색해야 한다고 말한다. 그래서 포스트휴먼 인문학의 예로 인문학적 정보학(디지털 인문학), 인지/신경 인문학, 환경 인문학, 유전공학적인 글로벌 인문학 등을 거론한다.[293]

## 2) 포스트휴먼 인문학의 내용

인문학(studia humanitas)은 이름 그대로 인간에 대한 이해와 해명을 토대로 인간다움에 관계하는 학문이다. 그래서 인문학은 언제나 그 시대의 특정한 인간 이해를 바탕으로 정초되며, 그 이해의 지향성을 근거로 결단된다. 포스트휴먼 인문학(studia post-humanitas) 역시 근본적으로는 포스트휴머니즘의 이해와 지향에 따라 현재적이며 미래적으로 정초될 것이다. 인간이 지닌 본질적인 특성을 중심으로 이해한다면 인문학은 인간의 생활세계적 토대에서 주어지는 지식을 거부하지 않아야 한다. 그 인문학은 당연히 전통적 인간 이해의 본질적 범주를 포기하지

293 로지 브라이도티, 같은 책 234.

도 않을 것이다. 그러기에 포스트휴먼 인문학은 지금의 인문학과 다른, 전혀 새로운 형태로 주어진다기보다 인문학 본연의 것을 포스트휴먼적으로 재개념화하고 재언어화하는 가운데 형성된다. 이런 전제를 수용하는 위에서야 포스트휴먼 인문학이 지니는 새로운 특성을 정초할 수 있을 것이다.

포스트휴머니즘의 인문학적 원리로 제시한 생성 개념은 단순히 전통 형이상학에서 제시된 범위를 넘어선다. 이 전통 형이상학적 체계를 해체하면서 새롭게 해석하는 가운데 시작된다. 이를 위해 브라이도티는 "되기(becoming)의 존재론"을 제시한다.[294] 그것은 인간중심주의를 벗어나는 동물-되기이면서 또한 생태계와 함께하는 지구-되기, 나아가 인간과 기계의 경계를 넘어서는 기계-되기이기도 하다. 그러한 생성(되기)의 존재론은 끊임없이 근대적 경계설정을 넘어서는 경계허물기와 함께 새로운 경계짓기로 이어진다. 근대가 설정한 인간중심주의와 남성중심주의, 또는 유럽중심주의와 이성중심주의 등 각종 중심주의를 해체하지 않은 이상 새로운 철학적 체계는 불가능하다. 그래서 이러한 중심주의의 해체는 경계허물기와 경계짓기를 가로지르면서 새로운 생성의 철학을 지향한다. 여성-되기와 타자-되기, 지구-되기와 생명-되기를 말하는 이 논의는 그런 맥락에서 중요한 의미를 지닌다.

포스트휴먼은 새로운 인문학적 토대와 체계를 필요로 한다. 이를 브라이도티는 포스트인문학으로 제시했다. 이 인문학을 그는 디지털 인문학, 생명인문학 등 여러 다양한 형태로 제시한다. 뿐만 아니라 이 논의에는 근대성에 근거한 수많은 철학적 담론 전체를 비판적으로 조

294 로지 브라이도티, 같은 책, 90-125.

망하면서 이후의 인문학을 모색하는 흐름들이 종합적으로 고려되고 있다. 포스트휴먼 인문학은 아직은 논란 중에 있지만, 그럼에도 근대성의 한계를 넘어 그 이후의 인문학적 흐름을 성찰하고 있다는 특성은 명확하다.[295]

이런 논의를 바탕으로 포스트휴먼 인문학의 특성을 네 가지 계기와 형태로 제시해 보고자 한다. 먼저 디지털 시대의 존재론적 토대는 과거 농경시대와 산업화 시대를 근거 지었던 실체론 철학을 넘어서는 생성의 철학에서 찾으려 한다. 이미 겔너(E. Gellner)가 정확하게 해명했듯이 생산 양식은 사회의 지배구조는 물론, 철학적 체계까지도 결정한다.[296] 유목 및 농경시대와 산업시대의 생산 양식은 그에 따른 사회체제는 물론, 인간이 세계를 인식하고 이해하는 철학과 초월적 영역을 재현하는 체제의 토대가 된다. 포스트휴먼적 상황이 더 이상 이런 시대에 머무를 수 없다면 포스트휴먼 인문학은 필연적으로 이 시대를 규정하는 철학적 토대 위에서 도출되어야 함이 당연하기 때문이다. 이런 원리를 여기서는 생성의 존재론에서 찾는다. 두 번째 포스트휴먼 인문학의 형태를 생명성의 인문학으로 제시하고자 한 이 논의는 앞서 거론한 생명성의 철학에서 그 원리를 도출할 것이다.

세 번째 포스트휴먼 인문학은 인간의 존재론적 경계를 넘어서면서 거듭 새롭게 설정하는 경계짓기의 과정에서 형성된다. 이것은 매순간 생명성 내에서 이뤄지는 인간과 다른 생명체의 경계허물기와 경계짓기로, 인간성 안에서의 남성과 여성, 자아와 타자의 경계에로 적용되며,

295 이에 대해 로지 브라이도티, 같은 책, 186-236 참조.

296 어니스트 겔너, 『쟁기, 칼, 책 - 인류 역사의 구조』, 이수영 옮김, 삼천리 2013.

내재와 초월의 경계, 학문성 내에서의 존재론적이며 존재자적 학문의 경계에도 적용될 것이다. 이 과정은 고정된 어떤 형태가 아니라 매순간 허물기와 짓기, 생성과 존재 사이에서 이뤄질 것이다. 마지막으로 인문학과 철학의 변화는 인간이 지닌 초월적 감수성을 수용하는 방향으로 나아갈 것이다. 이는 체제로서의 기성 종교와는 별개로 인간에게 본질적으로 내재하는 영성적 특성과 원리에서 주어진다. 이러한 생명영성을 언어화하는 생명인문학이 포스트휴먼 인문학의 마지막 계기가 될 것이다.

## 5. 생명성의 인문학

### 1) 생명성의 의미

생명성이 의미하는 바는 생명과 자연을 존재론적 차이에 따라 재현하며, 생명과 자연의 존재자적 현상과 존재론적 특성을 개념화할 때 올바르게 드러난다. 유기체로서의 생명은 존재자적이지만, 생명을 드러내고 생명으로 존재함으로써 생명이 지닌 존재적 특성이 밝혀진다. 이런 특성을 지닌 생명은 그 자체로 존재자의 존재를 의미한다. 그런 특성으로서의 생명과 자연은 고대 그리스어 'physis'를 언어화한 것이다. 그 본질은 존재드러남의 'poiesis'적 특성을 지닌다.[297] 생성의 존재

297 M. Heidegger, "Wozu Dichter?", op. cit., 274–275 참조: 또한 296 "존재자 전체를 자연, 생명, 열린 장, 전체 연관이라 이름한다. 시인은 이 존재자의 전체를 형이상학의 언어적 관례에 따라 존재라 부른다."

론이 포스트휴먼적 인문학의 형이상학적 토대라면 이 원리를 가장 잘 드러내는 것은 생명성(life-ness)의 철학이다.[298] 생명성은 인간과 동물을 포함한 모든 살아있는 생명의 특성을 성찰한 존재론이다. 그것은 한편으로 생명의 감성과 함께 삶의 이성은 물론, 나아가 존재자적 한계를 넘어서는 초월성에 대한 원리를 포괄한다. 생명의 생성적 원리는 수많은 생성의 철학에서 이끌어낸 원리를 포함하며, 또한 생명성의 내재와 초월을 상호작용하게 만드는 내재적 초월성의 원리이기도 하다. 인간의 관점에서 생명성은 휴머니즘에서 설정한 이성적 존재로서의 인간성에 대한 극복이기도 하다.

포스트휴먼 인문학의 학적 토대는 새로운 존재론적 이해에 근거한다. 그 원리는 명백히 휴머니즘적 인간 이해를 넘어서는 포스트휴먼의 존재론에서 비롯된다. 또한 급격히 전환된 "현재"를 존재론적으로 새롭게 해명하는 작업 역시 여기에 포함된다. 도래하는 시간의 관점에서 이 현재는 과거를 재해석하는 시간이며, 미래를 현재화함으로써 그 지향성을 결정하는 지금 여기의 시간이다. 비판적 포스트휴머니즘은 이 현재의 시간에서 지난 시간의 이해와 다가올 시대의 지향성을 결단하는 인간이해를 말한다. 디지털 시대로 대변되는 지금 우리에게 필요한 인문학은 이러한 휴머니즘 이후의 인간이해에서 비롯될 것이다.

우리 시대를 포스트휴먼 사회로 규정하는 것은 제4차 산업혁명 담론에서 보듯이 단순히 산업기술적 변화에 따른 것이 아니다. 오히려 인간이 이 과학기술 문화와 그에 대한 이른바 '혁명'적 담론을 통해 변화

298 앞에서 언급한 비판적 포스트휴머니즘 철학자들은 그 철학의 원리를 생명성에서 찾고 있다. 다만 그 생명성을 몸적 존재로서 인간의 유기체성에 주목하는 한계를 넘어 존재론적 생명성으로 이해할 철학적 사유틀이 필요하다.

된 인간의 존재적 위상에 따른 변화를 수용하는 데서 이 담론이 시작된다. 그와 함께 이 담론을 통해 전통적 서구철학의 인간과 인문학 이해인 휴머니즘을 극복하고 이를 통해 이후의 인간이해의 철학적 사유틀을 정립하는 논의가 대두되게 된다. 이 담론이 전통 형이상학을 넘어서는 탈형이상학에 근거하여 정초된다는 사실 역시 자명하다.

포스트휴머니즘의 사유 동기는 명백히 근대에 의해 추동된 문화와 체제 일반에 대한 극복 담론과 함께 이후의 형이상학적 사유틀을 정초하는 철학과 함께 한다. 그러기에 그 철학은 전통적 휴머니즘 이후의 인간이해이면서 그와 함께 포스트모던이 아닌 탈근대 철학을 지향한다. 이런 측면에서 포스트휴머니즘은 본질적으로 탈형이상학적이다.

산업혁명을 통한 급진적 변화는 우리의 생활세계 전체를 바꿔놓음으로써 마침내 인간의 인식과 행위 규범까지도 변화시키기에 문제가 된다. 이런 현상은 산업혁명이 단순히 외적이며 객관적인 변화를 통한 사회, 경제, 정치 체제의 전환뿐 아니라 인간의 내면까지도 전환시키는 계기로 작동하기 때문에 생기는 문제다. 포스트휴머니즘을 추동한 4차 산업혁명 논의 역시 이런 맥락에서 매우 중요한 철학적 주제가 된 것이 사실이다. 현대 사회에 이르러 농경시대에 형성된 윤리와 인식론은 더 이상 유효하지 않을 뿐 아니라, 마침내 형이상학 체제까지도 변화가 불가피해졌음을 명백하다. 성찰된 담론이든, 또는 시대에 뒤쳐져서는 안 된다는 강박감에 의한 것이든 서구 근대의 철학적 이해와의 대결은 근대 이후 그 절대적 영향권에서 살고 있는 이 땅의 우리에게는 결코 피해갈 수 없는 과제임에는 틀림이 없다. 비판적 포스트휴머니즘이 서구 문화와 철학적 맥락에서 나타났다면, 다른 생활세계에서 살아가는 우리에게 이 담론은 우리의 생활세계와 해석학적 지평을 벗어나 이루어질 수가 없다. 모든 철학적 개념이 그러하듯 이 개념 역시 우리의 현재를 성찰하기 위해 주어졌으며, 이런 실존적 상황을 재개념화함으로써 우리는 우리의 현재를 존재론적으로 해명하는 사유틀을 정초할 수 있을 것이다.

### 2) 생명성의 인문학

포스트휴머니즘이 탈형이상학적 사유동인을 지닌다는 사실은 앞에서 밝힌 바와 같다. 이 철학의 사유 동인은 이른바 4차 산업혁명이란 명제가 철저히 자본과 산업적 관심사에서 제기된 것과는 달리 이렇게 변화된 문화적 상황을 해명할 형이상학이 필요하다는 인식에서 비롯한다. 이런 과학기술 문명의 변화를 지금의 인문학은 다만 서구의 실체론(substance)적 형이상학에 토대를 둔 전통 철학적 관점에서만 바라볼 뿐이다. 그런 까닭에 탈형이상학은 이런 전통적 형이상학 이후의 형이상학을 지향한다. 전통 형이상학의 한계를 넘어 존재론적 원리를 생성의 관점에서 전개하는 사유 작업은 인문학의 미래를 위해서는 매우 중요한 전환임에는 틀림이 없다. 이에 바탕한 새로운 인문학을 생명철학에 바탕한 생명성의 학문과 교육으로 제시할 수 있으리라 생각한다.

그 흐름은 인간의 내적 특성을 이성이 아니라 생명성 자체에서 찾으려 한다. 그것은 이성 대신 마음과 감정, 또는 초월성과 관계되는 영성 개념 등을 제시한다. 그와 함께 주체중심의 인간 존재가 아니라 모든 생명과 함께 하는 "zoe" 중심의 생명성을 강조한다.[299] 이 비판적 포스트휴머니즘에 기반한 학문을 생명중심의 교육에서 정립하려 한다. 그래서 이들은 포스트휴먼의 공통분모를 생명중심과 인간본성에 대한 수세기 동안의 굳건한 믿음을 극복하고 "인간 아닌 것"에 대한 사유와 "zoe"로서의 생명에 대한 사유라고 강조한다.[300] 인간 아닌 것에 대한 사유란 유럽 인본주의 전통에 따른 남성, 이성 중심의 인간을 극복하려는 철학이다. 이를 위한 여러 사유에 근거하여 인문학의 미래와 지향점을 설정할 수 있을 것이다. 여기에 여성과 감성은 물론, 자연과 생태, 생명 등이 중요한 주제로 자리한다.

생명철학과 생명정치학(biopolitics) 등의 작업은 명확한 형태로 제시되어있지만 생명인문학의 노력을 인간의 존재론적 의미에 기반하여 제시하는 작업은 인문학의 미래를 위해서는 매우 깊은 의미를 지닌다. 아직은 명확한 형태로 제시된 결과를 찾아보기란 쉽지 않지만, 그럼에도 생명철학에 바탕한 인문학적 노력을 다가올 인문학을 위해서는 중요한 의미를 지닌다. 생명인문학은 낯선 이름일 뿐 아니라 그 내용과 외연이 전혀 학적 합의에 이르지 못하고 있다. 또한 생명현상을 이해하는 정도에 따라 이 학문의 형태가 수없이 다양하게 제시될 수 있다는 사실도 분명하다. 생명에 대한 진화생물학적 이해는 물론, 생성 철학에 기반한 생명철학, 또는 특정한 종교적 신념에 따라 생명존중의 철학을 생명학으로 포장한 경우도 쉽게 찾아볼 수 있다. 오늘날 철학과 인문학 분야에서 생명학 내지 생명철학을 주장하는 경우는 매우 다양하다. 이 논의

299 Stefan Herbrechter, op. cit., S. 170–179.

300 로지 브라이도티, 『포스트휴먼』, 같은 책, 245–247 참조.

의 갈래를 정하고 여기에 학적 생명력을 부여하여 포스트휴머니즘적 탈형이상학의 철학으로 이끌어가는 것은 그 다음의 과제다.

이 모든 다양한 형태에도 불구하고 생명철학에 기반한 인문학적 노력을 인문학의 도래를 위해 중요한 의미를 지닌다. 생명인문학은 생명성에 바탕하여 철학적 사유를 전개하는 학문이면서 또한 인간의 삶을 사유하는 해석학으로 방향지워질 것이다. 그래서 그 사유는 삶과 생명의 해석학에 바탕한 인문학을 지향한다. 생명과 삶의 해석학은 삶의 현재에 자리한다. 그 현재는 과거를 해석하며 미래를 결단하는 시간, 그 유래와 도래의 시간을 현재로 가져와 현재화하는 해석학을 의미한다. 도래할 인문학은 이렇게 다가올 사유를 삶과 생명으로 해석해가는 과정이다. 그러기에 이런 사유를 생명성에서 도래하도록 하는 작업이 인문학의 도래를 위한 새로움의 터전이 될 것이다.

### 3) 영성 인문학과 교육

포스트휴먼 인문학은 영성 개념을 수용한다. 이것은 계몽주의적 인간이해가 과도하게 이성을 강조하면서 생겨난 일면성에 대한 비판을 담고 있다. 이미 포스트모더니즘에서 해체주의 철학에 이르기까지 이성의 죽음 담론은 일반적으로 논의된 주제였으며, 수많은 학술적 대결이 있었음은 익히 아는 바와 같다. 그러나 포스트휴먼 인문학은 이 논의를 넘어 감성은 물론, 특히 영성 담론을 포스트휴먼적 인간 이해의 핵심적 주제로 수용한다. 영성 개념은 다만 어떤 종교적 당위성에서 기인한 것이 아니다. 오히려 휴머니즘이 보지 못하거나 배제했던 인간의 초월적 특성을 수용하는 형이상학이 문화적 맥락에서 영성 개념으로 나타나는 것이다. 이 담론은 현대문화에서 다양한 형태로 드러나는 유사 영성 논의를 넘어 인간의 초월성을 존재론적으로 수용하는 형이상학에 기초한다.

영성 인문학은 생명과 생명의 터전인 생태계를 새롭게 바라보고 그 존재론적 의미에서 고찰할 때 시작된다. 그에 따라 영성 교육은 결코 종교 교육이나 신심(信心) 교육에 있지 않다. 영성 교육을 훨씬 더 지성과 감성을 포함하면서 인간이 지닌 근원적 특성인 존재성과 초월성을 성찰하는 교육을 지향한다. 그런 인간 이해는 근대 휴머니즘에서 가장 명백하게 드러나게 된다. 그러기에 포스트 휴머니즘은 단순히 산업혁명 이후 산업화되고 기술공학적으로 정립된 인간 이해나 인간 변형의 층위와는 전혀 별개의 논의이다.

여기서 말하는 포스트 휴머니즘은 이렇게 과학기술적으로 정향된 조류나 또는 그 이후의 사회에서 요구되는 인간 이해가 아니라, 근대 휴머니즘에 의해 정향된 이성 중심의 인간 이해, 또는 과학기술에 의해 정향된 인간 이해를 극복하는 데 있다. 그러한 휴머니즘은 인간을 이성적 존재로 설정함으로써 감성을 폄하할 뿐 아니라, 나아가 존재의미에 대한 성찰을 수행할 가능성을 보지 못한다. 심지어 인간의 근본적 특성 가운데 하나인 초월성(transcendence)을 논의할 자리는 전혀 찾을 수가 없게 된다. 영성의 철학적 근거가 이 초월성에 있음을 생각한다면 그 한계를 명확히 인식할 수 있을 것이다. 포스트 휴먼 시대에 필요한 인문학이 지향하는 영성 교육은 이러한 관점에서 근대 이성중심의 휴머니즘을 극복할 뿐 아니라, 산업기술적으로 정향된 트랜스 휴머니즘적 포스트 휴머니즘의 한계를 넘어서는 교육이 되어야 할 것이다.

영성 인문학은 생명에 대한 새로운 이해와 함께 생명의 터전인 생태계의 의미론적이며 존재론적 특성을 본질적으로 성찰하는 사유 위에서 비롯된다. 오늘날 생명 이해의 진리주장을 전유하는 분야는 안타깝게도 과학기술적 영역이다. 진화생물학의 정당성에도 불구하고 일면적으로 이런 지식에 바탕 한 학문이 인간이해는 물론 생명 일반에 대한 지식을 독점적으로 주장한다. 진화생물학의 인간 이해와 그에 근거한 자연철학적 연구들은 인간의 존재론적 특성이나 초월성에 대해 어떠한 유의미한 내용도 고찰의 대상으로 삼지 않는다. 그것은 다만 진화과정의 필요에 의해, 진화생물학자들의 주장처럼 생존과 번식 과정에서 유익하기에 채택된 전략에 지나지 않는다.

이러한 단편적이고 독단적인 지식과 그러한 지식이 과학주의(scientism)의 옷을 입은 채 문화일반에 보편화되는 지적 터전 위에서는 어떠한 의미 있는 인간 교육도 불가능하다. 생태영성 및 생명영성을 비롯한 영성교육을 주장하는 까닭은 바로 이러한 몰(沒)존재론적 경향 때문이다. 우리의 철학적 과제와 노력이 이러한 일면적 트랜스 휴머니즘적이며, 과학주의적 포스트 휴머니즘의 지적 풍토에 저항하지 못한다면 그 어떠한 의미 있는 인문학이나 인문교육도 결코 가능하지 않다. 그러기에 이러한 총체적인 철학적 성찰과 그에 기반한 교육철학을 생명영성 교육으로 강조하는 것이다.

이 인문학은 자신의 터전을 철학적이며 신학적 성찰 작업과 그에 의한 철학적 기반에서 찾아야 한다. 그것은 시대의 흐름과 변화 가운데에서 근원에 대한 성찰과 함께, "현재"란 존재론적 지평에서 새롭게 해명하는 존재론적 해석학에 의해 수행된다. 이 해석학은 근원으로의 회귀를 통해, 현재를 해명하는 성찰적(reflective)이며 다른 한편 통합적인 지평에서 이루어가는 과정이다. 교육은 언제나 그 교육을 근거짓는 철학적 사유 위에 자리하기 때문이다.

# 맺음말

## 맺음말

현대사회는 과연 휴머니즘의 사회인가, 아니면 그 이후의 사회를 지향하고 있는가. 아쉽게도 현대 사회에서 우리가 목격하는 것은 그 어느 것도 아닌 듯하다. 그 어느 때보다도 과학기술과 자본주의는 놀랍도록 발전하고 있지만, 인간이 당면한 실존적 상황과 위기 현상은 오히려 더 깊어지고 있다. 사회생태주의자 북친(M. Bookchin)은 인간의 이성적 능력과 자율성을 박탈하는 모든 반인간주의에 맞서 휴머니즘을 옹호하려 한다.[301] 이 반인간주의는 이성의 능력을 부정하는 모든 신비주의와 맹목적 생태중심주의는 물론 포스트모던 허무주의와 반과학적 경향까지도 포함한다. 트랜스휴머니즘과 일면적 포스트휴머니즘은 기계적 능력과의 결합을 통해 인간 능력의 향상을 모색한다는 측면에서 얼핏 인간중심주의처럼 보인다. 그럼에도 이 경향은 인간의 실존적 지평과 존재론적 의미를 보지 못하게 만듦으로써 오히려 반인간주의를 증대시킬

301 머레이 북친, 『휴머니즘의 옹호』, 구승회 옮김, 민음사 2002, 13-20.

뿐이다. 이성의 죽음을 주장했던 포스트모던적 허무주의(nihilism) 역시 이성의 범주와 의미에 대한 몰이해에 토대를 둔 일면적 주장에 그침으로써 우주에서의 인간의 위치를 오히려 퇴조시킨다. 지금 필요한 휴머니즘은 잘못 설정된 인간중심주의의 해체는 물론, 다만 실증주의적 관점에서 인간을 증진시키거나 세계의 주인으로 설정하는 잘못된 이해를 비판적으로 성찰하는 새로운 인간 이해를 지향한다. 여기에 비판적 포스트휴머니즘의 핵심 과제가 자리한다.

비판적 포스트휴머니즘 담론의 과제는 이성의 부정이 아니라 이성과 감성, 영성을 포괄하는 새로운 인간 이해를 모색한다. 계몽주의적 휴머니즘이 일면적으로 작동하면서 초래한 이성중심주의의의 한계에도 불구하고 이성을 부정한 채 인간다움을 말할 수는 없다. 문제는 인간이 지닌 이성이 아니라, 인식론적이며 실증주의적으로 정향된 이성, 이성 이와의 능력을 배제함으로써 계산주의적 사유로 치닫게 된 이성 개념이다. 이런 이성 개념은 존재를 다만 실체론적으로 이해하게 만든다. 오늘날 과학기술주의와 자본주의가 초래하는 문제 역시 이러한 존재자적 철학에 자리하지 않는가.

이런 관점에서 북친 역시 이성을 다만 계몽주의적 합리성으로 추상화하지 않는다. 오히려 그것은 "협동과 감정이입, 생명권에 대한 책임감"과 함께 "공동체와 연대라는 새로운 개념을 포괄하는 살아있는 합리성"이라고 말한다. 그래서 그는 "초자연적 우주를 향한 인간의 자기파괴에 기초한 반인간주의"를 반대하는 만큼 "자기확장과 약탈에 근거한 휴머니즘도 반대"한다. 그래서 인간과 다른 생명체의 경계를 새롭게 설정하는 노력은 그가 옹호하는 새로운 휴머니즘과 상응한다. 그는 분명한 어조로 “생명중심주의나 인간중심주의” 두 극단을 거부하는 새로운 이해를 말하고 있다. 그래서 북친은 계몽주의적 휴머니즘을 단순히 옹호하는 것이 아니라 새로운 휴머니즘으로 이 한계를 넘어서야 한다고 주장하는것이다.

나아가 근대적 휴머니즘에 의해 잘못 설정된 인간과 타자와의 관계를 해체하고 새롭게 이 관계를 설정하는 존재론이 요구된다. 그것은 인간이 맺는 자연과 생명과의 관계는 물론, 다른 인간과 맺는 관계 역시 포함한다. 뿐만 아니라 자본주의의 과잉으로 인해 해체되는 공동체와 대중추수주의(populism)의 일면성으로 흐르는 정치적 민주주의의 한계를 넘어서지 못할 때 인간 소외 현상은 가속화할 것이다. 인간의 자율성과 존엄성을 박탈하는 모든 가장된 인간중심주의는 비판받아야 한다. 비판적 포스트휴머니즘이 생명정치철학까지도 포함하는 이유가 여기에 있다. 반인간주의를 거부해야하지만, 그와 함께 휴머니즘의 탈을 쓰고 오히려 인간의 비인간화를 부추기는 가장된 휴머니즘도 극복해야 한다. 포스트모던적 허무주의는 이런 모습을 가장 극명하게 보여준다. 여기에는 일면적 생태중심주의는 물론, 뉴에이지(New Age) 운동을 비롯한 신영지주의적 영성주의도 포함된다. 북친이 말하는 반인간주의는 인간의 인간다움을 불신하는 모든 주의주장을 일컫는 말이다.

비판적 포스트휴머니즘은 탈근대의 노력이면서 또한 생명과 자연 안에서 인간다움을 드높이는 새로운 문화적 전환을 요구하는 철학이다. 그러기에 이 철학은 거듭 지난 개념의 거부가 아니라 잘못 틀지워진 개념의 재개념화를 필요로 한다. 이 철학의 과제는 인간본성에 대한 철학을 비판하고, 기술과 자본의 논리를 일방적으로 추종하는 현대문화의 인간 길들이기의 시도를 넘어 인간이 무엇이며 세계와 타자와의 관계 안에서 어떠한 존재가 되어야하느냐에 있다. 그것은 인간이 인간다운 존재가 되는 것이며, 자연과 생명을 그 자체로 존재하게 하는 길이다. 그 새로운 길은 우리의 새로운 사유 안에서 가능할 것이다.

포스트휴먼 담론은 위에서 언급한 두 요소이외에 자본의 전 지구화에 따른 세계체제와 생활세계 변화를 그 본질적 맥락에서 파악하는 논의를 포함해야 한다. 이는 경제와 산업의 문제가 아니라, 그로 인해 파생되는 문화적이며 사회적인, 또는 정치적인 맥락을 해명하는 작업으로 이어진다. 앞에서 말했던 생명정치가 포스트휴먼 시대의 인문학 담론에서 중요한 요소가 되는 까닭도 여기에 있다. 이러한 변화는 현대인에게 전 지구적으로 흩어지는 민중(global diaspora)의 경험이 중요한 포스트휴먼적 상황이 된 원인 가운데 하나이다.[302] 자본주의의 전지구화에 따른 현대세계의 상황은 유대인이라는 일개 민족의 역사적 체험인 디아스포라(diaspora)를 통해 인류의 이산(離散)이라는 새로운 경험을 세계화시킨다. 코헨은 이 현상을 유대 디아스포라를 넘어 현대 세계의 새로운 유형으로 아프리카 디아스포라와 노동 디아스포라, 무역/상업 디아스포라 및 이슬람 지역의 전쟁 난민을 통해 새로운 디아스포라적 현상으로 해명하려 한다. 이런 논의는 현대문화에 의해 끊임없이 생산되는 탈영토화된 디아스포라 현상을 이해하는 중요한 이론적 토대가 될 것이다.

이러한 상황은 휴머니즘의 초기 사유에서 제시되었던 세계시민(cosmopolitan) 개념을 새롭게 정초하게 만든다. 이는 국민/민족(nation)

302 로빈 코헨, 『글로벌 디아스포라』, 유영민 옮김, 민속원 2017.

개념에 기초한 정치적 민주주의와 그 안에서의 주체성을 새롭게 정의하게 만든다. 이런 맥락에서 생명정치철학 담론은 포스트휴머니즘 논의에서 중요한 의미를 지닌다. 이 주제는 최근 정치적 자유주의가 초래한 수많은 문제와 함께 명백히 드러나는 민주주의 정치체제의 퇴조에 따라 새로운 사회체제 담론으로 논의해야할 당위적 필요를 충분히 보여준다. 비판적 포스트휴머니즘과 그에 따른 인문학은 이런 변화와 그에 대한 비판적 성찰을 담고 있다. 현대 사회의 이 모든 상황은 우리로 하여금 그 이후의 철학과 인문학, 나아가 그 이후의 형이상학(post-metaphysics)을 성찰하게 만든다. 이 필요는 갈수록 절실해지고 있다. 우리는 새로운 사유를 필요로 한다. 인간과 자연, 생명과 역사를 새롭게 이해하고, 이로써 그 모든 타자와 인간이 맺는 관계를 새롭게 설정해야 한다.

과학기술의 발달과 자본과학복합체의 요구에 일면적으로 부응하려는 트랜스휴머니즘이나 또는 그런 맥락에서 제기된 포스트휴먼 논의는 허망하다. 오히려 이런 논의야말로 극복해야할 서구 휴머니즘적 인간 이해의 결정체라고 말해야할 것이다. 비판적 포스트휴머니즘은 일차적으로 현대 정보과학기술과 생명공학기술을 일면적으로 수용하면서 이와 융합하는 새로운 인간을 말하는 트랜스휴머니즘 논의의 한계를 비판하고자 한다. 여기에는 인간의 본질과 가치를 보지 못하는 현대문화의 맹목성에 대한 비판적 평가가 중요한 계기가 되고 있다. 이러한 비판적 분석을 통해 변화된 시대와 과학기술 시대에 인간을 이해할 새로운 철학적 인간 이해를 제시하려는데 비판적 포스트휴머니즘의 사유 동인이 자리한다.

포스트휴머니즘 담론은 이제까지의 인간 이해와 문화적 상황을 부정하는 것이 아니다. 오히려 농경시대와 산업화시대를 거치면서 설정된 철학과 인문학의 한계를 재개념화하고, 포스트휴먼적 상황에 필요한 인간 이해와 문화적 해명을 언어화하는 데 목적이 있다. 재개념화란 이미 주어진 개념이 변화된 시대상황으로 흐려진 초점을 새롭게 언어화하고 체계화하는 과정을 의미한다. 인간이해의 재개념화는 새로운 문화적 전환과 이를 가능하게 할 철학 체계의 전환을 의미한다. 그 사유는 철학이기도 하지만 철학을 넘어서기도 한다. 인간을 새롭게 이해함으로써 주어지는 사유의 새로움은 새로운 삶과 존재의 길을 열어줄 것이다.

# 참고 문헌

가브리엘, M.,『나는 뇌가 아니다 – 칸트, 다윈, 프로이트, 신경과학을 횡단하는 21세기를 위한 정신 철학』, 전대호 옮김, 열린책들 2018.

굴드, S.J.,『다윈 이후: 생물학사상의 현대적 해석』, 홍욱희/홍동선 옮김, 사이언스북스 2009.

기든스, A.,『노동의 미래』, 신광영 옮김 을유문화사 2004.

김시천 외,『미래 인문학 트렌드』, 아날로그 2016.

길혀–홀타이, I.,『68혁명, 세계를 뒤흔든 상상력』, 정대성 옮김, 창비, 2009.

김인숙 외,『4차 산업혁명. 새로운 미래의 물결』, 호이테북스 2016.

김재인,『인공지능의 시대, 인간을 다시 묻다』, 동아시아 2017.

김재희,『시몽동의 기술철학 – 포스트휴먼 사회를 위한 청사진』, 아카넷 2017.

김환석 외,,『포스트휴머니즘과 문명의 전환 – 새로운 인간은 가능한가?』, 광주과학기술원 2017.

그나나칸, C.,『환경신학 – 생태위기와 교회의 대응』, 이상복 옮김, 기독교연합신문사, 2005.

그륀, A.,『아래로부터의 영성』, 전헌호 옮김, 분도출판사 1999.

그린필드, S.,『마인드 체인지』, 이한음 옮김, 북라이프 2015.

겔너, E.,『쟁기, 칼, 책 – 인류 역사의 구조』, 이수영 옮김, 삼천리, 2013.

네그리 A.,/하트, M.,『제국』, 윤수종 옮김, 이학사, 2001.

네그로폰테, N.,『디지털이다』, 백욱인 옮김, 커뮤니케이션북스 1999.

도너휴, F.,『최후의 교수들』, 차익종 옮김, 일월서각 2014.

도넬라, H. 메드즈/요르겐 랜더스 외,『성장의 한계: 30주년 개정판』, 김병순 옮김, 갈라파고스, 2011.

도킨스, R.,『만들어진 신』, 이한음 옮김, 김영사 2007.

라몬트, C., 『휴우머니즘』, 박영식 옮김, 정음사 1973.
라잔, K.S., 『생명자본』, 안수진 옮김, 그린비 2012.
러브록, J., 『가이아 – 살아있는 생명체로서의 지구』, 홍욱희 옮김, 갈라파고스 2004
렘케, Th., 『생명정치란 무엇인가』, 심성보 옮김, 그린비 2015.
리들리, M., 『이성적 낙관주의자』, 조현욱 옮김, 김영사, 2010.
리키, R./르윈, R., 『제6의 멸종』, 황현숙 옮김, 세종서적, 1996.
리프킨, J., 『노동의 종말』, 이영호 옮김, 민음사 1996.
맑스, K., 『자본론 I』, 이수행옮김, 비봉출판사 1989.
마사아키, 스기야마, 『유목민이 본 세계사』, 이진복 옮김 학민사 1997.
맑스, K.,/F. 엥겔스, 『독일 이데올로기』, 박재희 옮김, 청년사 1998.
메드즈, D.H./요르겐 랜더스 외, 『성장의 한계: 30주년 개정판』, 김병순 옮김, 갈라파고스, 2011.
멕루한, M., 『미디어의 이해: 인간의 확장』, 박정규 옮김, 커뮤니케이션북스 1997.
멕루한 M.,/피오르, Q., 『미디어는 맛사지다』, 김진홍 옮김, 열화당 1988.
맥닐, J. R., 『20세기 환경의 역사』, 홍욱희 옮김, 에코리브르, 2008.
모리스, I., 『가치관의 탄생』, 이재경 옮김, 반니, 2016.
민주화를 위한 전국교수협의회 엮음, 『입시 · 사교육 없는 대학체제』, 한울아카데미 2015.
보드리야르, J., 『시뮬라시옹』, 하태환 옮김, 민음사 1996.
보스트롬, N., 『슈퍼인텔리전스 – 경로, 위험, 전략』, 조성진 옮김, 까치 2017.
보프, L., 『생태신학』, 김항섭 옮김, 가톨릭출판사, 1996.
백욱인, 『디지털이 세상을 바꾼다』, 문학과 지성사 1998.
베버, M., 『프로테스탄티즘의 윤리와 자본주의 정신』, 박성수 옮김, 문예출판사 1996
베블린, Th.B., 『유한계급론』, 박홍규 옮김, 문예출판사 2019
베이컨, F., 『신기관 – 자연의 해석과 인간의 자연지배에 관한 잠언』, 진석용 옮김, 한길사 2001.
벡, U., 『위험사회 – 새로운 근대(성)을 향하여』, 홍성태 옮김, 새물결, 1997.
벡, U., 『자기만의 신 – 우리에게 아직 신은 존재할 수 있는가』, 홍찬숙 옮김,

길 2013.
벨, A., 『미디어 담론』, 백선기 옮김, 커뮤니케이션북스 2004.
보프, L., 『생태신학』, 김항섭 옮김, 가톨릭출판사, 1996.
볼, P, 『역사 속의 성리학』, 김영민 옮김, 예문서원 2010.
북친, M., 『휴머니즘의 옹호』, 구승회 옮김, 민음사 2002.
불록 A.,『서양의 휴머니즘 전통』, 홍동선 옮김, 범양사 1985.
브라이도티, R.. 『포스트휴먼』, 이경란 옮김, 아카넷 2015.
브로델, P., 『물질문명과 자본주의 I-6』, 주경철 옮김, 까치 1996.
사회와 철학연구회, 『한국 교육현실의 철학적 성찰』, 씨아이알 2014.
슈밥, K., 『클라우스 슈밥의 제4차 산업혁명』, 송경진 옮김, 새로운 현재 2016.
슈밥 K., 외, 『4차 산업혁명의 충격』, 포린 어페어스 엮음, 김진희 외 옮김, 흐름출판 2016.
슘페터, J., 『자본주의, 사회주의, 민주주의』, 이상구 옮김, 삼성출판사 1988.
슬로터다이크, P., 『인간농장을 위한 규칙』, 이진우/박미애 옮김, 한길사 2004.
시몽동, G., 『기술적 대상들의 존재 양식에 대하여』, 김재희 옮김, 그린비 2011.
신승환, 『포스트모더니즘에 대한 성찰』, 살림, 2003.
신승환, 『지금, 여기의 인문학』, 후마니타스 2010.
신승환, 『해석학- 새로운 사유를 위한 이해의 철학』, 아카넷, 2016.
신승환, 『행복과 삶의 해석학』 커뮤니케이션북스 2017.
신승환, 『형이상학과 탈형이상학』, 서광사 2018.
성염, 『피코 델라 미란돌라 - 인간 존엄성에 관한 연설』, 철학과현실사 1996.
아감벤, G., 『호모 사케르』(Homo Sacer, 1995), 박진우 옮김, 새물결 2008.
아리스토텔레스, 『니코마코스 윤리학』(Ethica Nichmachea), 이창우 외 옮김, 이제이북스 2006
안지현 외, 『트랜스휴머니즘과 포스트휴머니즘』, 한국학술정보 2018.
엘리스, R., 『멸종의 역사』, 안소연 옮김, 아고라, 2006.
요나스, H., 『책임의 원칙: 기술시대의 생태학적 윤리』, 이진우 옮김, 서광사, 1994.
앤디 클락, 『네추럴-본 사이보그: 마음, 기술, 그리고 인간 지능의 미래』,

신상규 옮김, 아카넷 2015.
월러스틴, I., 『근대세계체제 I–III』, 나종일 외 옮김, 까치글방 1999.
월러스틴, I, 『근대세계체제 4 – 중도적 자유주의의 승리』, 박구병 옮김, 까치2017.
월러스틴, I.,『유럽적 보편주의 – 권력의 레토릭』, 김재오 옮김, 창비 2008.
웨더포트, J., 『칭기스칸, 잠든 유럽을 깨우다』, 정영목 옮김, 사계절 2005.
위탱, S., 『신비의 지식, 그노시즘』, 문학동네 1996.
윌슨, E., 『인간본성에 대하여』, 이한음 옮김, 사이언스북스 1975.
윌슨, E., 『통섭』, 최재천/장대익 옮김, 사이언스북스 2005.
윌슨, E., 『인간존재의 의미』, 이한음 옮김, 사이언스북스 2016.
이동익 외, 『생명공학과 가톨릭 윤리』, 가톨릭대학교출판부, 2004.
이상헌, 「포스트휴먼과 행복」, 『철학논집』 제51집, 서강대학교철학연구회편 2017, 131–151.
이인식 외, 『인문학자, 과학기술을 탐하다』, 고즈윈 2012.
이종관, 『포스트휴먼이 온다 – 인공지능과 인간의 미래에 대한 철학적 성찰』, 사월의 책 2017.
이화인문과학원편, 『인간과 포스트휴머니즘』, 이화여자대학교출판부 2013.
이화인문과학원편, 『포스트휴먼의 무대』, 이화여자대학교출판부 2015.
이황, 『성학십도』, 홍원식 옮김, 계명대학교출판부 2014.
이혜영 외, 『트랜스휴머니즘과 포스트휴머니즘』, 한국학술정보 2018.
잉에, W.R., 『로고스 그리스도론과 기독교 신비주의』, 누멘 2010.
워윅, K., 『나는 왜 사이보그가 되었는가』, 정은영 옮김, 김영사 2004.
쟈르니, O. 외., 『노동의 미래: 로만클럽 보고서』(1997), 동녘 김무열 옮김 1999.
주커브 G., 『춤추는 물리』, 김영덕 옮김, 범양사 2007.
주희, 『근사록 집해 I』, 이광호 역주, 아카넷 2014.
카우프만, W., 『인문학의 미래』. 이남재, 이홍수 옮김, 미리내 1998.
케이, H.L., 『현대생물학의 사회적 의미』, 뿌리와이파리 2008.
카프라 F., 『현대물리학과 동양사상』, 이성범 옮김, 범양사 2006.
칸트, I., 『순수이성비판』, 백종현 옮김, 아카넷 2006.
커즈와일, R. 『특이점이 온다 – 기술이 인간을 초월하는 순간』, 장시형/김명나 옮김, 김영사 2007.

코헨, R., 『글로벌 디아스포라』, 유영민 옮김, 민속원 2017.
콜버트, E., 『여섯 번째 대멸종』, 이혜리 옮김, 처음북스, 2014.
쿠퍼, M.,『잉여로서의 생명 : 신자유주의 시대의 생명기술과 자본주의』, 안성우 옮김, 갈무리 2016.
클라인, N. 『이것이 모든 것을 바꾼다 - 자본주의 대 기후』, 이순희 옮김, 열린책들, 2016.
티한, J., 『신의 이름으로 - 종교 폭력의 진화적 기원』, 박희태 옮김, 이음 2011.
파넨베르크, W., 『인간학 III』, 박일영 옮김, 분도출판사 1996.
폴라니, K., 『거대한 전환 - 우리 시대의 정치 · 경제적 기원』, 홍기빈 옮김, 도서출판 길 2009.
푸코, M., 『성의 역사 - 제1권 지식의 의지』(1980), 이규현 옮김, 나남출판 2010.
피코 델라 미란돌라, 『인간 존엄성에 관한 연설』(Oratio de hominis dignitate, 1486), 성염 역주, 경세원 2009.
핀버그, A., 『기술을 의심한다: 기술에 대한 철학적 물음』, 김병윤 옮김, 당대 2018.
프란치스코 교황 회칙, 『복음의 기쁨』(Evangelii Gaudium), 한국천주교중앙협의회편 2014.
하라리, Y., 『호모 데우스 - 미래의 역사』. 김명주 옮김, 김영사 2017.
하이데, H., 『노동사회에서 벗어나기』, 강수돌 외 옮김, 박종철출판사 2000.
한국천주교중앙협의회, 『찬미받으소서』(Laudato Si') 서울 2015.
한국포스트휴먼연구소 편, 『포스트휴먼시대의 휴먼』, 아카넷 2016.
한석희, 『인더스트리 4.0』, 페이퍼로드 2015.
헤일스 N.K., 『우리는 어떻게 포스트휴먼이 되었는가』, 허진 옮김, 플래닛 2013.
홉스봄, E., 『자본의 시대』; 김동택 옮김, 한길사 1998.
홉스봄, E., 『제국의 시대』, 김동택 옮김, 한길사 1998.
홉스봄, E., 『혁명의 시대』, 정도영, 차명수 옮김, 한길사 1998.
헤겔, G.W.F., 『법철학』, 임석진 옮김, 한길사 2008
헬트, K., 『지중해 철학기행〉』, 이강서 옮김, 효형출판 2007.
홍성욱 외, 『4차 산업혁명이라는 유령』, 휴머니스트 2017.

회슬레, V., 『환경위기의 철학』, 신승환 옮김, 서강대학교출판부, 1997.

Bubner, R., "Einleitende Betrachtung", in *Die Trennung von Natur und Geist,* München, 1990.

Burckhardt, J., *Die Kultur der Renaissance in Italien*, Berlin 1860.

Chenu, M.D., "Arbeit", in *Historisches Wörterbuch der Philosophie*, Basel/Stuttgart, 2007.

Davies, T., *Humanism*, Abingdon/New York, Routledge 2008.

Deleuze G.,/F. Guattari, *Anti-Oedipus, Capitalism and Schizophrenia*, tr. R. Hurley, M. Seem, H. R. Lane, Penguin Books, London 2009.

Durkheim, E., *Über soziale Arbeitteilung*(1893), Suhrkamp, Frankfurt/M 2004.

Esposito, R., *Bios, Biopolitics and Philosophy*, Minneapolis MN, Univ. of Ninnesota press 2008.

Fichte, J.G., *Grundlage der gesamten Wissenschaftslehre, als Handschrift für seine Zuhörer*(1794), Berlin 1971.

Francis(Holy Father), *Encyclical Letter: Praise be to You*, The Dynamic Catholic Institute, 2015.

Frank, M., *Der kommende Gott*, Frankfurt/M, 1982.

Fukuyama, F., *Our Posthuman Future: Consequences of the Biotechnology Revolution,* London: Profile Books 2002.

Gehlen, A., *Der Mensch, Seine Natur und seine Stellung in der Welt*, Bonn 1950.

Gloy, K., *Das Verständis der Natur, Bd. II, Die Geschichte des ganzheitlichen Denkens*, München 1996.

Gloy, K., *Das Verständnis der Natur, Bd 1. Die Geschichte des wissenschaftlichen Denkens*, München 1995.

Grosz, E., *Becoming Undone,* Durham, NC: Duke Universit Press 2011.

Habermas, J. *Die Zukunft der menschlichen Natur: Auf dem Weg zu einer libralen Eugenik?* Frankfurt/M 2002.

Habermas, J., *Der philosophische Diskurs der Moderne: Zwölf Vorlesungen*, Frankfurt/M 1985.

Heelas, P., *The New Age Movement: Religion, Culture and Society in the Age of Post Modernity*(1996), Oxford, Blackwell 2003.

Hegel, G.W.F., *Jenenser Realphilosophie*, ed. J. Hoffmeister, Bd. 1, 1931, Bd II, 1931.

Heidegger, M., "Brief über den Humanismus", in *Wegmarken*, 2. Aufl., Frankfurt/M, 1978.

Heidegger, M., "Die Frage nach der Technik", in *Vorträge und Aufsätze*, Stuttgart 1954.

Heidegger, M., "Vom Wesen der Wahrheit", *Wegmarken*, Frankfurt/M, 1978.

Heidegger, M., "Wozu Dichter?", in *Holzwege*, Frankfurt/M 1980.

Heidegger, M., *Gelassenheit*, 3. Aufl. Pfullingen 1967.

Heidegger, M., *Reden und andere Zeugnisse eines Lebenswegs, 1910-1976*, GA 16, Frankfurt/M 2000.

Heidegger, M., *Sein und Zeit*, Tübingen 1927.

Heidegger, M., Spigel Interview "Nur ein Gott kann uns retten", in Der Spiegel 23, Mai 1976, S. 193~219.

Heidegger, M., Wissenschaft und Besinnung, in *Vorträge und Aufsätze*, 6. Aufl., Pfullingen 1990.

Herbrechter, S., *Posthumanismus, Eine kritische Einführung*, Darmstadt 2009

Höhne, A., *Lexikon des Übersinnlichen, Parapschologie*, Esoterik und New Age, 1999.

Horkheimer, M./Adorno, Th. W., *Dialektik der Aufklärung. Philosophische Fragmente*, Frnkfurt/M, 1947.

Hösle, V., *Die Krise der Gegenwart und die Verantwortung der Philsophie*, München 1997.

Jonas, H., *Gnosis und spätantiker Geist*, Bd. I, Die mythologische Gnosis, Göttingen 1988.

Kant, I., "Beantwortung der Frage: Was ist Aufklärung", in *Berlinische Monatsschrift*, 1784.

Kerr, C., *The Use of Univertity, The Godkin Lectures on the Essentials of Free Government and the Duties of the Citizen*, Cambridge, MA, Harvard Univ. Press 2001.

Kraye, J.(ed.), "The origins of humanism", in *Renaissance Humanism*, Cambridge, Cambridge Univ. Press 1996.

Krüger,H.J., "Arbeit", in *Historisches Wörterbuch der Philosophie*, hrsg. Joachim Ritter, u.a., Bd. 1, Basel/Stuttgart 1971.

Loh, J., *Tans-und Posthumanismus, zur Einführung*, Junius, Hamburg 2018.

Marx M.,/F. Engels, *Das Kapital*, Mark/Engels, Werke Bd. 23.

Marx, K., *Nationalökonomie und Philosophie*, 1844/45.

Marx, K., *Ökonomisch-philosophische Manuskripte*(1841), Marx/Engels Werke, Ergänzungsband 1(1968).

Marx, K.; *Die deutsche Ideologie* 1845/46.

Max Müller/Alois Halder(Hg.), *Kleines philosophisches Wörterbuch*, Freiburg 1971.

Menze, C., "Humanismus, Humanität", in *Historisches Wörterbuch der Philosophie*, Bd. 3, J. Ritter(Hg.), Basel/Stuttgart 1974.

Nayar, P.K., *Posthuamnism*, Polity Press, Cambridge/Malden 2014.

Nick Bostrom, N., *Superintelligence*, Oxford, Oxford Univ. Press 2014.

Niedermann, J., *Kultur: Werden und Wandlungen des Begriffs und seiner Ersatzbegriffe von Cicero bis Herder*(1941), J. Ritter(Hg.), Bd. 4, Basel/Stuttgart 1976.

Nussbaum, M.C., *Cultivating Humanity: a Classical Defense of Reform in Liberal Education*, Cambridge 1999.

Nussbaum, M.C., *Not for Profit. Why Democracy Needs the Humanities*. Princeton 2010.

Ong, W. J., *Orality and Literacy: The Tehnologizing of the Word*. London/New York, 1982.

Rose, N., *The Politics of Life Itself: Biomedicine, Power and Subjectivity in the Twentieth-first Century*, Princeton Univ. Press, 2007.

Smith, A., *An Inquiry into the Nature and Causes of the Wealth of Nations*, 1776.

Sloterdiik, P. *Regeln für den Menschenpark: Ein Antwortschreiben zu Heideggers Brief über den Humanismus*, Frankfurt/M 1999.

Sombart, W., *Der moderne Kapitalismus*(1902), DTV Deutscher Taschenbuch,

1991.

Vattimo, G., *After Christinanity, trans. Luca D'Isanto,* Columbia Univ. Press, New York 2002.

Weber, M., *Die Protestantische Ethik und der Geist des Kapitalismus*, Tübingen 1920.

Weber, M., *Wissenschaft als Beruf*(1919), Reclam, Stuttgart 1995.

Wolfe, C., *What is Posthumanism?*, University of Minnesota Press, Mineapolis/London 2010.

Zimmerli, W., Mensch und Arbeit im Alten Testament, in J. Moltmann u.a., *Recht auf Arbeit–Sinn der Arbeit,* München 1988.

Zimmerman, M.E., *Confrontation With Modernity: Technology, Politics, Art,* Indiana University Press, Bollmington and Indianapolis 1990.

## 주제색인

ㄱ

ㅇ

ㅈ



ㅊ

# 인명색인